宋 歐陽修 宋 祁 撰

新唐書

第一九册

卷二〇六至卷二一七下(傳)

中華書局

唐書卷二百六

列傳第一百三十一

外戚

獨孤懷恩　武士䕓 士稜　士逸　承嗣　三思　懿宗　攸曁　韋温

王仁皎 守一　楊國忠　李㒞　鄭光

凡外戚成敗，視主德何如。主賢則共其榮，主否則先受其禍。故太宗檢貴倖，裁賞賜，貞觀時，內里無敗家。高、中二宗，柄移豔私，產亂朝廷，武、韋諸族，耄嬰頸血，一日同汙鈇刃。玄宗初年，法行近親，裏表脩敕。天寶奪明，委政妃宗，階召反虜，遂喪天下。楊氏之誅，噍類不遺，蓋數十年之寵，不償一日之慘，甲第厚貲，無救同坎之悲，寧不哀哉！代、德而降，閹尹參嬖，後宮雖多，無赫赫顯門，亦無刀鋸大戮。故用福甚者得禍酷，取名少者蒙責輕，理所固然。若乃長孫无忌之功，武平一之識，吳溆之忠，弗緣內寵者，自見別傳云。

獨孤懷恩，元貞皇后弟之子也〔一〕。父整，仕隋爲涿郡太守。懷恩之幼，隋文帝獻皇后以姪養宮中。逮長，稍學記書，而居財不訾，喜交豪猾博徒。爲鄠令，以疾免。

高祖平京師，拜長安令，頗嚴明，如職而辨。帝受禪，擢工部尚書。初，虞州刺史韋義節擊堯君素於蒲州，不克，帝遣懷恩代將。性貪，寡算略，數戰無功，士喪沮，詔書切責，而懷恩稍怨望。帝嘗與戲曰：「弟姑子悉有天下，次當爾邪？」懷恩內喜，以爲天命。既而居忽忽，咤曰：「我家渠獨女子富貴也？」因謀亂。

是時，虞鄉南山多宿盜，而劉武周使宋金剛略澮州，帝發關中軍屬秦王，屯柏壁。繇是懷恩與麾下元君寶、解令榮靜謀引王行本軍與武周連和，割河東以啗之，引羣賊取永豐倉，絕秦王餉道，長驅三輔。會君素死，而行本得其兵，部畫已定，而夏人呂崇茂殺縣令應武周。帝敕懷恩與永安王孝基、陝州總管于筠、內史侍郎唐儉擊夏，爲金剛所掩，諸將皆沒于賊。君寶與開府劉讓私侮懷恩曰：「不早舉大事，以及斯辱也。」故謀寖露。及秦王敗武周於美良川，懷恩逃歸，帝命率師攻蒲州。君寶聞曰：「王者不死，果其然！」唐儉知狀。會武周還劉讓求罷兵，因白發懷恩等姦。于時行本舉蒲州降，懷恩勒兵入城，帝方濟河而讓至，具得反狀。帝召之，懷恩不知也，單舟以來，卽縛之，窮索黨與，縊死于獄，以首徇華陰市，籍入其家。

武士彠字信，世殖貲，喜交結。高祖嘗領屯汾、晉，休其家，因被顧接。後留守太原，引爲行軍司鎧參軍。募兵既集，以劉弘基、長孫順德統之。王威、高君雅私謂士彠曰：「弘基等皆背征三衞，罪當死，奈何授之兵？吾且劾繫之。」士彠曰：「此皆唐公客，若爾，必大有嫌。」故威等疑不發。會司兵參軍田德平欲勸威劾募人狀，士彠脅謂曰：「討捕兵悉隸唐公，威、君雅無與，徒寄坐耳，何能爲？」德平亦止。兵起，士彠不與謀也。以大將軍府鎧曹參軍從平京師，爲光祿大夫、義原郡公。自言嘗夢帝騎而上天，帝笑曰：「爾故王威黨也，以能罷繫劉弘基等，其意可錄，且嘗禮我，故酬汝以官。今胡迂妄媚我邪？」累遷工部尚書，進封應國公，歷利、荆二州都督。卒，贈禮部尚書，謚曰定。高宗永徽中，以士彠仲女爲皇后，故崇贈幷州都督、司徒、周國公。咸亨中，加贈太尉兼太子太師、太原郡王，配享高祖廟廷，列功臣上。后監朝，尊爲忠孝太皇，建崇先府，置官屬，追王五世。后革命，更於東都立武氏七廟，追册爲帝，諸妣皆隨帝號曰皇后。先天中，有詔削士彠僞號，仍爲太原王，廟遂廢。

始，士彠娶相里氏，生子元慶、元爽。又娶楊氏，生三女。元女妻賀蘭氏，早寡。季女妻郭氏，不顯。士彠卒後，諸子事楊不盡禮，銜之。后立，封楊代國夫人，進爲榮國，后姊韓國夫人。於時元慶已官宗正少卿，元爽少府少監，兄子惟良衞尉少卿。楊諷后上疏出元慶等于外，以示退讓。由是元慶斥龍州，元爽濠州，惟良始州。元慶死，元爽流振州。乾封時，惟良及弟淄州刺史懷運與岳牧集泰山下，於是韓國有女在宮中，帝尤愛幸。后欲并殺之，卽導帝幸其母所，惟良等上食，后寘堇焉，賀蘭食之，暴死。后歸罪惟良等，誅之，諷有司改姓「蝮氏」，絕屬籍。元爽緣坐死，家屬投嶺外。

后取賀蘭敏之爲士彠後，賜氏武，襲封，擢累左侍極、蘭臺太史令，與名儒李嗣眞等參與刊撰。敏之韶秀自喜，烝於榮國，挾所愛，佻橫多過失；榮國卒，后出珍幣建佛廬徼福，敏之乾匿自用；司衞少卿楊思儉女選爲太子妃，告婚期矣，敏之聞其美，彊私焉；楊喪未畢，褫衰粗，奏音樂；太平公主往來外家，宮人從者，敏之悉逼亂之。后疊數怒，至此暴其惡，流雷州，表復故姓，道中自經死。乃還元爽之子承嗣奉士彠後，宗屬悉原。

士彠兄士稜、士逸。

士稜字彥威，少柔愿，力于田。官司農少卿，宣城縣公，常主苑囿農稼事。卒，贈潭州都督，陪葬獻陵。

士逸字逖，有戰功，爲齊王府戶曹參軍，六安縣公。從王守太原，爲劉武周所執，嘗遣間人陳破賊計。賊平，擢授益州行臺左丞，數言當世得失，高祖嘉納之。終韶州刺史。

承嗣既還，擢尙輦奉御，襲周國公，遷祕書監、禮部尙書。俄以太常卿同中書門下三品，未幾辭位。垂拱初，以春官尙書同鳳閣鸞臺平章事，改納言，代蘇良嗣爲文昌左相。性暴輕忍禍，聞左司郎中喬知之婢窈娘美，且善歌，奪取之，知之作綠珠篇以諷，婢得詩恨死。承嗣怒，告酷吏殺之，殘其家。

初，后擅政，中宗幽逐，承嗣自謂傳國及己，武氏當有天下，即諷后革命，去唐家子孫，誅大臣不附者，倡議追王先世，立宗廟。又王元慶曰梁王，謚憲；元爽魏王，謚德；后從父士讓楚王，謚僖；士逸蜀王，謚節。又贈兄子承業陳王。而承嗣爲魏王，元慶子三思爲梁王，士讓之孫攸寧爲建昌王、攸歸九江王、攸望會稽王，士逸孫懿宗河內王、嗣宗臨川王、仁範河間王，仁範子載德潁川王，士稜孫攸暨千乘王，惟良子攸宜建安王、攸緒安平王、從子攸止恆安王、重規高平王，承嗣子延基南陽王、延秀淮陽王，三思子崇訓高陽王、崇烈新安王，承業子延暉嗣陳王、延祚咸安王。承嗣實封千戶，監脩國史。密諷后黨鳳閣舍人張嘉福，使洛州人上書請立己爲皇太子，以覘后意。后問岑長倩、格輔元，皆執不宜。承嗣不得已，奏請責諭嘉福等，不罪也。怨長倩等，皆以罪誅。以特進罷。未幾，復同鳳閣鸞臺三品。承嗣爲左相，而攸寧爲納言，故皆罷。又與三思同三品，不及月俱免，復拜特進。后決意還太子矣。久之，遷太子太保，不得志，鞅鞅憤死，贈太尉、并州牧，謚曰宣。

延基襲爵，后嫌斥其名，更曰繼魏王。長安初，與妻永泰郡主及邵王私語張易之兄弟事，後忿爭，語聞，后怒，令自殺，以延義代王。

中宗復位，侍中敬暉等言諸武不當王，與羣臣白奏：「事不兩大，武家諸王宜皆免。」帝柔昏不斷，又素畏太后，且欲悅安之，更言攸暨、三思皆與去二張功，以折暉等，纔降封一級：三思王德靜郡，攸暨壽春，懿宗爲耿國公，攸寧江國，攸望葉國，嗣宗管國，攸宜息國，重規鄶國，延義魏國，攸緒巢國，崇訓酇國，延祿爲咸安郡公。直臣宋務光、蘇安恆上書言：「武諸王饗封，不厭人心。」帝不悟。

載德終湖州刺史，謚武烈。攸歸歷司屬少卿，至齊州刺史，事母孝，姊亡期，不嘗五辛，語輒流涕。攸止絳州刺史。三人死太后時，不及削封。

攸宜歷同州刺史，萬歲通天初，爲淸邊道行軍大總管，討契丹，后親餞白馬寺，師無功還，拜左羽林大將軍。景龍時，遷右羽林，卒。總禁兵前後十年。嗣宗終司衞卿。

重規爲汴、鄭二州刺史，未至，役人營繕，后怒，貶廬州刺史。自是著令：諸王爲州，不得擅營治。突厥之叛，以重規爲天兵中道大總管，與沙吒忠義、張仁亶引衆三十萬討之。左羽林大將軍閻敬容爲西道後軍，兵十五萬後援。還爲左金吾衞大將軍，終衞尉卿。

延秀母本帶方人，坐其家沒入奚官，以姝惠，賜承嗣，生延秀。突厥默啜薦女和親，后令延秀納之，詔右豹韜大將軍閻知微、右武衞郎將楊鸞莊齎金幣送至突厥所。知微等潛約默啜執延秀進寇嬀、檀，故延秀不得歸。神龍初，默啜請和，因延秀送款，還，封柏國公，左衞中郎將。宗兄崇訓尙安樂公主，數與宴昵，頗通突厥語，倣虜謳舞，姿度閑冶，主愛悅。會崇訓死，遂私侍主，後因尙焉。以太常卿兼右衞將軍，封恆國公。三思死，韋后復私延秀，故延秀益自肆。主府倉曹參軍何鳳說曰：「今天下係心武家，庶幾再興。且讖曰『黑衣神孫被天裳』，神孫非公尙誰哉？」因勸服皁衣惑衆。韋后敗，尙與主居禁中，同斬肅章門。攸望以太府卿貶死春州。諸武屬坐延秀誅徙者略盡，獨載德子平一以文章顯，與攸緒常避盛滿，故免，自有傳。

攸寧，天授中擢累納言。踰年，以左羽林衞大將軍罷，俄還納言。久乃罷爲冬官尚書。聖曆初，同鳳閣鸞臺平章事。自承嗣、三思罷政事，閒一年，攸寧、三思復當國，置句使，苛取民貲產，毀族者凡十七八，呼天自冤。築大庫百餘舍聚所得財，一昔火，不遺一錢。以冬官尚書罷。神龍初，終岐州刺史，贈尚書右僕射。

三思當太后時，累進夏官、春官尚書，監脩國史，爵爲王。契丹陷營州，以楡關道安撫大使屯邊。還，同鳳閣鸞臺三品，踰月去位。又檢校內史，罷爲太子少保，遷賓客，仍監國史。

三思性傾諛，善迎諂主意，鉤探隱微，故后頗信任，數幸其第，賞予尤渥。薛、二張方烝蠱，三思痛屈節，爲懷義御馬，倡言昌宗爲王子晉後身，引公卿歌咏淫汙，靦然如人而不恥也。后春秋高，厭居宮中，三思欲因此市權，誘脅羣不肖，卽建營三陽宮於嵩山，興泰宮於萬壽山，請太后歲臨幸，已與二張扈侍馳騁，竊威福自私云。工役鉅萬萬，百姓愁歎。崇訓之尚主也，三思方輔政，中宗居東宮，欲寵耀其下，乃令具親迎禮。宰相李嶠、蘇味道等及沈佺期、宋之問諸有名士，造作文辭，慢泄相矜，无復禮法。中宗復位，擢崇訓駙馬都尉、太常卿，兼左衞將軍。三思進位司空、同中書門下三品，加實戶五百。固辭，進開府儀同三司。會降封，裁減實戶。俄以太后遺詔還所減，而封崇訓鎬國公。

初，桓彥範等已誅二張，薛季昶、劉幽求勸并誅三思等，不從。翌日，三思因韋后潛入宮中，反易國政，數日而彥範等皆失柄，所斥去者悉還。詔羣臣復循太后法。三思建言：「大帝封泰山，則天皇后建明堂，封嵩山，二聖之美不可廢。」帝韙其言，遂更名五縣曰乾封、合宮、永昌、登封、告成云。明年春，大旱，帝遣三思、攸暨禱乾陵而雨，帝悅。三思因主請復崇恩廟，昊、順二陵，皆置令丞。其黨鄭愔上聖感頌，帝爲刻石。補闕張景源建言：「母子承業，不可言中興，所下制書皆除之。」於是天下名祠改唐興、龍興云。補闕權若訥又言：「制詔如貞觀故事。且太后遺訓，母儀也；太宗舊章，祖德也。沿襲當自近者始。」帝褒答。是時，起毬場苑中，詔文武三品分朋爲都，帝與皇后臨觀。崇訓與駙馬都尉楊愼交注膏築場，以利其澤，用功不訾，人苦之。

三思既私韋后，又與上官昭容亂，內忌節愍太子，即與主謀廢之。太子懼，故發羽林兵圍三思第，并崇訓斬之，殺其黨十餘人。

時疾三思姦亂竊國，比司馬懿。其忌阻正人特甚，嘗曰：「我不知何等名善人，唯與我者殆是哉。」與宗楚客兄弟、紀處訥、崔湜、甘元柬相驅煽，王同晈、周憬、張仲之等不勝憤，謀殺之，爲冉祖雍、宋之愻、李悛所白，皆坐死。因逮染五王，而崔湜遣周利貞就殺之，故祖雍與御史姚紹之等五人，號「三思五狗」。司農少卿趙履温、中書舍人鄭愔、長安令馬構、司勳郎中崔日用、監察御史李悛，託其權，熏炙中外，其尤干政事者，天下語曰：「崔、冉、鄭，亂時政。」以爵賞自相崇樹，凡構大獄，汙點善良，破壞其宗，天下爲蕩然。始韋月將、高軫上疏，極言三思過惡，有司殺月將，逐軫惡地。黃門侍郎宋璟執奏，俄見斥。其權大抵如此。旣死，帝爲舉哀，廢朝五日，贈太尉，復封梁王，謚曰宣。追封崇訓魯王，謚曰忠。主以太子首祭三思柩。睿宗立，以父子皆逆節，斲棺暴尸，夷其墓。

懿宗以司農卿爵爲郡王，歷懷、洛二州刺史。神功元年，孫萬榮敗王孝傑兵，詔懿宗爲神兵道大總管討之，而婁師德、沙吒忠義並爲總管，兵凡二十萬，次趙州。懿宗聞賊且至，懼不知所出，欲棄軍走，或勸曰：「賊雖衆，無輜載，以鈔剽爲命，若按兵老之，擊其歸，可成大功。」懿宗不暇計，退保相州，賊遂進屠趙州。後萬榮死，懿宗復與婁師德撫循河北，人有自賊中歸者，一切抵死，先剔取膽，乃殺之，血沫前，而舉動自如。始萬榮入寇也，別帥何阿小陷冀州，殺人無餘種，以懿宗暴忍似之，故號稱「兩何」，相語曰：「唯此兩何，殺人最多。」

初，懿宗天授間受詔訊大獄，誅大臣王公，皆深排巧引，內刑塹中，無有脫者。其險酷雖周、來等不能繼也。神龍初，遷太子詹事，終懷州刺史。

攸暨自右衞中郎將尙太平公主，拜駙馬都尉，累遷右衞大將軍。天授中，自千乘郡王進封定王，實封戶六百。遷麟臺監司祀卿。長安中，降王壽春，加特進。中宗時，拜司徒，復王定，加戶千。固辭，進開府儀同三司。延秀之誅，降楚國公。攸暨沈謹和厚，於時無忤，專自奉養而已。景龍中卒，贈太尉、并州大都督，還定王，謚曰忠簡。坐公主大逆，夷其墓。

韋温者，中宗廢后庶人從父兄也。后父玄貞，歷普州參軍事，以女爲皇太子妃，故擢累豫州刺史。帝幽廬陵，玄貞流死欽州，妻崔爲蠻首甯承所殺，四子洵、浩、洞、泚同死容州，后二女弟逃還京師。帝復政，是日詔贈玄貞上洛郡王、太師、雍州牧、益州大都督，温父玄儼魯國公、特進、并州大都督。遣使者迎玄貞喪，詔廣州都督周仁軌討甯承，斬其首祭崔柩，官仁軌左羽林大將軍，汝南郡公。柩至，帝與后登長樂宮望而哭，贈酆王，謚文獻，號廟曰褒德，陵曰榮先，置令丞，給百戶掃除。贈洵吏部尙書、汝南郡王，浩太常卿、武陵郡，洞衞尉卿、淮陽郡，泚太僕卿、上蔡郡，並葬京師。

溫初試吏，坐贓斥。神龍初，擢宗正卿，遷禮部尙書，封魯國公。弟湑，自洛州戶曹參軍事連拜左羽林大將軍，曹國公。后大妹嫁陸頌，進國子祭酒。仲妹嫁嗣虢王邕。湑子捷尙成安公主，溫從弟濯尙定安公主，並拜駙馬都尉，捷爲右羽林將軍。景龍三年，溫以太子少保同中書門下三品，遙領揚州大都督。溫旣見天下事在手，欲自殖以牢其權，引用友黨不相一，公卿雖畏伏，然溫無能，不如諸武凶而熾也。

湑初兼脩文館大學士，時熒惑久留羽林，后惡之，方湑從至溫泉，后毒殺之以塞變，厚贈司徒、幷州大都督。湑兄弟頗以文詞進，帝方盛選文章侍從，與賦詩相娛樂，湑雖爲學士，常在北軍，無所造作。

有富商抵罪，萬年令李令質按之。濯馳救，令質不從，毀於帝。帝召令質至，左右爲恐，令質從容曰：「濯於賊非親，但以貨爲請，濯雖勢重，不如守陛下法，死無恨。」帝釋不責。

帝崩，后專政，畏有變，敕溫盡總內外兵，守省中。又以從子播、捷從弟璿、高嵩分領左右羽林軍。溫與宗楚客、武延秀等說后託圖讖，韋氏當受命，謀殺少帝，內憚相王、太平公主屬尊，欲先除之，然後發其謀。而玄宗兵夜起，將軍葛福順攻玄武門，入羽林，斬播、璿、高、嵩，梟首以徇，軍中相率而應，無敢後。后死，遲旦斬溫，分捕諸韋子弟，無少長皆斬。

周仁軌者，京兆萬年人，后母族也。方爲幷州長史，殘酷嗜殺戮。異日，見堂下有斷臂，惡之，逐于野，數昔往視，故在。是月，韋后敗，使者誅仁軌，刑人舉刀，仁軌承以臂，墮地，乃悟。

睿宗夷玄貞、洵墳墓，民盜取寶玉略盡。天寶九載，復詔發掘，長安尉薛榮先往視，冢銘載葬日月，與發冢日月正同，而陵與尉名合云。

王仁皎字鳴鶴，玄宗廢后父也。景龍中，以將帥舉，授甘泉府果毅，遷左衞中郎將。帝卽位，以后故，擢將作大匠，進累開府儀同三司，封祁國公，食戶三百。仁皎避職不事，委遠名譽，厚奉養，積媵妾貲貨而已。卒，年六十九，贈太尉、益州大都督，謚昭宣。官爲治葬，柩行，帝御望春亭過喪。詔張說文其碑，帝爲題石。

子守一，與后孿生，帝微時與雅舊，後詔尙淸陽公主。從討太平主有功，由尙乘奉御遷殿中少監、晉國公，累進太子少保，襲父爵，被遇良渥。后廢，貶柳州別駕，至藍田，賜死。守一沓墨無顧藉，財蓄巨萬，皆籍入于官。

楊國忠，太眞妃之從祖兄，張易之之出也。嗜飲博，數丐貸于人，無行檢，不爲姻族齒。年三十從蜀軍，以屯優當遷，節度使張宥惡其人，笞屈之，然卒以優爲新都尉。罷去，益困，蜀大豪鮮于仲通頗資給之。從父玄琰死蜀州，國忠護視其家，因與妹通，所謂虢國夫人者。裒其貲，至成都摴蒲，一日費輒盡，乃亡去。久之，調扶風尉，不得志。復入蜀，劍南節度使章仇兼瓊與宰相李林甫不平，聞楊氏新有寵，思有以結納之爲奧助，使仲通之長安，仲通辭，以國忠見，幹貌頎峻，口辯給，兼瓊喜，表爲推官，使部春貢長安。將行，告曰：「郫有一日糧，君至，可取之也。」國忠至，乃得蜀貨百萬，卽大喜。至京師，見羣女弟，致贈遺。於時虢國新寡，國忠多分賂，宣淫不止。諸楊日爲兼瓊譽，而言國忠善摴蒲，玄宗引見，擢金吾兵曹參軍、閑廄判官。兼瓊入爲戶部尙書兼御史大夫，用其力也。國忠稍入供奉，常後出，專主蒲簿，計算鉤畫，分銖不誤，帝悅曰：「度支郎才也。」累遷監察御史。

李林甫興韋堅等獄，欲危太子，獄事畏卻，以國忠怙寵，摶鷙可用，倚之使按劾。國忠乃慘文峭詆，逮繫連年，誣蟣被誅者百餘族，度可以危太子者，先林甫意陷之，皆中所欲。林甫方深阻固位，陰爲指嚮，故國忠乘以爲姦，肆意無所憚。虢國居中用事，帝所好惡，國忠必探知其微，帝以爲能，擢兼度支員外郎。遷不淹年，領十五餘使，林甫始惡之。

天寶七載，擢給事中、兼御史中丞，專判度支。會三妹封國夫人，兄銛擢鴻臚卿，與國忠皆列棨戟，而第舍華僭，彌跨都邑。時海內豐熾，州縣粟帛舉巨萬，國忠因言：古者二十七年耕，餘九年食，今天置太平，請在所出滯積，變輕齎，內富京師。又悉天下義倉及丁租、地課易布帛，以充天子禁藏。明年，帝詔百官觀庫物，積如丘山，賜羣臣各有差，錫國忠紫衣、金魚，知太府卿事。

初，楊愼矜引王鉷爲御史中丞，已而有隙。鉷挾國忠共劾愼矜，抵不道誅。由是權傾中外。吉溫爲國忠謀奪林甫政，國忠卽誣奏京兆尹蕭炅、御史中丞宋渾，逐之，皆林甫所厚善，林甫不能救，遂結怨。鉷寵方渥，位勢在國忠右，國忠忌之，因邢縡事，構鉷誅死，已代爲京兆尹，悉領其使。卽窮劾支黨，引林甫交私狀，牽連左逮，數以聞，帝始厭林甫，疏薄之。

先此，南詔質子閤羅鳳亡去，帝欲討之，國忠薦鮮于仲通爲蜀郡長史，率兵六萬討之。戰瀘川，舉軍沒，獨仲通挺身免。時國忠兼兵部侍郎，素德仲通，爲匿其敗，更敍戰功，使白衣領職。因自請兼領劍南，詔拜劍南節度、支度、營田副大使，知節度事。俄加本道兼山南西道採訪處置使，開幕府，引竇華、張漸、宋昱、鄭昂、魏仲犀等自佐，而留京師。帝再幸左藏庫，班賚百官。出納判官魏仲犀言：「鳳集通訓門。」門直庫西，有詔改爲鳳皇門，進仲犀殿中侍御史，屬吏率以「鳳凰優」得調。俄拜國忠御史大夫，因引仲通爲京兆尹，已兼領吏部。

國忠恥雲南無功，知爲林甫掎摭，欲自解於帝，乃使麾下請已到屯，外示憂邊，以合上旨，實杜禁言路，林甫果奏遣之。及辭，泣訴爲林甫中傷者，妃又爲言，故帝益親之，豫計召日。然國忠就道，惴惴不自安。帝在華淸宮，驛追國忠還。林甫病已困，入見牀下，林甫曰：「死矣，公且入相，以後事累公！」國忠懼其詐，不敢當，流汗被顏。林甫果死，遂拜右相、兼文部尚書、集賢院大學士、監脩國史、崇賢館大學士、太淸太微宮使，而節度、採訪等使、判度支，不解也。國忠已得志，則窮擿林甫姦事，碎其家。帝以爲功，封魏國公，固讓魏，徙封衞。

國忠旣以宰相領選，始建罷長名，於銓日即定留放。故事，歲揭版南院爲選式，選者自通，一辭不如式，輒不得調，故有十年不官者。國忠創押例，無賢不肖，用選深者先補官，牒文謬缺得再通，衆議翕然美之。先天以前，諸司官知政事者，午漏盡，還本司視事，兵、吏部尙書、侍郎分案注擬。開元末，宰相員少，任益尊，不復視本司事。吏部銓，故常三注三唱，自春止夏乃訖。而國忠陰使吏到第，預定其員，集百官尙書省注唱，一日畢，以夸神明，駭天下耳目者。自是資格紛謬，無復綱序。虢國居宣陽坊左，國忠在其南，自臺禁還，趣虢國第，郎官、御史白事者皆隨以至。居同第，出駢騎，相調笑，施施若禽獸然，不以爲羞，道路爲恥駭。明年大選，因就第唱補，帷女兄弟觀之，士之醜野蹇傴者，呼其名，輒笑于堂，聲徹諸外，士大夫詬恥之。先是，有司已定注，則過門下，侍中、給事中按閱，有不可，黜之。國忠則召左相陳希烈偶坐，給事中在旁，既對注，曰：「已過門下矣。」希烈不敢異。侍郎韋見素、張倚與本曹郎趨走堂下，抱案牒，國忠顧女弟曰：「紫袍二主事何如？」皆大噱。鮮于仲通等諷選者鄭怤願立碑省戶下以頌德，詔仲通爲頌，帝爲易數字，因以黃金識其處。

帝常歲十月幸華淸宮，春乃還，而諸楊湯沐館在宮東垣，連蔓相照，帝臨幸，必徧五家，賞賚不訾計，出有賜，曰「餞路」，返有勞，曰「軟脚」。遠近饋遺閹稚、歌兒、狗馬、金貝，踵疊其門。

國忠由御史至宰相，凡領四十餘使，而度支、吏部事自叢夥，第署一字不能盡，故吏得輕重，顯賕公謁無所忌。國忠性疏侻捷給，硜硜處決樞務，自任不疑，盛氣驕愎，百僚莫敢相可否，官屬悉苛督句剝相甚。又便佞，專徇帝嗜欲，不顧天下成敗。帝雅意事邊，故身調兵食，取習文簿惡吏任之，軍凡須索，快成其手，又不能省視也。始，李林甫給帝天下無事，請已漏出休，許之。文書塡湊，坐家裁決。既成，敕吏持案詣左相陳希烈聯署，左相不敢詰，署惟謹。至國忠時，韋見素代希烈，循以爲常。它年，大雨敗稼，帝憂之，國忠擇善禾以進，曰：「雨不爲災。」扶風太守房琯上郡災，國忠怒，遣御史按之。後乃無敢以水旱聞，皆前伺國忠意乃敢啓。子暄舉明經，不中，禮部侍郎達奚珣遣子撫往見國忠，國忠方朝，見撫喜。已而聞暄當黜，詬曰：「生子不富貴耶？豈以一名爲鼠輩所賣！」珣大驚，即致暄高第。俄與珣同列，猶吒官不進。

國忠雖當國，常領劍南召募使，遣戍瀘南，餉路險乏，舉無還者。舊，勳戶免行，所以寵戰功。國忠令當行者先取勳家，故士無鬭志。凡募法，願奮者則籍之。國忠歲遣宋昱、鄭昂、韋儇以御史迫促，郡縣吏窮無以應，乃詭設餉召貧弱者，密縛置室中，衣絮衣，械而送屯，亡者以送吏代之，人人思亂。尋遣劍南留後李宓率兵十餘萬擊閤羅鳳，敗死西洱河，國忠矯爲捷書上聞。自再興師，傾中國驍卒二十萬，踦屨無遺，天下冤之。

安祿山方有寵，總重兵于邊，偃蹇不奉法，帝護之，下莫敢言。國忠知終不出己下，又恃內援，獨暴發反狀，帝疑以位相娼，不之信。祿山雖逆久，以帝遇之厚，故隱忍，伺帝一日晏駕則稱兵。及見帝嬖國忠，甚畏不利己，故謀日急。俄而祿山授尚書右僕射，帝恐國忠不悅，故册拜司空。祿山還幽州，覺國忠圖己，反謀遂決。國忠令客何盈、蹇昂刺求反狀，諷京兆尹李峴圍其第，捕祿山所善李超、安岱、李方來、王岷殺之，貶其黨吉溫於合浦。祿山上書自陳，而條上國忠大罪二十，帝歸過於峴，貶零陵太守，以尉祿山意。國忠寡謀矜躁，謂祿山跋扈不足圖，故激怒之使必反，以取信於帝，帝卒不悟。乃建言：「請以祿山爲平章事，追入輔政，以賈循爲使，節度范陽，呂知誨節度平盧，楊光翽節度河東。」已草詔，帝使謁者輔璆琳覘祿山，未還，帝致詔坐側。而璆琳納金，固言不反。帝謂國忠曰：「祿山無二心，前詔焚之矣。」祿山反，以誅國忠爲名，帝欲自將而東，使皇太子監國，謂左右曰：「我欲行一事。」國忠揣帝且禪太子，歸謂女弟等曰：「太子監國，吾屬誅矣。」因聚泣，入訴于貴妃，妃以死邀帝，遂寢。祿山既發范陽，歎咤曰：「國忠頭來何遲？」

哥舒翰守潼關，按兵守險，國忠聞欲反己，疑之，乃從中督戰，翰不得已出關，遂大敗，降賊。書聞，是日帝自南內移仗未央宮，國忠見百官，鯁咽不自勝。監察御史高適請率百官子弟及募豪桀十萬拒守，衆以爲不可。初，國忠聞難作，自以身帥劍南，豫置腹心梁、益間，爲自完計。至是，帝召宰相計事，國忠曰：「幸蜀便。」帝然之。明日遲昕，帝出延秋門，羣臣不知，猶上朝，唯三衞彍騎立仗，尙聞刻漏聲。國忠與韋見素、高力士及皇太子諸王數百人護帝。右龍武大將軍陳玄禮謀殺國忠，不克。進次馬嵬，將士疲，乏食，玄禮懼亂，召諸將曰：「今天子震蕩，社稷不守，使生人肝腦塗地，豈非國忠所致！欲誅之以謝天下，云何？」衆曰：「念之久矣，事行身死，固所願。」會吐蕃使有請於國忠，衆大呼曰：「國忠與吐蕃謀反！」衞騎合，國忠突出，或射中其頰，殺之，爭噉其肉且盡，梟首以徇。帝驚曰：「國忠遂反耶？」時吐蕃使亦殲矣。御史大夫魏方進責衆曰：「何故殺宰相？」衆怒，又殺之。

四子：暄、朏、曉、晞。暄位太常卿、戶部侍郎，聞亂，下馬蹶，衆射之，身貫百矢，乃踣。朏尚萬春公主，位鴻臚卿，陷賊見殺。曉奔漢中，爲漢中王瑀搒死。晞及國忠妻裴柔同奔陳倉，爲追兵所斬。柔，故蜀倡也，併坎而瘞。

其黨翰林學士張漸、竇華，中書舍人宋昱，吏部郎中鄭昂，俱走山谷，民爭其貲，富埒國忠。昱戀貲產，竊入都，爲亂兵所殺；餘坐誅。

國忠本名釗，以圖讖有「卯金刀」，當位御史中丞時，帝爲改今名。

李翛字翛，起寒賤，繇莊憲太后姬壻得進，歷坊、絳二州刺史。無它才，爲政粗辦。性纖巧，餙廚傳，結納閹寺，求善譽。憲宗以爲才，拜司農卿，進京兆尹，專聚斂以固恩寵，數譖毀近臣，一時側目。

太后崩，詔翛爲橋道置頓使，嗇官費，物物裁損爲可喜者。梓宮至灞橋，從官多不得食。始議更造渭城門，計錢三萬，翛以爲勞，不聽，使鑿軌道深之，柱危不支，方過喪而門壞，轀輬僅免，徹門乃得行。翛妄奏車軸折，山陵使李逢吉劾罔上，請免官。方帝用兵而翛屢有所獻，得不坐，纔詔奪稟，逢吉持之，乃削銀青一階。翌日，加賜黃金。帝以浙西富饒，欲掊擿遺利，以脩爲觀察使。被疾還京師。元和十四年卒，士有相賀者。

鄭光，孝明皇太后弟也。會昌末，夢御大車載日月行中衢，光輝洪洞照六合，寤而占之，工曰：「君且暴貴。」不閱月，宣宗卽位，光興民伍，拜諸衞將軍，遷累平盧軍節度使，徙河中、鳳翔，又賜鄠、雲陽二縣良田。大中四年，詔除其租賦，宰相言：「國常賦，寡人下戶不免，柰何以外戚廢法？」帝悟，追格前詔。俄封其妾爲夫人，光曉帝意，還詔不敢拜，帝嘉之。七年，來朝，對延英，占奏俚近，帝失所望，不悅，留爲右羽林統軍兼太子太保。太后言其家空短，帝厚賜金繒，終不復委方鎭。卒，贈司徒，詔罷三日朝，羣臣奉慰。御史大夫李景讓曰：「禮，外祖父母、舅服小功五月，伯叔父若兄弟齋縗期，所以疏外密內也。王者不可使外戚彊。按王、公主喪不過三日，光宜少降。」詔罷二日。

子漢卿，終義昌軍節度使。

校勘記

〔一〕獨孤懷恩元貞皇后弟之子也　各本原無「之子」兩字。舊書卷一八三獨孤懷恩傳作「元貞皇后弟之子也」，按周書卷一六獨孤信傳：「信長女，周明敬后；第四女，元貞皇后；第七女，隋文獻后。」本卷下文既云懷恩爲文獻后姪，則于元貞后亦當爲姪。又本書及舊書卷一高祖紀並謂文獻后爲高祖從母，本卷下文高祖呼懷恩爲弟，亦足證明懷恩爲元貞后之姪，而不當爲弟。今補正。

唐書卷二百七

列傳第一百三十二

宦者上

楊思勗　高力士　程元振駱奉先　魚朝恩　竇文場霍仙鳴
劉貞亮　吐突承璀　馬存亮嚴遵美　仇士良　楊復光

唐制：內侍省官有內侍四，內常侍六，內謁者監、內給事各十，謁者十二，典引十八，寺伯、寺人各六。又有五局：一曰掖廷，主宮嬪簿最；二曰宮闈，扃門闌；三曰奚官，治宮中疾病死喪；四曰內僕，主供帳鐙燭；五曰內府，主中藏給納。局有令，有丞，皆宦者為之。太宗詔內侍省不立三品官，以內侍為之長，階第四，不任以事，惟門閤守禦、廷內掃除、稟食而已。武后時，稍增其人，至中宗，黃衣乃二千員，七品以上員外置千員，然衣朱紫者尙少。玄宗承平，財用富足，志大事奢，不愛惜賞賜爵位。開元、天寶中，宮嬪大率至四萬，宦官黃衣以上三千員，衣朱紫千餘人。其稱旨者輒拜三品將軍，列戟于門。其在殿頭供奉，委任華重，持節傳命，光焰殷殷動四方。所至郡縣奔走，獻遺至萬計。脩功德，市禽鳥，一爲之使，猶且數千緡。監軍持權，節度返出其下。於是甲舍、名園、上腴之田爲中人所名者半京畿矣。肅、代庸弱，倚爲扞衞，故輔國以尙父顯，元振以援立奮，朝恩以軍容重，然猶未得常主兵也。德宗懲艾泚賊，故以左右神策、天威等軍委宦者主之，置護軍中尉、中護軍，分提禁兵，是以威柄下遷，政在宦人，舉手伸縮，便有輕重。至慓士奇材，則養以爲子；巨鎭彊藩，則爭出我門。

小人之情，猥險無顧藉，又日夕侍天子，狎則無威，習則不疑，故昏君蔽於所昵，英主禍生所忽。玄宗以遷崩，憲、敬以弒殞，文以憂僨，至昭而天下亡矣。禍始開元，極於天祐，凶愎參會，黨類殲滅，王室從而潰喪，譬猶灼火攻蠹，蠹盡木焚，詎不哀哉！跡其殘氣不剛，柔情易遷，褻則無上，怖則生怨，借之權則專，爲禍則迫而近，緩相攻，急相一，此小人常勢也。噫！梟狐不神，天與之昏，末如亂何。故取中葉以來宦人之大者稡之篇。

楊思勗，羅州石城人。本蘇氏，冒所養姓。少給事內侍省，從玄宗討內難，擢左監門衞將軍，帝倚爲爪牙。開元初，安南蠻渠梅叔鸞叛，號黑帝，舉三十二州之衆，外結林邑、眞臘、金隣等國，據海南，衆號四十萬。思勗請行，詔募首領子弟十萬，與安南大都護光楚客繇馬援故道出不意，賊駭眙不暇謀，遂大敗，封尸爲京觀而還。十二年，五溪首領覃行章亂，詔思勗爲黔中招討使，率兵六萬往，執行章，斬首三萬級，以功進輔國大將軍，給祿俸、防閤。從封泰山，進驃騎大將軍，封虢國公。邕州封陵獠梁大海反，破賓、橫等州，思勗又平之，禽大海等三千人，討斬支黨皆盡。瀧州蠻陳行範自稱天子，其下何游魯號定國大將軍，馮璘南越王，破州縣四十。詔思勗發永、道、連三州兵，淮南弩士十萬，襲斬游魯、璘於陣。行範走盤遼諸洞，思勗悉衆窮追，生縛之，阬其黨六萬，獲馬金銀鉅萬計。卒，年八十餘。

思勗鷙忍，敢殺戮，所得俘，必剝面、劈腦、褫髮皮以示人，將士憚服，莫敢視，以是能立功。內給事牛仙童納張守珪賂，詔付思勗殺之。思勗縛于格，箠慘不可勝，乃探心，截手足，剔肉以食，肉盡乃得死。

楚客者，樂安人，後歷桂州都督致仕，封松滋縣侯。

高力士，馮盎曾孫也。聖曆初，嶺南討擊使李千里上二閹兒，曰金剛，曰力士，武后以其彊悟，敕給事左右。坐累逐出之，中人高延福養爲子，故冒其姓。善武三思，歲餘，復得入禁中，稟食司宮臺。既壯，長六尺五寸，謹密，善傳詔令，爲宮闈丞。

玄宗在藩，力士傾心附結，已平韋氏，乃啓屬內坊，擢內給事。先天中，以誅蕭、岑等功爲右監門衞將軍，知內侍省事。於是四方奏請皆先省後進，小事即專決，雖洗沐未嘗出，眠息殿帷中，徼倖者願一見如天人然。帝曰：「力士當上，我寢乃安。」當是時，宇文融、李林甫、蓋嘉運、韋堅、楊愼矜、王鉷、楊國忠、安祿山、安思順、高仙芝等雖以才寵進，然皆厚結力士，故能踵至將相，自餘承風附會不可計，皆得所欲。中人若黎敬仁、林昭隱、尹鳳翔、韓莊、牛仙童、劉奉廷、王承恩、張道斌、李大宜、朱光輝、郭全、邊令誠等，並內供奉，或外監節度軍，脩功德，市鳥獸，皆爲之使，使還，所裒獲，動巨萬計，京師甲第池園、良田美產，占者什六，寵與力士略等，然悉藉力士左右輕重乃能然。肅宗在東宮，兄事力士，它王、公主呼爲翁，戚里諸家尊曰爹，帝或不名而呼將軍。

力士幼與母麥相失，後嶺南節度使得之瀧州，迎還，不復記識，母曰：「胸有七黑子在否？」力士袒示之，如言。母出金環，曰「兒所服者」，乃相持號慟。帝爲封越國夫人，而追贈其父廣州大都督。延福與妻，及力士貴時故在，侍養與麥均。金吾大將軍程伯獻約力士爲兄弟，後麥亡，伯獻縗經受弔。河間男子呂玄晤吏京師，女國姝，力士娶之，玄晤擢刀筆史至少卿，子弟仕皆王傅。玄晤妻死，中外贈賻遝葬，自第至墓，車徒背相望不絕。

始，李林甫、牛仙客知帝憚幸東都，而京師漕不給，乃以賦粟助漕，及用和糴法，數年，國用稍充。帝齋大同殿，力士侍，帝曰：「我不出長安且十年，海內無事，朕將吐納導引，以天下事付林甫，若何？」力士對曰：「天子順動，古制也。稅入有常，則人不告勞。今賦粟充漕，臣恐國無旬月蓄；和糴不止，則私藏竭，逐末者衆。又天下柄不可假人，威權旣振，孰敢議者！」帝不悅，力士頓首自陳「心狂易，語謬當死」。帝爲置酒，左右呼萬歲。由是還內宅，不復事。加累驃騎大將軍，封渤海郡公。於來廷坊建佛祠，興寧坊立道士祠，珍樓寶屋，國貲所不逮。鍾成，力士宴公卿，一扣鍾，納禮錢十萬，有佞悅者至二十扣，其少亦不減十。都北堰灃列五磑，日僦三百斛直。

有袁思藝者，帝亦愛幸，然驕倨甚，士大夫疏畏之，而力士陰巧得人譽。帝初置內侍省監二員，秩三品，以力士、思藝爲之。帝幸蜀，思藝遂臣賊，而力士從帝，進齊國公。帝聞肅宗卽位，喜曰：「吾兒應天順人，改元至德，不忘孝乎，尙何憂？」力士曰：「兩京失守，生人流亡，河南漢北爲戰區，天下痛心，而陛下以爲何憂，臣不敢聞。」從上皇還，進開府儀同三司，實封戶五百。

上皇徙西內，居十日，爲李輔國所誣，除籍，長流巫州。力士方逃瘧功臣閣下，輔國以詔召，力士趨至閤外，遣內養授謫制，因曰：「臣當死已久，天子哀憐至今日，願一見陛下顏色，死不恨。」輔國不許。寶應元年赦還，見二帝遺詔，北向哭歐血，曰：「大行升遐，不得攀梓宮，死有餘恨。」慟而卒，年七十九。代宗以護衞先帝勞，還其官，贈揚州大都督，陪葬泰陵。

初，太子瑛廢，武惠妃方嬖，李林甫等皆屬壽王，帝以肅宗長，意未決，居忽忽不食。力士曰：「大家不食，亦膳羞不具耶？」帝曰：「爾，我家老，揣我何爲而然？」力士曰：「嗣君未定耶？推長而立，孰敢爭？」帝曰：「爾言是也。」儲位遂定。天寶中，邊將爭立功，帝嘗曰：「朕春秋高，朝廷細務付宰相，蕃夷不龔付諸將，寧不暇耶？」對曰：「臣間至閤門，見奏事者言雲南數喪師，又北兵悍且彊，陛下何以制之？臣恐禍成不可禁。」其指蓋謂祿山。帝曰：「卿勿言，朕將圖之。」十三年秋大雨，帝顧左右無人，卽曰：「天方災，卿宜言之。」力士曰：「自陛下以權假宰相，法令不行，陰陽失度，天下事庸可復安？臣之鉗口，其時也。」帝不答。明年祿山反。力士善揣時事勢候相上下，雖親昵，至當覆敗，不肯爲救力，故生平無顯顯大過。議者頗恨宇文融以來權利相賊，階天下之禍，雖有補益，弗相除云。

程元振，京兆三原人。少以宦人直內侍省，遷內射生使、飛龍廄副使。張皇后謀立越王，元振見太子，發其姦，與李輔國助討難，立太子，是爲代宗。拜右監門衞將軍，知內侍省事。帝以藥子昂判元帥行軍司馬，固辭，乃以命元振，封保定縣侯。再遷驃騎大將軍、邠國公，盡總禁兵。不踰歲，權震天下，在輔國右，凶決又過之，軍中呼十郎。

王仲昇者，初爲淮西節度使，與襄州張維瑾部將戰申州，被執。賊平，元振薦爲右羽林大將軍兼御史大夫。將軍兼大夫由仲昇始。裴冕與元振忤，乃擿韓穎等罪貶施州。來瑱守襄、漢有功，元振嘗諉屬，不應，因仲昇共誣殺瑱。同華節度使李懷讓被構，憂甚自殺。素惡李光弼，數媒蝎以疑之。瑱等上將，冕、光弼元勳，既誅斥，或不自省，方帥繇是攜解。

廣德初，吐蕃、党項內侵，詔集天下兵，無一士奔命者。虜扣便橋，帝倉黃出居陜，京師陷，賊剽府庫，焚閭衖，蕭然爲空。於是太常博士、翰林待詔柳伉上疏曰：「犬戎以數萬衆犯關度隴，歷秦、渭，掠邠、涇，不血刃而入京師，謀臣不奮一言，武士不力一戰，提卒叫呼，刼宮闈，焚陵寢，此將帥叛陛下也。自朝義之滅，陛下以爲智力所能，故疏元功，委近習，日引月長以成大禍，羣臣在廷無一犯顏回慮者，此公卿叛陛下也。陛下始出都，百姓塡然奪府庫，相殺戮，此三輔叛陛下也。自十月朔召諸道兵，盡四十日，無隻輪入關者，此四方叛陛下也。內外離叛，雖一魚朝恩以陝郡勠力，陛下獨能以此守社稷乎？陛下以今日勢爲安耶？危耶？若以爲危，豈得高枕不爲天下計？臣聞良醫療疾，當病飲藥，藥不當疾，猶無益也。陛下視今日病何繇至此乎？天下之心，乃恨陛下遠賢良，任宦豎，離間將相而幾于亡。必欲存宗廟社稷，獨斬元振首，馳告天下，悉出內使隸諸州，獨留朝恩備左右，陛下持神策兵付大臣，然後削尊號，下詔引咎，率德勵行，屏嬪妃，任將相。若曰『天下其許朕自新改過乎，宜即募士西與朝廷會；若以朕惡未悛耶，則帝王大器，敢妨聖賢，其聽天下所往』。如此而兵不至，人不感，天下不服，請赤臣族以謝。」疏聞，帝顧公議不與，乃下詔盡削元振官爵，放歸田里。帝還，元振自三原衣婦衣私入京師，舍司農卿陳景詮家，圖不軌。御史劾按，長流溱州，景詮貶新興尉。元振行至江陵死。

時又有駱奉先者，亦三原人，歷右驍衛大將軍，數從帝討伐，尤見倖，廣德初，監僕固懷恩軍者。奉先恃恩貪甚，懷恩不平，既而懼其譖，遂叛。事平，擢奉先軍容使，掌畿內兵，權焰熾然。永泰初，以吐蕃數驚京師，始城鄠，以奉先爲使，悉毀縣外廬舍，無尺椽。累封江國公，監鳳翔軍，大曆末卒。

魚朝恩，瀘州瀘川人。天寶末，以品官給事黃門，內陰黠，善宣納詔令。至德初，監李光進軍。京師平，爲三宮檢責使，以左監門衞將軍知內侍省事。九節度圍賊相州，以朝恩爲觀軍容、宣慰、處置使。觀軍容使自朝恩始。史思明攻洛陽，朝恩以神策兵屯陝。洛陽陷，思明長驅至硤石，使子朝義爲游軍。肅宗詔銳兵十萬循渭而東以濟師。朝恩按兵陝東，使神策將衞伯玉與賊將康文景等戰，敗之。洛陽平，徙屯汴州，加開府儀同三司，封馮翊郡公。寶應中，還屯陝。代宗避吐蕃東幸，衞兵離散，朝恩悉軍奉迎華陰，乘輿六師乃振，帝德之，更號天下觀軍容、宣慰、處置使，專領神策軍，賞賜不涯。

朝恩資小人，恃功岸忽無所憚。僕固瑒攻絳州，使姚良據溫，誘回紇陷河陽。朝恩遣李忠誠討瑒，以霍文場監之；王景岑討良，王希遷監之。敗瑒於萬泉，生擒良。高暉等引吐蕃入寇，遣劉德信討斬之。故朝恩因麾下數克獲，竊以自高。是時郭子儀有定天下功，居人臣第一，心媢之，乘相州敗，醜爲詆譖，肅宗不內其語，然猶罷子儀兵，留京師。代宗立，與程元振一口加毀，帝未及寤，子儀憂甚。俄而吐蕃陷京師，卒用其力，王室再安。故朝恩內慚，乃勸帝徙洛陽，欲遠戎狄。百僚在廷，朝恩從十餘人持兵出，曰：「虜數犯都甸，欲幸洛，云何？」宰相未對，有近臣折曰：「敕使反耶？今屯兵足以捍寇，何遽脅天子棄宗廟爲？」朝恩色沮，而子儀亦謂不可，乃止。

朝恩好引輕浮後生處門下，講五經大義，作文章，謂才兼文武，徼伺誤寵。永泰中，詔判國子監，兼鴻臚、禮賓、內飛龍、閑廄使，封鄭國公。始詣學，詔宰相、常參官、六軍將軍悉集，京兆設食，內教坊出音樂俳倡侑宴，大臣子弟二百人，朱紫雜然爲附學生，列廡次。又賜錢千萬，取子錢供秩飯。每視學，從神策兵數百，京兆尹黎幹率錢勞從者，一費數十萬，而朝恩色常不足。

凡詔會羣臣計事，朝恩怙貴，誕辭折愧坐人出其上，雖元載辯彊亦拱默，唯禮部郎中相里造、殿中侍御史李衎酬詰往返，未始降屈，朝恩不懌，黜衎以動造。又謀將易執政以震朝廷，乃會百官都堂，且言：「宰相者，和元氣，輯羣生。今水旱不時，屯軍數十萬，饋運困竭，天子臥不安席，宰相何以輔之？不退避賢路，默默尙何賴乎？」宰相俛首，坐皆失色。造徙坐從之，因曰：「陰陽不和，五穀踴貴，皆軍容事，宰相何與哉！且軍拏不散，故天降之沴。今京師無事，六軍可相維鎭，又屯十萬，饋糧所以不足，百司無稍食，軍容爲之，宰相行文書而已，何所歸罪？」朝恩拂衣去，曰：「南衙朋黨，且害我。」會釋菜，執易升坐，百官咸在，言鼎有覆餗象，以侵宰相。王縉怒，元載怡然。朝恩曰：「怒者常情，笑者不可測也。」載銜之。

未發。

朝恩有賜墅，觀沼勝爽，表爲佛祠，爲章敬太后薦福，即后謚以名祠，許之。於是用度侈浩，公壞曲江諸館、華淸宮樓榭、百司行署、將相故第，收其材佐興作，費無慮萬億。既數毀郭子儀，不見聽，乃遣盜發其先冢，子儀詭辭自解，以安衆疑。久之，讓判國子監、鴻臚禮賓等使，加內侍監，徙封韓，增實封百戶。俄兼檢校國子監。

初，神策都虞候劉希暹魁健能騎射，最爲朝恩昵信，以太僕卿封交河郡王。兵馬使王駕鶴獨謹厚，亦封徐國公。希暹諷朝恩置獄北軍，陰縱惡少年橫捕富人付吏考訊，因中以法，錄貲產入之軍，皆誣服冤死，故市人號「入地牢」。又萬年吏賈明觀倚朝恩捕搏恣行，積財鉅萬，人無敢發其姦。朝廷裁決，朝恩或不預者，輒怒曰：「天下事有不由我乎！」帝聞，不喜。養息令徽者，尚幼，爲內給使，服綠，與同列爭忿，歸白朝恩。明日見帝曰：「臣之子位下，願得金紫，在班列上。」帝未答，有司已奉紫服于前，令徽稱謝。帝笑曰：「小兒章服，大稱。」滋不悅。

元載乃用左散騎常侍崔昭尹京兆，厚以財結其黨皇甫溫、周皓。溫方屯陝，而皓射生將。自是朝恩陰謀奧語，悉爲帝知。希暹覺帝指，密白朝恩，朝恩稍懼，然見帝接遇未衰，故自安而潛計不軌。帝遂倚載，決除之，懼不克。載曰：「陛下第專屬臣，必濟。」朝恩入殿，嘗從武士百人自衞，皓統之，而温握兵在外。載乃徙鳳翔尹李抱玉節度山南西道，以温代節度鳳翔，陽重其權，寔內温以自助。載又議析鳳翔之郿與京兆，以鄠、盩厔及鳳翔之虢、寶鷄與抱玉，而以興平、武功、鳳翔之扶風天興與神策軍，朝恩利其土地，自封殖，不知爲虞也。郭子儀密白「朝恩嘗結周智光爲外應，久領內兵，不早圖，變且大」。載留温京師，未即遣，約與皓共誅朝恩。謀定，以聞，帝曰：「善圖之，勿反受禍！」方寒食，宴禁中，既罷，將還營，有詔留議事。朝恩素肥，每乘小車入宮省。帝聞車聲，危坐，載守中書省。朝恩至，帝責其異圖，朝恩自辨悖慠，皓與左右禽縊之，死年四十九，外無知者。帝隱之，下詔罷觀軍容等使，增實封戶六百，內侍監如故。外咸言「既奉詔，乃投縊」云。還尸於家，賜錢六百萬以葬。

帝懼軍亂，進劉希暹、王駕鶴並兼御史中丞。又下詔慰曉將士，獨希暹自知同惡，言不遜，駕鶴白發之，遂賜死。而賈明觀兼得幸於載，故載奏隸江西，使立功自贖，路嗣恭搒殺之。所厚禮部尚書、禮儀使裴士淹、戶部侍郎判度支第五琦皆坐貶。

竇文場、霍仙鳴者，始並隸東宮，事德宗，未有名。自魚朝恩死，宦人不復典兵，帝以禁衞盡委白志貞，志貞多納富人金補軍，止收其庸而身不在軍。及涇師亂，帝召近衞，無一人至者，惟文場等率宦官及親王左右從。至奉天，帝逐志貞，并左右軍付文場主之。興元初，詔監神策左廂兵馬，以王希遷監右，而馬有麟爲左神策軍大將軍，軍額由此始。

帝自山南還，兩軍復完，而帝忌宿將難制，故詔文場、仙鳴分總之，廢天威軍入左右神策。是時，竇、霍權振朝廷，諸方節度大將多出其軍，臺省要官走門下，丐援影者足相躡。衞士朱華以按摩得幸文場，參慮補置，索賕數萬緡，而藩鎭賂遺累百鉅萬，略士妻女無所憚，詔殺之于軍。其隆赫如此。

久之，置護軍中尉、中護軍各二員，詔文場爲左神策護軍中尉，仙鳴爲右，焦希望爲左神策中護軍，張尙進爲右。中尉、護軍自文場等始。後仙鳴移病，帝賜十馬，令諸祠祈解。後稍愈，已而暴死，帝疑左右進毒，捕詰小使問狀，誅數十人，贈開府儀同三司，以內常侍第五守亮代之。文場擢累驃騎大將軍。時監察御史崔薳行囚于軍，吏爲具酒食，薳欲悅媚之，故不拒。文場劾奏，詔流薳遠方。文場年老致仕卒。

其後楊志廉、孫榮義爲左右中尉，招權驕肆，與竇、霍略等。帝晚節聞民間訛語禁中事，而北軍捕太學生何竦、曹壽繫訊，人情大懼，司業武少儀上書「有如罪不測，願明示四方」。俄得釋。是時宦官復盛矣。

希望者，涇陽人，歷明威將軍，贈洪州都督。尙進，河東人，歷忠武將軍，贈開府儀同三司。志廉，弘農人，歷左監門衞大將軍；榮義，涇陽人，歷右武衞大將軍。並贈揚州大都督。

劉貞亮，本倶氏，名文珍，冒所養宦父，故改焉。性忠彊，識義理。平涼之盟，在渾瑊軍中，會虜變，被執且西，俄而得歸。出監宣武軍，自置親兵千人。貞元末，宦人領兵附順者益衆。

會順宗立，淹痼弗能朝，惟李忠言、牛美人侍。美人以帝旨付忠言，忠言授之王叔文，叔文與柳宗元等裁定，然後下中書。然未得縱欲，遂奪神策兵以自彊，卽用范希朝爲京西北禁軍都將，收宦者權。而忠言素懦謹，每見叔文與論事，無敢異同，唯貞亮乃與之爭。又惡朋黨熾結，因與中人劉光琦、薛文珍、尙衍、解玉、呂如全等同勸帝立廣陵王爲太子監國，帝納其奏，貞亮召學士衞次公、鄭絪、李程、王涯至金鑾殿草定制詔。太子已立，盡逐叔文黨，委政大臣，議者美其忠。

高崇文討劉闢，復爲監軍。初，東川節度使李康爲闢所破，囚之。崇文至，闢歸康求雪，貞亮劾以不拒賊，斬之，故以專悍見訾。遷累右衞大將軍，知內侍省事。元和八年卒，贈開府儀同三司。

憲宗之立，貞亮爲有功，然終身無所寵假。呂如全歷內侍省內常侍、翰林使，坐擅取樟材治第，送東都獄，至閿鄉自殺。又郭旻醉觸夜禁，杖殺之。五坊朱超晏、王志忠縱鷹人入民家，搒二百，奪職，繇是莫不慴畏。

吐突承璀字仁貞，閩人也。以黃門直東宮，爲掖廷局博士，察察有才。憲宗立，擢累左監門將軍、左神策護軍中尉、左街功德使，封薊國公。

王承宗叛，承璀揣帝銳征討，因請行。帝見其果敢自喜，謂可任，卽詔承璀爲行營招討處置使，以左右神策及河中、河南、浙西、宣歙兵從之。內寺伯宋惟澄、曹進玉爲館驛使：自河南、陝、河陽，惟澄主之；京、華、河中至太原，進玉主之。又詔內常侍劉國珍、馬朝江分領易、定、幽、滄等州糧料使。於是諫官李鄘、許孟容、李元素、李夷簡、呂元膺、穆質、孟簡、獨孤郁、段平仲、白居易等衆對延英，謂古無中人位大帥，恐爲四方笑。帝乃更爲招討宣慰使，爲御通化門慰其行。承璀御衆無它遠略，爲盧從史侮狎，踰年無功，賴中詔擿使執從史，而間遣人說承宗上書待罪，乃詔班師，還爲中尉。平仲劾承璀輕謀弊賦，損國威，不斬首無以謝天下。帝不獲已，罷爲軍器莊宅使。尋拜左衞上將軍，知內侍省。會劉希光納羽林大將軍孫璹錢二十萬緡求方鎭，有詔賜死，跡絓承璀，故令出監淮南軍。纖人太子通事舍人李涉投匭言承璀等冤狀，於是孔戣知匭事，閱其副，不受，卽表其姦，逐爲峽州司倉參軍。然帝於承璀殊厚，會李絳在翰林，苦論其過，故決遣之。帝後欲還承璀，爲罷絳宰相，召爲內弓箭庫使，復左神策中尉。惠昭太子薨，承璀請立澧王，不從。常飾一室藏所賜詔敕，地生毛二尺，惡之，躬糞除瘞之。踰年帝崩，穆宗銜前議，殺之禁中。敬宗時，左神策中尉馬存亮論其冤，詔許子士曄收葬。宣宗時，擢士曄右神策中尉。

是時，諸道歲進閹兒，號「私白」，閩、嶺最多，後皆任事，當時謂閩爲中官區藪。咸通中，杜宣猷爲觀察使，每歲時遣吏致祭其先，時號「敕使墓戶」。宣猷卒用羣宦力徙宣歙觀察使。

馬存亮字季明，河中人。元和時，累擢左神策軍副使、左監門衞將軍，知內侍省事，進左神策中尉。軍所籍凡十餘萬，存亮料柬尤精，伍無罷士，部無冗員。

敬宗初，染署工張韶與卜者蘇玄明善，玄明曰：「我嘗爲子卜，子當御殿食，我與焉。吾聞上晝夜獵，出入無度，可圖也。」韶每輸染材入宮，衞士不呵也。乃陰結諸工百餘人，匿兵車中若輸材者，入右銀臺門，約昏夜爲變。有詰其載者，韶謂謀覺，殺其人，出兵大呼成列，浴堂門閉。時帝擊毬淸思殿，驚，將幸右神策。或曰：「賊入宮，不知衆寡，道遠可虞，不如入左軍，近且速。」從之。初，帝常寵右軍中尉梁守謙，每游幸，兩軍角戲，帝多欲右勝，而左軍以爲望。至是，存亮出迎，捧帝足泣，負而入。以五百騎往迎二太后，比至，而賊已斬關入淸思殿，升御坐，盜乘輿餘膳，揖玄明偶食，且曰「如占」。玄明驚曰：「止此乎！」韶惡之，悉以寶器賜其徒，攻弓箭庫，仗士拒之，不勝。存亮遣左神策大將軍康藝全、將軍何文哲宋叔夜孟文亮，右神策大將軍康志睦、將軍李泳尙國忠，率騎兵討賊，日暮，射韶及玄明皆死。始賊入，中人倉卒繇望仙門出奔，內外不知行在。遲明，盡捕亂黨，左右軍淸宮，車駕還。羣臣詣延英門見天子，然至者不十一二，坐賊所入闌不禁者數十人，杖而不誅，賜存亮實封戶二百，梁守謙進開府儀同三司，它論功賞有差。存亮於一時功最高，乃推委權勢，求監淮南軍。代還，爲內飛龍使。大和中，以右領軍衞上將軍致仕，封岐國公，卒贈揚州大都督。

存亮逮事德宗，更六朝，資端畏，善訓士，始去禁衞，衆皆泣。唐世中人以忠謹稱者，唯存亮、西門季玄、嚴遵美三人而已。

遵美父季寔，爲掖廷局博士。大中時，有宮人謀弒宣宗。是夜，季寔直咸寧門下，聞變，入射殺之。明日，帝勞曰：「非爾，吾危不免。」擢北院副使，終內樞密使。

遵美歷左軍容使，嘗歎曰：「北司供奉官以胯衫給事，今執笏，過矣。樞密使無聽事，唯三楹舍藏書而已，今堂狀帖黃決事，此楊復恭奪宰相權之失也。」蓋疾時中官肆橫云。後從昭宗遷鳳翔，求致仕，隱青城山，年八十餘卒。

仇士良字匡美，循州興寧人。順宗時得侍東宮。憲宗嗣位，再遷內給事，出監平盧、鳳翔等軍。嘗次敷水驛，與御史元稹爭舍上聽，擊傷稹。中丞王播奏御史、中使以先後至得正寢，請如舊章。帝不直稹，斥其官。元和、大和間，數任內外五坊使，秋按鷹內畿，所至邀吏供餉，暴甚寇盜。

文宗與李訓欲殺王守澄，以士良素與守澄隙，故擢左神策軍中尉兼左街功德使，使相糜肉。已而訓謀悉逐中官，士良悟其謀，與右神策軍中尉魚弘志、大盈庫使宋守義挾帝還宮。王涯、舒元輿已就縛，士良肆脅辱，令自承反，示牒于朝。於時莫能辨其情，皆謂誠反，士良因縱兵捕，無輕重悉夷兩軍，公卿半空。事平，加特進、右驍衛大將軍，弘志右衛上將軍兼中尉，守義右領軍衞上將軍。

李石輔政，稜稜有風岸，士良與論議數屈，深忌之，使賊刺石於親仁里，馬逸而免。石懼，辭位，士良益無憚。

澤潞劉從諫本與訓約誅鄭注。及訓死，憤士良得志，乃上書言：「王涯等八人皆宿儒大臣，願保富貴，何苦而反。今大戮所加已不可追，而名之逆賊，含憤九泉。不然，天下義夫節士，畏禍伏身，誰肯與陛下共治耶？」即以訓所移書遣部將陳季卿以聞。季卿至，會石遇盜，京師擾，疑不敢進。從諫大怒，殺季卿，騰書于朝。又言：「臣與訓誅注，以注本宦豎所提挈，不使聞知。今四方共傳宰相欲除內官，而兩軍中尉聞，自救死，妄相殺戮，謂爲反逆。有如大臣挾無將之謀，自宜執付有司，安有縱俘劫，橫尸闕下哉？陛下視不及，聽未聞也。且宦人根黨蔓延在內，臣欲面陳，恐橫遭戮害，謹修封疆，繕甲兵，爲陛下腹心。如姦臣難制，誓以死淸君側。」書聞，人人傳觀。士良沮恐，即進從諫檢校司徒，欲弭其言。從諫知可動，復言：「臣所陳繫國大體，可聽，則宜洗宥涯等罪；不可聽，則賞不宜妄出。安有死寃不申，而生者荷祿？」固辭。累上書，暴指士良等罪。帝雖不能去，然倚其言差自彊。自是鬱鬱不樂，兩軍毬獵宴會絕矣。

開成四年，苦風痺，少間，召宰相見延英，退坐思政殿，顧左右曰：「所直學士謂誰？」

曰：「周墀也。」召至，帝曰：「自爾所況，朕何如主？」墀再拜曰：「臣不足以知，然天下言陛下堯、舜主也。」帝曰：「所以問，謂與周赧、漢獻孰愈？」墀惶駭曰：「陛下之德，成、康、文、景未足比，何自方二主哉？」帝曰：「赧、獻受制彊臣，今朕受制家奴，自以不及遠矣！」因泣下，墀伏地流涕。後不復朝，至大漸云。

始，樞密使劉弘逸、薛季稜、宰相李珏、楊嗣復謀奉太子監國，士良與弘志議更立，珏不從，乃矯詔立潁王爲皇太弟，士良以兵奉迎，而太子還爲陳王。初，莊恪太子薨，楊賢妃謀引安王，不克。武宗已立，士良發其事，勸帝除之以絕人望，故王、妃皆死。士良遷驃騎大將軍，封楚國公，弘志韓國公，實封戶三百。俄而珏、嗣復罷去，弘逸、季稜誅矣。

帝明斷，雖士良有援立功，內實嫌之，陽示尊寵。李德裕得君，士良愈恐。會昌二年，上尊號，士良宣言「宰相作赦書，減禁軍縑糧芻菽」以搖怨，語兩軍曰：「審有是，樓前可爭。」德裕以白帝，命使者諭神策軍曰：「赦令自朕意，宰相何豫？爾渠敢是？」士乃怗然。士良惶惑不自安。明年，進觀軍容使，兼統左右軍，以疾辭，罷爲內侍監，知省事。固請老，詔可。尋卒，贈揚州大都督。

士良之老，中人舉送還第，謝曰：「諸君善事天子，能聽老夫語乎？」衆唯唯。士良曰：「天子不可令閑暇，暇必觀書，見儒臣，則又納諫，智深慮遠，減玩好，省游幸，吾屬恩且薄而權輕矣。爲諸君計，莫若殖財貨，盛鷹馬，日以毬獵聲色蠱其心，極侈靡，使悅不知息，則必斥經術，闇外事，萬機在我，恩澤權力欲焉往哉？」衆再拜。士良殺二王、一妃、四宰相，貪酷二十餘年，亦有術自將，恩禮不衰云。死之明年，有發其家藏兵數千物，詔削官爵，籍其家。

始，士良、弘志憤文宗與李訓謀，屢欲廢帝。崔愼由爲翰林學士，直夜未半，有中使召入，至祕殿，見士良等坐堂上，帷帳周密，謂愼由曰：「上不豫已久，自即位，政令多荒闕，皇太后有制更立嗣君，學士當作詔。」愼由驚曰：「上高明之德在天下，安可輕議？」愼由親族中表千人，兄弟羣從且三百，何可與覆族事？雖死不承命。」士良等默然，久乃啓後戶，引至小殿，帝在焉。士良等歷階數帝過失，帝俛首。既而士良指帝曰：「不爲學士，不得更坐此。」乃送愼由出，戒曰：「毋泄，禍及爾宗。」愼由記其事，藏箱枕間，時人莫知。將沒，以授其子胤，故胤惡中官，終討除之，蓋禍原於士良、弘志云。

楊復光，閩人也，本喬氏。有武力，少養於內常侍楊玄价家，頗以節誼自奮，玄价奇之。宣宗時，玄价監鹽州軍，誣殺刺史劉皋。皋有威名者，世訟其冤。稍遷左神策軍中尉，譖去宰相楊收，權寵震時。

復光有謀略，累監諸鎭軍。乾符初，佐平盧節度使曾元裕擊賊王仙芝，敗之。招討使宋威擊仙芝於江西，復光在軍，請判官吳彥宏約賊降，仙芝遣將尙君長自縛如約。威疾其功，密請僖宗誅之，故仙芝怨，復引兵叛。後天子寤威階禍，罷之，以兵與復光，乃進禽徐唐莒。王鐸爲招討，復光仍監軍。鐸之棄荆南也，山南東道節度使劉巨容定其地，以忠武別將宋浩領荆南，泰寧將段彥謨佐之。復光父嘗監忠武軍，而浩已爲大將，見復光，少之，不爲禮，彥謨亦耻居浩下，遂有隙。復光曰：「胡不殺之？」彥謨引慓士擊殺浩，復光以客常滋假留後，而奏浩罪，薦彥謨爲朗州刺史。詔鄭紹業爲荆南節度使，以復光監忠武軍，屯鄧州，遏賊右衝。帝西幸，召紹業見行在，復光更引彥謨爲荆南節度使。彥謨給行邊，詣復光，以黃金數百兩爲謝。其後忠武周岌受賊命，嘗夜宴，召復光，左右曰：「彼旣附賊，必不利公，不如毋行。」復光固往，酒所語時事，復光泣曰：「丈夫所感，獨恩與義耳，彼不顧恩義、規利害，何丈夫哉！公奮匹夫封侯，乃捐十八葉天子，北面臣賊，何恩義利害昧昧耶？」岌流涕曰：「吾力不足，陽合而陰離之，故召公計。」因持杯盟曰：「有如酒！」卽遣子守亮斬賊使于傳舍。秦宗權據蔡州叛，岌、復光以忠武兵三千入見之。宗權卽遣部將王淑持兵萬人從。復光定荆、襄，師次鄧，淑逗遛，復光斬之，并其軍爲八，以鹿宴弘、晉暉、張造、李師泰、王建、韓建等爲之將，進攻南陽。賊將朱温、何勤逆戰，大敗，遂收鄧州，追北藍橋。會母喪，班師。俄起爲天下兵馬都監，總諸軍，與東面招討使王重榮并力定關中。朱温守同州，復光遣使鐫諭，温以所部降。方賊之彊，重榮憂不知所出，謂復光曰：「臣賊邪，且負國；拒戰邪，則兵寡，柰何？」復光曰：「李克用與我世共患難，其爲人，奮不顧身，比數召未即至者，由太原道不通耳，非忍禍者。若諭上意，彼宜必來。」重榮曰：「善。」白王鐸以詔使至太原，克用兵乃出。京師平，以功加開府儀同三司、同華制置使，封弘農郡公，賜號「資忠輝武匡國平難功臣」。卒河中，贈觀軍容使，謚曰忠肅。

復光御下有恩，軍中聞其死，皆慟哭，而麾下多立功者。諸子爲將帥數十人，守宗亦爲忠武節度使。

贊曰：楚鄖公辛不敢讎君而忘父冤，昭愍之世，兩軍寵遇有厚薄，而卒用存亮夷難，功莫及者。自古忠臣出於疏斥不用蓋多矣，存亮豈通記書道理之人邪，何其識君臣大誼明甚？不尸大勞，畏權處外，又愈賢矣。與夫書「龍蛇」之詩者，何其小哉！

唐書卷二百八

列傳第一百三十三

宦者下

李輔國　王守澄　劉克明　田令孜 楊復恭　劉季述
韓全誨 張彥弘

李輔國本名靜忠，以閹奴爲閑廄小兒。貌儜陋，略通書計。事高力士，年四十餘，使主廄中簿最。王鉷爲使，以典禾豆，能檢擿耗欺，馬以故肥，薦之皇太子，得侍東宮。陳玄禮等誅楊國忠，輔國豫謀，又勸太子分中軍趨朔方，收河、隴兵，圖興復。太子至靈武，愈親近，勸遂即位係天下心。擢家令，判元帥府行軍司馬。肅宗稍稍任以肱膂事，更名護國，又改今名。凡四方章奏、軍符、禁寶一委之。輔國能隨事齪齪謹密，取人主親信，而內深賊未敢肆。不啖葷，時時爲浮屠詭行，人以爲柔良，不忌也。

帝還京師，拜殿中監，閑廄、五坊、宮苑、營田、栽接總監使，兼隴右羣牧、京畿鑄錢、長春宮等使，少府、殿中二監，封成國公，實封戶五百。宰相羣臣欲不時見天子，皆因輔國以請，乃得可。常止銀臺門決事。置察事聽兒數十人，吏雖有秋豪過，無不得，得輒推訊。州縣獄訟，三司制劾，有所捕逮流降，皆私判臆處，因稱制敕，然未始聞上也。詔書下，輔國署已乃施行，羣臣無敢議。出則介士三百人爲衞。貴幸至不敢斥官，呼五郎。李揆當國，以子姓事之，號「五父」。帝爲娶元擢女爲妻，擢以故爲梁州長史，弟兄皆位臺省。李峴輔政，叩頭言：「且亂國。」於是詔敕不繇中書出者，峴必審覆，輔國不悅。

時太上皇居興慶宮，帝自複道來起居，太上皇亦間至大明宮，或相逢道中。帝命陳玄禮、高力士、王承恩、魏悅、玉眞公主常在太上皇左右，梨園弟子日奏聲伎爲娛樂。輔國素微賤，雖暴貴，力士等猶不爲禮，怨之，欲立奇功自固。初，太上皇每置酒長慶樓，南俯大道，因裴回觀覽，或父老過之，皆拜舞乃去。上元中，劍南奏事吏過樓下，因上謁，太上皇賜之酒，詔公主及如仙媛主之，又召郭英乂、王銑等飲，賚予頗厚。輔國因妄言於帝曰：「太上皇居近市，交通外人，玄禮、力士等將不利陛下，六軍功臣反側不自安，願徙太上皇入禁中。」帝不寤。先時，興慶宮有馬三百，輔國矯詔取之，裁留十馬。太上皇謂力士曰：「吾兒用輔國謀，不得終孝矣。」會帝屬疾，輔國即詐言皇帝請太上皇按行宮中，至睿武門，射生官五百遮道，太上皇驚，幾墜馬，問何爲者，輔國以甲騎數十馳奏曰：「陛下以興慶宮湫陋，奉迎乘輿還宮中。」力士厲聲曰：「五十年太平天子，輔國欲何事？」叱使下馬，輔國失轡，罵力士曰：「翁不解事！」斬一從者。力士呼曰：「太上皇問將士各好在否！」將士納刀嘑萬歲，皆再拜。力士復曰：「輔國可御太上皇馬！」輔國韈而走，與力士對執轡還西內，居甘露殿，侍衞才數十，皆尪老。太上皇執力士手曰：「微將軍，朕且爲兵死鬼。」左右皆流涕。又曰：「興慶，吾王地，數以讓皇帝，帝不受。今之徙，自吾志也。」俄而流承恩播州，魏悅溱州，如仙媛歸州，公主居玉眞觀；更料後宮聲樂百餘，更侍太上皇，備灑掃；詔萬安、咸宜二公主視服膳。自是太上皇怏怏不豫，至棄天下。

輔國以功遷兵部尙書。南省視事，使武士戎裝夾道，陳跳丸舞劍，百騎前驅，御府設食，太常備樂，宰相羣臣畢會。既得志，乃厭然驕觖，求宰相，帝重違曰：「卿勳力何任不可，但羣望未一，如何？」輔國遂諷宰相裴冕使聯表薦己。帝密擿蕭華使喻止冕。

張皇后數疾其顓，帝寢疾，太子監國，后召太子，將誅輔國及程元振，太子不從，更召越王、兗王圖之。元振告輔國，即伏兵凌霄門，迎太子，伺變，是夜捕二王及中人朱輝光、馬英俊等囚之，而殺后它殿。

代宗立，輔國等以定策功，愈跋扈，至謂帝曰：「大家弟坐宮中，外事聽老奴處決。」帝矍然欲剪除，而憚其握兵，因尊爲尙父，事無大小率關白，羣臣出入皆先詣輔國，輔國頗自安。又冊進司空兼中書令，實封戶八百。未幾，以左武衞大將軍彭體盈代爲閑廏、羣牧、苑內、營田、五坊等使，以右武衞大將軍藥子昂代判元帥行軍司馬，賜輔國大第於外。中外聞其失勢，舉相賀。輔國始惘然憂，不知所出，表乞解官。有詔進封博陸郡王，仍爲司空、尙父，許朝朔望。輔國欲入中書作謝表，閽者不內，曰：「尙父罷宰相，不可入。」輔國氣塞，久乃曰：「老奴死罪，事郞君不了，請地下事先帝矣！」帝優辭論遣。

有韓穎、劉烜善步星，乾元中待詔翰林，穎位司天監，烜起居舍人，與輔國暱甚。輔國領中書，穎進祕書監，烜中書舍人，裴冕引爲山陵使判官，輔國罷，俱流嶺南，賜死。

自輔國徙太上皇，天下疾之，帝在東宮積不平。既嗣位，不欲顯戮，遣俠者夜刺殺之，年五十九，抵其首溷中，殊右臂，告泰陵。然猶祕其事，刻木代首以葬，贈太傅，謚曰醜。後梓州刺史杜濟以武人爲牙門將，自言刺輔國者。

王守澄者，史亡所來。元和中監徐州軍，召還。方憲宗喜方士說，詔天下求其人，宰相皇甫鏄、左金吾將軍李道古等白見楊仁晝、浮屠大通。仁晝更姓名曰柳泌，大通自言壽百五十歲，有不死藥，並待詔翰林。虢人田元佐言有祕方，能化瓦礫爲黃金，詔除虢令，與董景珍、李元戢皆介泌、大通薦于天子，天子惑其說。泌以金石進帝餌之，躁甚，數暴怒，恚責左右，踵得罪，禁中累息，帝自是不豫。十五年，罷元會，羣臣危恐。會義成劉悟來朝，賜對麟德殿，悟出曰：「上體平矣。」內外乃安。是夜，守澄與內常侍陳弘志弑帝於中和殿，緣所餌，以暴崩告天下，乃與梁守謙、韋元素等定册立穆宗。俄知樞密事。

文宗嗣位，守澄有助力，進拜驃騎大將軍。帝疾元和逆罪久不討，故以宋申錫爲宰相，謀因事除之，不克，更因其黨鄭注、李訓乘其罅，於是流楊承和於驩州，韋元素象州。遣中人劉忠諒追殺元素于武昌，承和次公安賜死。訓乃脅守澄以軍容使就第，使內養齎酖賜死，事祕，時無知者，贈揚州大都督。其弟守涓自徐州監軍召還，死於中牟。

劉克明亦亡所來，得幸敬宗。敬宗善擊毬，於是陶元皓、靳遂良、趙士則、李公定、石定寬以毬工得見便殿，內籍宣徽院或教坊，然皆出神策隸卒或里閭惡少年，帝與狎息殿中爲戲樂。四方聞之，爭以趫勇進于帝。嘗閱角觝三殿，有碎首斷臂，流血廷中，帝歡甚，厚賜之，夜分罷。所親近既皆凶不逞，又小過必責辱，自是怨望。帝夜艾自捕狐狸爲樂，謂之「打夜狐」，中人許遂振、李少端、魚志弘侍從不及，皆削秩。帝獵夜還，與克明、田務澄、許文端、石定寬、蘇佐明、王嘉憲、閻惟直等二十有八人羣飲，既酣，帝更衣，燭忽滅，克明與佐明、定寬弑帝更衣室，矯詔召翰林學士路隋作詔書，命絳王領軍國事。明日，下遺詔，絳王卽位。克明等恃功，將易置左右，自引支黨顓兵柄。于時，樞密使王守澄、楊承和、中尉梁守謙、魏從簡與宰相裴度共迎江王，發左、右神策及六軍飛龍兵討之，克明投井死，出其尸戮之。務澄等皆斬首以徇，籍入家貲，又殺其黨數十人。

始，克明謀逆，母禁不許。文宗立，嘉母忠，賜錢千緡、絹五百匹，給婢二人。

田令孜字仲則，蜀人也，本陳氏。咸通時，歷小馬坊使。僖宗卽位，擢令孜左神策軍中尉，是時西門匡範位右中尉，世號「東軍」、「西軍」。

帝沖騃，喜鬭鵝走馬，數幸六王宅、興慶池與諸王鬭鵝，一鵝至五十萬錢。與內園小兒尤昵狎，倚寵暴橫。始，帝爲王時，與令孜同臥起，至是以其知書能處事，又帝資狂昏，故政事一委之，呼爲「父」。而荒酣無檢，發左藏、齊天諸庫金幣，賜伎子歌兒者日巨萬，國用耗盡。令孜語內園小兒尹希復、王士成等，勸帝籍京師兩市蕃旅、華商寶貨舉送內庫，使者監閱櫃坊茶閣，有來訴者皆杖死京兆府。

令孜知帝不足憚，則販鬻官爵，除拜不待旨，假賜緋紫不以聞。百度崩弛，內外垢玩。既所在盜起，上下相掩匿，帝不及知。是時賢人無在者，惟佞鄙沓貪相與備員，偷安噤默而已。左拾遺侯昌蒙不勝憤，指言豎尹用權亂天下，疏入，賜死內侍省。

宰相盧攜素事令孜，每建白，必阿邑倡和。初，黃巢求廣州，願罷兵，攜欲寵高駢，使有功，不聽賊。因又易置關東諸節度，賊乘之，陷東都。令孜急，歸罪攜，奉帝西幸，步出金光門，至咸陽沙野，軍十餘騎呼曰：「巢爲陛下除姦臣，乘輿今西，秦中父老何望？願還宮。」令孜叱之，以羽林騎馳斬，即以羽林白馬載帝，晝夜馳，舍駱谷。時陳敬瑄方節度西川，令孜兄也，故請帝幸蜀。有詔以令孜爲十軍十二衞觀軍容制置左右神策護駕使。至成都，進左金吾衞上將軍，兼判四衞事，封晉國公。帝見蜀陿陋，稍鬱鬱，日與嬪侍博飲，時時攘袂北望，悄然流涕。令孜伺間開釋，呼萬歲，帝爲怡悅，因盛稱鄭畋、王鐸、程宗楚、李鋋、敬瑄方幷力，賊不足虞。帝曰：「善。」

初，成都募陳許兵三千，服黃帽，名「黃頭軍」，以捍蠻。帝至，大勞將士，扈從者已賜，而不及黃頭軍，皆竊怨令孜。令孜置酒會諸將，以黃金樽行酒，即賜之。黃頭將郭琪不肯歆，曰：「軍容能易偏惠，均衆士，誠大願也。」令孜目曰：「君有功邪？」答曰：「戰党項，薄契丹，數十戰，此琪之功。」令孜嘻怒曰：「知之。」密以酖注酒中，琪飲已，馳歸，殺一婢，吮血得解。因夜燒營，剽城邑，敬瑄討敗之，奔廣都，遂走高駢所。帝聞變，與令孜保東城自守，羣臣不得見。左拾遺孟昭圖請對，不召，因上疏極陳：「君與臣一體相成，安則同寧，危則共難。昔日西幸，不告南司，故宰相、御史中丞、京兆尹悉碎于賊，唯兩軍中尉以扈乘輿得全。今百官之在者，率冒重險出百死者也。昨昔黃頭亂，火照前殿，陛下惟與令孜閉城自守，不召宰相，不謀羣臣，欲入不得，求對不許。且天下者，高祖、太宗之天下，非北司之天下；陛下固九州天子，非北司之天子。北司豈悉忠於南司？廷臣豈無用於敕使？文宗時，宮中災，左右巡使不到，皆被顯責，安有天子播越，而宰相無所豫，羣司百官棄若路人？已事誠不足諫，而來者冀可追也。」疏入，令孜匿不奏，矯詔貶昭圖嘉州司戶參軍，使人沈于蟇頤津。初，昭圖知正言必見害，謂家隸曰：「大盜未殄，宦豎離間君臣，吾以諫爲官，不可坐觀覆亡，疏入必死，而能收吾骸乎？」隸許諾，卒葬其尸。朝廷痛之。

賊平，令孜以王鐸爲儒臣且無功，而首謀召沙陀者，楊復光也，欲歸重北司，故罷鐸都統，以復光功第一。又忌復光且逼己，故薄其賞。自謂帷幄決勝，繫王室輕重，出入倨甚。會復光死，大喜，卽罷復恭樞密使。中人曹知慤者，富家子，頗沈鷙。賊在長安，知慤以清、濁二谷之人倚山爲屯，不屈賊。陰敎士卒變衣服、言語與賊類者，夜入長安攻賊營，賊大懼。帝聞，賜金紫，擢內常侍。聞帝將還，因大言：「我且擁衆大散關下，閱羣臣可歸者納之。」令孜謂然，密令王行瑜以邠州兵度嵯峨山，襲殺其衆。由是益自肆，禁制天子，不得有所主斷。帝以其專，語左右輒流涕。

復光部將鹿晏弘、王建等，以八都衆二萬取金、洋等州，進攻興元，節度使牛頊奔龍州，晏弘自爲留後，以建及張造、韓建等爲部刺史。帝還，懼見討，引兵走許州。王建率義勇四軍迎帝西縣，復以建及韓建等主之，號「隨駕五都」。令孜以復光故，纔授諸衞將軍，皆養爲子。別募神策新軍，以千人爲都，凡五十四都，分左右爲十軍統之。又遣親信覘諸鎭，不附己者以罪除徙。

養子匡祐宣慰河中，王重榮厚爲禮，匡祐傲甚，舉軍怒，重榮因數令孜罪，責其無禮，監軍和解乃去。匡祐還，訴令孜，且勸圖之。令孜自以兩鹽池歸鹽鐵使，卽自兼兩池榷鹽使。重榮不奉詔，表暴令孜十罪。令孜自將討重榮，率邠寧朱玫、鳳翔李昌符，合鄜、延、靈、夏等兵凡三萬，壁沙苑。重榮說太原李克用連和，克用上書請誅令孜、玫，帝和之，不從。大戰沙苑，王師敗。玫走還邠州，與昌符皆恥爲令孜用，還與重榮合。神策兵潰還，略所過皆盡。克用逼京師，令孜計窮，乃焚坊市，劫帝夜啓開遠門出奔。自賊破長安，火宮室、舍廬十七，後京兆王徽葺復粗完，至是令孜唱曰：「王重榮反。」命火宮城，唯昭陽、蓬萊三宮僅存。王建以義勇四軍扈帝，夜亂牢水，遂次陳倉。克用還河中，玫畏克用且偪，與重榮連章請誅令孜，而駐鳳翔。令孜請帝幸興元，帝不從，令孜以兵入寢，逼帝夜出，羣臣無知者，宰相蕭遘等皆不及從。玫勸興元節度使石君涉焚閣道，絕帝西意。遘惡令孜劫質天子，生方鎭之難，使玫進迎乘輿。玫引兵追行在，敗興鳳楊晟軍，帝次梁、洋，稍引而南，玫兵及中營，左右被剽戮者不勝計。令孜懼人圖己，蒙面以行。使王建長劍五百淸道，囊傳國璽授之。次大散關，道險澀，帝危及難數矣。分軍守靈壁，亢追兵。玫長驅躡帝，帝以閣道毀，走它道，困甚，枕王建膝且寐，覺而飯，僅能至興元。玫、重榮表誅令孜，安尉羣臣。詔以令孜爲劍南監軍使，留不去。重榮請幸河中，令孜沮而止。宰相遘率羣臣在鳳翔者表令孜顓國煽禍，惑小人計，交亂羣帥，請誅之。帝不及省，且詔重榮餉糧十五萬斛給行在，重榮以令孜在，不奉命。玫乃奉嗣襄王熅即僞位。玫敗，帝乃得還京師。

始，帝入蜀，諸王徒步以從，壽王至斜谷不能進，令孜驅使前，王謝足且拘，得馬可濟。令孜怒抶王，彊之行，王恥之。及帝病，中外屬壽王，令孜入候帝曰：「陛下記臣否？」帝直視不能語。令孜自署劍南監軍使，閱拱宸奉鑾軍自衞，晝夜馳入成都，固表解官求醫藥，詔可。俄削官爵，長流儋州，然猶依敬瑄不行。

王卽位，是爲昭宗。楊復恭代爲觀軍容使，出王建爲壁州刺史。建取利州，自署防禦使，因略定閬、邛、蜀、黎、雅等州，詔卽置永平軍，拜建節度使。令孜謀與建連衡亢朝廷，且曰「吾子也」，書召之。建喜，將至，復卻之。建怒，進圍成都。令孜登城謝建曰：「老夫久相厚，何見困？」答曰：「父子恩，何敢忘！顧父自絕朝廷，苟改圖，則父子如初。」令孜曰：「吾欲面計事。」建然許，令孜夜負印節授建，明日入成都，囚令孜碧雞坊。始，右神策統軍宋文通爲諸軍所疾，令孜因事召見，欲殺之。既見，乃欣然更養爲子，名彥賓，卽李茂貞也，故獨上書雪其罪，詔爲湖南監軍。凡二歲，與敬瑄同日死。臨刑，裂帛爲緺，授行刑者曰：「吾嘗位十軍容，殺我庸有禮！」因教縊人法，既死，而色不變。乾寧中，詔復官爵。

楊復恭字子恪，本林氏子，楊復光從兄也。宦父玄翼，咸通中領樞密，世爲權家。復恭略涉學術，監諸鎭兵。龐勛亂，戰有功，自河陽監軍入拜宣徽使，擢樞密使。黃巢盜京師，令孜顓威福，斲喪天下，中外莫敢亢，惟復恭屢與爭得失，令孜怒，下遷飛龍使，復恭乃臥疾藍田。僖宗出居興元，復爲樞密使，制置經略，多更其手。車駕還，遂代令孜爲左神策中尉、六軍十二衞觀軍容使，封魏國公，實戶八百，賜號「忠貞啓聖定國功臣」。

帝崩，定冊立昭宗，賜鐵券，加金吾上將軍，稍攘取朝政。帝嘗曰：「朕不德，爾援立我矣，當減省侈長示天下。我見故事，尙衣上御服日一襲，太常新曲日一解，今可禁止。」復恭頓首稱善。帝遂問游幸費，對曰：「聞懿宗以來，每行幸無慮用錢十萬，金帛五車，十部樂工五百，犢車、紅網朱網畫香車百乘，諸衞士三千。凡曲江、温湯若畋獵曰大行從，宮中、苑中曰小行從。」帝乃詔類減半。

於是宰相韋昭度、張濬、杜讓能等爲帝言大中故事，抑宦官不假借，帝亦稍厭復恭橫恣。王瓌者，惠安太后弟〔一〕，求節度使，帝問復恭，對曰：「產、祿傾漢，三思危唐，后族不可封拜。陛下誠愛瓌，任以它職可也，不宜假節外藩，恐負勢顓地不可制。」帝乃止。瓌聞，怒甚，至禁中見復恭詬辱之，遂居中任事。復恭不欲分己權，白爲黔南節度使，道興元，而兄子守亮方領節度，陰勒利州刺史覆瓌舟于江，宗屬賓客皆死，以舟自敗聞。帝知復恭謀，繇是深銜之。

復恭以諸子爲州刺史，號「外宅郎君」；又養子六百人，監諸道軍。天下威勢，舉歸其門。守立爲天威軍使，本胡弘立也，勇武冠軍，人畏之。帝欲斥復恭，懼爲亂，乃好謂曰：「卿家胡子安在？吾欲令衞殿內。」復恭以守立見帝，賜姓李，名順節，使掌六軍管鑰，光寵甚。既勢鈞，遂與復恭爭恨相中傷，暴發其私。

復恭常肩輿抵太極殿。宰相對延英，論叛臣事，孔緯曰：「陛下左右有將反者。」帝矍然。緯指復恭。復恭曰：「臣豈負陛下者？」緯曰：「復恭，陛下家奴，而肩輿至前殿。廣樹不逞皆姓楊，非反邪？」復恭曰：「欲收士心輔天子。」帝曰：「誠欲收士心，胡不假李姓乎？」復恭無以對。會緯出守江陵，乃使人劫之長樂坡，斬其旌節，貲貯皆盡，緯僅免。

復恭子守貞爲龍劍節度使，守忠洋州節度使，皆自擅貢賦，上書訕薄朝政。大順二年，罷復恭兵，出爲鳳翔監軍，不肯行，因丐致仕，詔可，遷上將軍，賜几杖。使者還，遣腹心殺使者於道，遁居商山。俄入居昭化坊第，第近玉山營，而子守信爲軍使，數省候出入。或告父子且謀亂，時順節遙領鎭海軍節度使、同中書門下平章事，詔與神策軍使李守節率衞兵攻復恭，治殺使者罪，帝御延喜樓須之。家人拒戰，守信亦率兵至昌化里，陣以待。會日入，復恭與守信舉族出奔，遂走興元。

順節已斥復恭，則横暴，出入以兵從，兩軍中尉劉景宣、西門重遂察其意非常，以狀聞。有詔召順節，輒以甲士三百入，至銀臺門，何止之，景宣引順節坐殿廡，部將嗣光審出斬之，從者大譟，出延喜門，剽永寧里，盡夕止。賈德晟與順節皆爲天威軍使，順節誅，頗嗟憤，重遂亦奏誅之。

於是鳳翔李茂貞、邠州王行瑜、華州韓建、同州王行約、秦州李茂莊同劾守亮納叛臣，請出兵討罪，軍饟不仰度支。茂貞請假山南招討使。宦尹惜類執不可，帝亦謂茂貞得山南必難制，詔兩解之。茂貞劾復恭自謂隋諸孫，以恭帝禪唐，故名復恭，逆狀明白，且請削守亮官爵。遂擅與行瑜出討，自號興元節度使，詒宰相書，慢悖不臣。帝爲下詔，令茂貞、行瑜討之。景福元年，破其城，復恭、守亮、守信奔閬州，茂貞以子繼密守興元。詔吏部尚書徐彥若爲鳳翔節度使，而以茂貞帥興元，不拜，請繼密爲留後。帝不得已，授以節度使，自是茂貞始彊大。

復恭與守亮等自閬州將北奔太原，趨商山，至乾元，爲韓建邏士所禽，即斬復恭、守信，檻車送守亮京師，梟首長安市。茂貞上復恭與守亮書曰：「承天門者，隋家舊業也，兒但積粟訓兵，何進奉爲？吾披荆榛立天子，既得位，乃廢定策國老，奈負心門生何！」門生，謂天子也，其不臣類此。假子彥博奔太原收葬其尸，李克用爲申雪，詔復官爵。

劉季述者，本微單，稍顯於僖、昭間，擢累樞密使。楊復恭之斥，帝以西門重遂爲右神策軍中尉、觀軍容使。時李茂貞得興元，愈跋扈不軌，宰相杜讓能與內樞密使李周諲及重遂謀誅之，乃興師，以嗣覃王戒丕爲京西招討使，神策大將軍李鐬副之。茂貞引兵迎壓盩厔，薄興平，王師潰。遂逼臨皋以陣，暴言讓能等罪，京師震恐，帝坐安福門，斬重遂、周諲以謝茂貞，更以賂全瓘、劉景宣代爲兩中尉。乾寧二年，茂貞與王行瑜、韓建以兵入朝，李克用率師討茂貞，次渭北。同州節度使王行實奔京師，謂景宣等曰：「沙陀十萬至矣，請奉天子出幸避其鋒。」景宣方與茂貞睦，故全瓘與鳳翔衞將閻圭共脅帝狩岐，王行實及景宣子繼晟縱火剽東市，帝登承天門，矢著樓闔。帝懼，暮出莎城，士民從者數十萬。至谷口，人暍死十三，夜爲盜掠，哭聲殷山。徙駐石門。茂貞恐，乃殺全瓘、景宣及圭自解。天子還京師，以景務脩、宋道弼代之，俄專國。宰相崔胤惡之，徐彥若、王摶懼禍不解，稍抑胤以和北軍。胤怒，劾摶黨宦豎，不忠，罷去，俄賜死；流道弼驩州，務脩愛州，並死灞橋；逐彥若于南海。乃以季述、王仲先爲左右中尉，疾胤尤甚。

時帝嗜酒，怒責左右不常，季述等愈自危。先是，王子病，季述引內醫工車讓、謝筠，久不出，季述等共白帝，宮中不可妄處人。帝不納，詔著籍不禁。由是疑帝與有謀，乃外約朱全忠爲兄弟，遣從子希正與汴邸官程巖謀廢帝。會全忠遣天平節度副使李振上計京師，巖因曰：「主上嚴急，內外惴恐，左軍中尉欲廢昏立明，若何？」振曰：「百歲奴事三歲郎主，常也。亂國不義，廢君不祥，非吾敢聞。」希正大沮。

帝夜獵苑中，醉殺侍女三人，明日午漏上，門不啓。季述見胤曰：「宮中殆不測。」與仲先率王彥範、薛齊偓、李師虔、徐彥回總衞士千人毀關入，謀所立，未決。是夜，宮監竊取太子以入，季述等因矯皇后令曰：「車讓、謝筠勸上殺人，禳塞災咎，皆大不道。兩軍軍容知之，今立皇太子，以主社稷。」遂明，陳兵廷中，謂宰相曰：「上所爲如此，非社稷主，今當以太子見羣臣。」即召百官署奏，胤不得對。季述衞皇太子至紫廷院，左右軍及十道邸官俞潭、程巖等詣思玄門請對，士皆呼萬歲。入思政殿，遇者輒殺。帝方坐乞巧樓，見兵入，驚墮於牀，將走，季述、仲先持帝坐，以所持鉏杖畫地責帝曰：「某日某事爾不從我，罪一也。」至數十未止。皇后出徧拜曰：「護宅家，勿使怖，若有罪，惟軍容議。」季述出百官奏，曰：「陛下昏，倦于勤，願奉太子監國，陛下自頤東宮。」帝曰：「昨與而等飲甚樂，何至是？」后曰：「陛下如軍容語。」宮監掖帝出思政殿，后倡言曰：「軍容一心輔持，請上養疾。」帝亦曰：「朕久疾，令太子監國。」巖等皆呼萬歲。后以傳國寶授季述，就帝輦，左右十餘人，入四少陽院。季述液金以完鐍，師虔以兵守。太子即位於武德殿，帝號太上皇，皇后爲太上皇后，大赦天下，東宮官屬三品賜爵一級，四品以下一階，天下爲父後者爵一級，羣臣加爵秩厚賜，欲媚附上下。改東宮爲問安宮。季述等皆先誅戮以立威，夜鞭笞，晝出尸十輦，凡有寵于帝，悉榜殺之。殺帝弟睦王。師虔尤苛察，左右出入搜索，天子動靜輒白季述。帝衣晝服夜浣，食自竇進，下至筆紙銅鐵，疑作詔書兵器，皆不與。方寒，公主嬪御無衾纊，哀聞外廷。

胤告難於朱全忠，使以兵除君側，全忠封胤書與季述曰：「彼翻覆，宜圖之。」季述以責胤，胤曰：「姦人僞書，從古有之，必以爲罪，請誅不及族。」季述易之，乃與盟。胤謝全忠曰：「左軍與胤盟，不相害，然僕歸心於公，幷送二侍兒。」全忠得書，恚曰：「季述使我爲兩面人。」自是始離。季述子希度至汴，言廢立本計，又遣李奉本齎示太上皇誥，全忠狐疑不決。李振入見曰：「豎刁、伊戾之亂，以資霸者。今閹奴幽劫天子，公不討，無以令諸侯。」乃囚希度、奉本，遣振至京師與胤謀。

是時季述欲盡誅百官，乃弒帝，挾太子令天下。都將孫德昭、董從實盜沒錢五千緡，仲先衆辱之，督其償，株連甚衆。胤間其不逞，曰：「能殺兩中尉，迎太上皇，而立大功，何小罪足羞！」又遣客密告德昭，割帶內蠟丸通意。德昭邀別將周承誨，期十二月晦，伏士安福門待旦。仲先乘肩輿造朝，德昭等劫之，斬東宮門外，叩少陽院呼曰：「逆賊斬矣。」帝疑未信，皇后曰：「可獻賊首。」德昭擲仲先頭以進，宮人毀扉，出御長樂門，羣臣稱賀。承誨馳入左軍，執季述、彥範至樓前，胤先戒京兆尹鄭元規集萬人持大梃，帝詰季述未已，萬梃皆進，二人同死梃下，遂尸之。兩軍支黨死者數十人。中官奉太子遁入左軍，收傳國璽。齊偓死井中，出其尸斬之。全忠檻送巖京師，斬于市。季述等夷三族。以德昭檢校太保、靜海軍節度使，從實檢校司徒、容管節度使，並同中書門下平章事，賜氏李，曰繼昭，曰彥弼。承誨亦檢校司徒、邕管節度使，視宰相秩。皆號「扶傾濟難忠烈功臣」，圖形淩煙閣，留宿衞凡十日乃休，竭內庫珍寶賜之。當時號「三使相」，人臣無比。

初，延英宰相奏事，帝平可否，樞密使立侍，得與聞，及出，或矯上旨謂未然，數改易橈權。至是，詔如大中故事，對延英，兩中尉先降，樞密使候旨殿西，宰相奏事已畢，案前受事。師虔請於屛風後錄宰相所奏，帝以侵官，不許，下詔與徐彥回同誅。

韓全誨、張彥弘者，皆不知所來，並監鳳翔軍。全誨入爲內樞密使。劉季述之誅，崔胤、陸扆見武德殿右廡，胤曰：「自中人典兵，王室愈亂，臣請主神策左軍，以扆主右，則四方藩臣不敢謀。」昭宗意不決。李茂貞語人曰：「崔胤奪軍權未及手，志滅藩鎭矣。」帝聞，召李繼昭等問以胤所請奈何，對曰：「臣世世在軍，不聞書生主衞兵。且罪人已得，持軍還北司便。」帝謂胤曰：「議者不同，勿庸主軍。」乃以全誨爲左神策中尉，彥弘爲右，皆拜驃騎大將軍，袁易簡、周敬容爲樞密使。胤怒，約京兆鄭元規遣人狙殺之，不克。全誨等知胤必除己乃已，因諷茂貞留選士四千宿衞，以李繼筠、繼徽總之。胤亦諷朱全忠內兵三千居南司，以婁敬思領之。韓偓聞岐、汴交戍，數諫止胤，胤曰：「兵不肯去耳。」偓曰：「初何爲召邪？」胤不對。議者知京師不復安矣。

全誨、彥弘及彥弼合勢恣暴，中官倚以自驕，帝不平，有斥逐者，皆不肯行，胤固請盡誅之。全誨、彥弘見帝祈哀，帝知左右漏言，始詔囊封奏事。宦人更求麗姝知書者數十人，侍帝爲內詗，由是胤計多露。

始，張濬判度支，楊復恭以軍貲乏，奏假鹽麴一歲入以濟用度，遂不復還。至胤，乃白度支財盡，無以稟百官，請如舊制。全誨擿李繼筠訴軍中匱甚，請割三司隸神策。帝不能卻，詔罷胤領鹽鐵，胤銜之。

全誨等懼帝誅己，與繼誨、彥弼、繼筠交通謀亂。帝問令狐渙，渙請召胤及全誨等宴內殿和解之。韓偓謂：「不如顯斥一二柄臣，許餘人自新，妄謀必息。不然皆自疑，禍且速，雖和解之，凶焰益肆。」帝乃止。

是時，全忠幷河中，胤爲急詔，令入朝，又詒書曰：「上反正，公之力，而鳳翔入朝，引功自歸。今若後至，必先見討。」全忠得詔，還汴，悉師討全誨。帝以爲忠，又欲其與茂貞同功，卽詔幷力。令胤詒二鎭書，示帝意。全忠取同州，汴兵凡七萬，威震關中。全誨等泣奏曰：「全忠且至，欲脅陛下幸關東，將謀傳禪。臣不忍見高祖天下移他姓，願至鳳翔，合義兵討元惡。」帝未許，方在乞巧樓，全誨急，卽火其下，帝降樓，乃決西幸。彥弼等以帝未卽駕，愈誖，宮中禁索苛亟，帝與后相視泣，宮人私逃出都，民崩沸，或奔開化坊依胤第自固，閈無留家。鳳翔軍與左神策兵陣大衢，長樂門外若丘墟然。於是日南至，百官不朝，帝坐思政殿。時彥弼先入鳳翔，全誨逼帝出，惟皇后、諸王數百騎爲衞，帝繡袍、塗金帽，以右神策軍從，實天復元年十一月壬子。全誨等遂火宮城，繼誨、彥弼欲劫百官從天子，李德昭等按兵衞之，乃得免。茂貞以帝居盩厔。

全忠取華州，下令自釋曰：「吾被詔及得宰相書令入朝，既至，皆僞也。逆臣全誨震驚天子，脅乘輿出遷，暴露草莽，吾當入對言狀。」時公卿皆在長安，數日不聞朝廷敕畫。胤使王溥見全忠曰：「上猶在盩厔，公宜亟進。」羣臣盧知猷等奏記全忠，請西迎天子，答曰：「進則似脅君，退則負國，然敢不勉？」胤率百官迎全忠灞橋，入舍長安一昔而西。

茂貞聞全忠至，以帝入鳳翔，從臣纔三四人。全忠遣楊違、裴鑄入鳳翔，奉表天子。汴部將康懷英襲破李繼昭于武功，禽馘六千級。全誨懼，請救於李克用。克用遺全忠書，勸執崔胤，洗海內謗。全忠不答，進屯鳳翔東偏。茂貞登城陷語曰：「天子厭災于此，讒人誤公來，公當入覲。」全忠曰：「宦官脅驚乘輿，吾以兵問罪，迎上東還。王非同謀者，尙何所言？」明日，圍鳳翔，茂貞不出。帝遣中人詔全忠班師，不奉詔。使者再往，全忠聽命，引兵攻邠州。李繼徽嬰城三日，乃降。質其妻，復使繼徽守，回壁三原。胤與鄭元規至三原，邀說全忠。全忠亦自聞茂貞將戰，徙營渭北，據高原，戰不勝。全忠夜入盩厔，拔藍田，復屯三原。

時李克用攻慈、隰，救鳳翔，全忠還河中。克用部將李嗣昭戰數不利，全忠取晉、汾二州，嗣昭遁還河東。全忠曰：「此茂貞所倚，今敗矣，何能久乎？」胤復說全忠曰：「宦豎謀擁帝入蜀。」且泣。全忠執其手，乃定計迎天子。會朱友寧敗岐兵于莫谷，居人皆入保。全忠以精甲五萬與茂貞決戰，岐兵敗，仆尸萬餘，茂貞帳下八百人就縛，乃嬰城，自夏訖冬，兵連不能解，勝敗略相償。援軍十餘壁，數爲全忠擾襲，不得進，城中日困。全忠由是取鳳、鄜、坊、成、隴等州，間劫鈔以佐軍餉，故能不乏。

茂貞疑帝與全忠有密約，增甲士守宮殿。初，帝至鳳翔，有鴉數萬棲殿樹，謂之神鴉。俄而鴉不來，人以爲恐。全誨等小人既勢窘，更相怨疾，不復遠慮。時財用窶短，帝輟所御膳賜全誨等，三讓，帝曰：「難得時欲同味耳。」茂貞食鮓美，帝曰：「此後池魚。」茂貞曰：「臣養魚以候天子。」聞者皆駭。

於是全忠軍攻東城，焚橋壘戰，部將李繼寵出降，茂貞懼，密圖誅中官以紓難。先遺書曰：「禍亂之生，全誨首之。變興倉卒，故迎天子至此。且公未至，懼它盜馮陵。公既志輔社稷，請奉乘輿還宮，僕願以敝賦從。」全忠然許，然軍稍薄城，大譟者三，岐軍皆投塹，無鬭意。帝召茂貞、全誨、彥弼及宰相蘇檢、李繼岌、繼忠議，和已決，中官復沮罷。

它日，帝召茂貞等曰：「十六宅諸王日奏餒死者十三，王、公主、夫人皆間日食，今又將竭，奈何？」皆不敢對。有衞士十餘人叩左銀臺門，遮全誨罵曰：「破一州，餓死者十萬，徒以軍容數人耳！」全誨詣茂貞叩頭訴，茂貞謝曰：「士伍亦何知？」復訴于帝，帝不許。李繼昭見全誨曰：「昔楊軍容破楊守亮一族，今驃騎復破吾族乎？」罵之，乃出降。宦豎數傳援軍至，皆相賀，百姓笑曰：「紿我乎！」

是時，全忠合四鎭兵十餘萬，營壘相屬，晝夜攻。外兵詬守者曰「劫天子賊」，守者亦詬外曰「奪天子賊」。諸鎭見崔胤檄，皆狐疑不出師，唯靑州節度使王師範取兗州，襲華州，李克用攻晉州以爲援。全忠懼，圍益急。全誨等素譎險，常爲全忠、胤所憚，乃請先殺之，以迎天子。帝旣惡宦人脅遷，而茂貞又其黨，全忠雖外示順，終悖逆，皆不可倚。欲狩襄、漢，依趙匡凝，然不得去，乃定計歸全忠，以紓近禍。

三年正月，茂貞請遣使諭全忠軍，詔崔構挾中人郭遵誨往，旣行，又命宮人寵顏馳見全忠，諭密旨，乃以蔣玄暉入衞。二日，茂貞獨見，至日旰，全誨、彥弘恨甚，逮食，不能捉匕，自見勢去，計無所用，垂頭喪氣。帝召韓偓見東橫門，執手涕泗，帝曰：「今先去四大惡，餘以次誅矣。」於是內養八輩候廷中授命，每二輩以衞士十人取一首，俄而全誨、彥弘、易簡、敬容皆死。卽詔第五可範爲左軍都尉，王知古、揚虔朗爲樞密使，知古領上院，虔朗領下院。繼筠、繼誨、彥弼皆伏誅，茂貞取其輜重。是夜，誅內諸司使韋處廷等二十二人，悉以首內布囊，詔蔣玄暉、學士薛貽矩送全忠，曰：「是皆不肯使乘輿東者，旣斬之矣。」全忠大喜，偏告軍中，以姚洎爲岐、汴通和使。全忠詒茂貞書曰：「宦者乘陴詈不已，曰『稟王旨』，是乎？」茂貞懼，復誅小使李繼彝等十人，於是開壘門。全忠猶攻北壘，帝遣寵顏賜御巾箱寶器，使罷兵，又捕殺中官七十人，全忠亦使京兆誅黨與百餘人。

天子入全忠軍，全忠泥首素服，待罪客省，傳呼徹三仗，有詔釋全忠罪，使朝服見。全忠伏地泣曰：「老臣位將相，勤王無狀，使陛下及此，臣之罪也。」帝亦嗚咽，命韓偓起之，解玉帶以賜，召之食。帝顧衞兵，或有憤發者，因履係解，目全忠：「爲吾繫之。」全忠跪結履，汗浹于背，而左右莫敢動。是夜，帝三召，皆辭，朱友倫以兵衞帝。

李克用引軍去，帝還京師。胤、全忠議，盡誅第五可範等八百餘人於內侍省，哀號之聲聞于路，留單弱數十人，備宮中灑掃。胤以鎭人性謹厚，卽詔王鎔擇五十人爲敕使，內諸司宦官主領者皆罷。於是追諸道監軍，所在賜死，其財産籍入之。詔以中官脅遷狀及全忠迎乘輿本末告方鎭，罷監軍院，咸視國初故事，以三十人爲員，衣黃衣，不得養子。內諸司皆歸省若寺，兩軍內外八鎭兵悉屬六軍。全忠還汴州，帝以第五可範等無辜，頗悼之，爲文以祭。自是宣傳詔命，皆以宮人。

始，劉季述專廢立，中人皆與聞。帝反正，誅季述及薛齊偓數族而已，餘貸不問；又悔之，後稍稍誅夷，羣宦寖不安。時帝懲幽辱，能勵心庶政，數召見羣臣問治道，有志中興，而全誨、胤爭權，外召彊臣，劫本朝以相吞齧，卒用關東軍窮討暴誅，君側雖淸，而全忠勢遂張，帝卒弑死，唐室以亡，其禍本於全誨、彥弘云。

贊曰：袁紹誅常侍以逞，而曹操移漢；崔丞相血軍容甘心焉，而朱溫篡唐。大抵假威柄于外，以內攘姦人，則大臣專，王室卑矣。漢、唐相去五百歲，產亂取亡猶蹈一轍，非天所廢，而人謀洄剌乃然邪！

校勘記

〔一〕王瓌者惠安太后弟　按本書卷七七恭憲皇后傳，王瓌乃恭憲太后弟。又據本書卷九僖宗紀、卷一〇昭宗紀，惠安太后爲唐僖宗母，恭憲太后爲唐昭宗母，王瓌求節度使在唐昭宗時，則此應作「恭憲太后弟」。

唐書卷二百九

列傳第一百三十四

酷吏

索元禮　來俊臣 來子珣　周興　丘神勣　侯思止　王弘義　郭弘霸
姚紹之　周利貞　王旭　吉溫 羅希奭　崔器　毛若虛　敬羽

太宗定天下，留心聽斷，著令：州縣論死三覆奏，京師五覆奏。獄已決，尙芊然爲徹膳止樂。至晚節，天下刑幾措。是時州縣有良吏，無酷吏。

武后乘高、中懦庸，盜攘天權，畏下異己，欲脅制羣臣，椔翦宗支，故縱使上飛變，構大獄。時四方上變事者，皆給公乘，所在護送，至京師，稟於客館，高者蒙封爵，下者被賚賜，以勸天下。於是索元禮、來俊臣之徒，揣后密旨，紛紛並興，澤吻磨牙，噬紳纓若狗豚然，至叛齮臭達道路，冤血流離刀鋸，忠鯁貴彊之臣，朝不保昏。而后因以自肆，不出幃闥，而天命已遷，猶慮臣下弗懲，而六道使始出矣。

至載初，右臺御史周矩諫后曰：「凶人告訐，遂以爲常，推劾之吏，以嶮責痛詆爲功，鑿空投隙，相矜以殘，泥耳籠首，枷楔兼暴，拉脅籤爪，縣髮熏目，號曰『獄持』。晝禁食，夜禁寐，敲撲撼搖，使不得瞑，號曰『宿囚』。人苟賒死，何求不得？陛下不諒，試取告牒判無驗者，使推其情，有司必上下其手，希合盛旨。今舉朝脅息，謂陛下朝與爲密，夕與爲讎，一罹攝逮，便與妻子決。且周用仁昌，秦用刑亡。惟陛下察之。」后寤，獄乃稍息，而酷吏寖寖以罪去。

天寶後至肅、代間，政頹事叢，姦臣作威，渠嶮宿狡，頗用慘刻奮，然不得如武后時敢搏摯殺戮矣。

嗚呼！非吏敢酷，時誘之爲酷。觀俊臣輩忕利放命，內懷滔天，又張湯、郅都之土苴云。

索元禮，胡人也，天性殘忍。初，徐敬業兵興，武后患之，見大臣常切齒，欲因大獄去異己者。元禮揣旨，即上書言急變，召對，擢游擊將軍，爲推使。即洛州牧院爲制獄，作鐵籠轚囚首，加以楔，至腦裂死。又横木關手足轉之，號「曬翅」。或紡囚梁上，縋石於頭。訊一囚，窮根柢，相牽聯至數百未能訖，衣冠氣褫。后數引見賞賜，以張其威，故論殺最多。是時來俊臣、周興踵而奮，天下謂之「來索」。薛懷義始貴，而元禮養爲假子，故爲后所信。後以苛猛，復受賕，后厭衆望，收下吏，不服，吏曰：「取公鐵籠來！」元禮服罪，死獄中。

來俊臣，京兆萬年人。父操，博徒也，與里人蔡本善。本負博數十萬不能償，操因納其妻，先已娠而生俊臣，冒其姓。

天資殘忍，喜反覆，不事產。客和州爲姦盜，捕送獄，獄中上變，刺史東平王續按訊無狀，杖之百。天授中，續以罪誅，俊臣上書得召見，自陳前上琅邪王沖反狀，爲續所抑。武后以爲諒，擢累侍御史，按詔獄，數稱旨。后陰縱其慘，脅制羣臣，前後夷千餘族。生平有纖介，皆入于死。拜左臺御史中丞，中外累息，至以目語。

俊臣乃引侯思止、王弘義、郭弘霸、李仁敬、康暐、衞遂忠等，陰嘯不逞百輩，使飛語誣衊公卿，上急變。每擿一事，千里同時輒發，契驗不差，時號爲「羅織」。牒左署曰：「請付來俊臣或侯思止推實必得。」后信之，詔於麗景門別置獄，敕俊臣等顓按事，百不一貸。弘義戲謂麗景門爲「例竟」，謂入者例皆盡也。俊臣與其屬朱南山、萬國俊作羅織經一篇，具爲支脈綱由，咸有首末，按以從事。俊臣鞫囚，不問輕重皆注醯于鼻，掘地爲牢，或寢以匽溺，或絕其糧，囚至齧衣絮以食，大抵非死終不得出。每赦令下，必先殺重囚乃宣詔。又作大枷，各爲號：一、定百脈，二、喘不得，三、突地吼，四、著卽臣，五、失魂膽，六、實同反，七、反是實，八、死豬愁，九、求卽死，十、求破家。後以鐵爲冒頭，被枷者宛轉地上，少選而絕。凡囚至，先布械于前示囚，莫不震懼，皆自誣服。

如意初，誣告大臣狄仁傑、任令暉、李游道、袁智弘、崔神基、盧獻等下獄。俊臣顓以夷誅大臣爲功，乃奏囚降制，一問而服者同首，法得減死。仁傑等已論死，待日而決，稍挺之，仁傑乃遺子持帛書稱枉。后見愕然，責謂俊臣，對曰：「是囚不褫巾服，何肯服罪？」后遣通事舍人周綝往視，遽假仁傑襆帶立西廂，綝懼俊臣，東視唯唯去，莫敢聞。先是，宰相樂思晦爲俊臣夷其家，有子九歲隸司農，上變，得召見，言：「俊臣凶慘，罔上不道，若陛下假條反狀付之，無大小皆如詔。臣父死族夷，不求生，但惜陛下法爲俊臣所弄耳！」后意寤，由是仁傑六族皆免。又按大將軍張虔勗、內侍范雲仙，虔勗不堪枉，訟於大理徐有功，俊臣使衞士亂斫之，雲仙自陳事先帝，命截其舌，皆卽死，人人脅息。

久之，俊臣納賈人金，爲御史紀履忠所劾，下獄當死。后忠其上變，得不誅，免爲民。

長壽中，還授殿中丞，坐贓貶同州參軍事，暴縱自如，奪同僚妻，又辱其母。俄召爲合宮尉，擢洛陽令，進司僕少卿，賜司農奴婢十人。以官戶無面首，聞吐蕃酋阿史那斛瑟羅有婢善歌舞〔一〕，令其黨告以謀反，而求其婢，諸蕃長數十人，割耳剺面訟冤，僅得解。綦連耀等有異謀，吉頊以白俊臣，殺數十族。既欲擅發姦功，卽中頊以法，頊大懼，求見后自直，乃免。俊臣誣司刑史樊戩，以謀反誅，其子訴闕下，有司無敢治，因自刳腹。秋官侍郎劉如璿爲流涕，俊臣奏與同惡，如璿自訴年老而涕，吏論以絞，后爲宥死，流漢州。萬歲通天中，上巳，與其黨集龍門，題搢紳名於石，抵而仆者先告，抵李昭德不能中。或以告昭德，昭德謀繩其惡，未發。衞遂忠雖無行，頗有辭辯，素與俊臣善。始王慶詵女適段簡而美，俊臣矯詔彊娶之。它日，會妻族，酒酣，遂忠詣之，閽者不肯通，遂忠直入嫚罵，俊臣恥妻見辱，已命毆而縛于廷，既乃釋之，自此有隙，妻亦慚，自殺。簡有妾美，俊臣遣人示風旨，簡懼，以妾歸之。俊臣知羣臣不敢斥己，乃有異圖，常自比石勒，欲告皇嗣及廬陵王與南北衙謀反，因得騁志。遂忠發其謀。初，俊臣屢掎摭諸武、太平公主、張昌宗等過咎，后不發。至是諸武怨，共證其罪。有詔斬於西市，年四十七，人皆相慶，曰：「今得背著牀瞑矣！」爭抉目、擿肝、醢其肉，須臾盡，以馬踐其骨，無孑餘，家屬籍沒。

方俊臣用事，託天官得選者二百餘員，及敗，有司自首，后責之，對曰：「臣亂陛下法，身受戮；忤俊臣，覆臣家。」后赦其罪。

時有來子珣、周興者，皆萬年人。永昌初，子珣上書，擢左臺監察御史，無學術，語言蚩鄙，后倚以按獄，多徇后旨，故賜姓武，字家臣。旣誣雅州刺史劉行實弟兄謀反，已誅，掘夷先墓，得遷游擊將軍。常衣錦半臂自異，俄流死愛州。

興，少習法律，自尙書史積遷秋官侍郎，屢決制獄，文深峭，妄殺數千人。武后奪政，拜尙書左丞，上疏請去唐宗正屬籍。是時左史江融有美名，興指融與徐敬業同謀，斬于市。臨刑，請得召見，興不許，融叱曰：「吾死無狀，不赦汝。」遂斬之，尸奮而行，刑者蹴之，三仆三作。天授中，人告子珣、興與丘神勣謀反，詔來俊臣鞫狀。初，興未知被告，方對俊臣食，俊臣曰：「囚多不服，奈何？」興曰：「易耳，內之大甕，熾炭周之，何事不承。」俊臣曰：「善。」命取甕且熾火，徐謂興曰：「有詔按君，請嘗之。」興駭汗，叩頭服罪。詔誅神勣而宥興嶺表，在道爲讎人所殺。

神勣者，行恭子，爲左金吾衞將軍。高宗崩，后使害章懷太子於巴州，歸罪神勣，下遷疊州刺史，俄復故官，佐俊臣等爲慘獄，遂見倚愛。博州刺史琅邪王沖起兵，拜神勣清平道大總管討之。州人殺王，素服出迎，神勣盡殺之，凡千餘族，卽拜大將軍。

侯思止，雍州醴泉人。貧，嬾不治業，爲渤海高元禮奴，詭很無良。恆州刺史裴貞笞吏，吏積怨，教思止告舒王元名與貞謀反，付周興鞫訊，皆夷宗，拜思止游擊將軍。元禮懼，引與同坐，密教曰：「上不次用人，如問君不識字，宜對『獬豸不學而能觸邪』，陛下用人安事識字？」無何，后果問，思止以對，后大悅。天授中，遷左臺侍御史，元禮又教：「上以君無宅，必賜所沒逆人第，宜辭曰：『臣疾逆臣，不願居其地。』」既而果假之，以其教對，后益喜，恩賞良渥。

思止本人奴，言語俚下，嘗按魏元忠，讓曰：「亟承白司馬，不爾受孟青。」洛陽有白司馬坂，將軍有孟青棒，卽殺琅邪王沖者。元忠不承，思止曳之。元忠徐起曰：「我如乘驢而墜，足絓鐙，爲所曳者。」思止怒，復曳之曰：「拒制使邪？」欲抵殊死。元忠罵曰：「侯思止，欲得我頭，當鋸截之，無抑我臣反。汝位御史，當曉禮義，而曰『白司馬』、『孟青』，是何物語？非我，孰教爾邪？」思止驚汗，起謝曰：「幸蒙公教。」乃引登牀。元忠徐就坐，色不變，獄稍挺。

思止音吐鄙而訛，人效以爲笑，侍御史霍獻可數嘲靳之。思止怒以聞，后責獻可：「我已用之，何所誚？」獻可具奏鄙語，后亦大笑。

來俊臣棄故妻，逼娶太原王慶詵女，思止亦請娶趙郡李自挹女，事下宰相，李昭德執不可，曰：「俊臣往劫慶詵女，已辱國，此奴復爾邪？」搒殺之。

王弘義，冀州衡水人，以飛變擢游擊將軍，再遷左臺侍御史，與來俊臣競慘刻。暑月繫囚，別爲狹室，積蒿施氈罽其上，俄而死；已自誣，乃舍佗獄。每移檄州縣，所至震慴。弘義輒詫曰：「我文檄如狼毒、野葛矣！」始賤時，求傍舍瓜不與，乃騰文言園有白兎，縣爲集衆捕逐，畦蓏無遺。內史李昭德曰：「昔聞蒼鷹獄吏，今見白兎御史。」

延載初，俊臣貶，弘義亦流瓊州。自矯詔追還，事覺，會侍御史胡元禮使嶺南，次襄州，按之，弘義歸窮曰：「與公氣類，持我何急？」元禮怒曰：「吾尉洛陽，而子御史；我今御史，子乃囚。何氣類爲？」杖殺之。

郭弘霸，舒州同安人，仕爲寧陵丞，天授中，由革命舉，得召見，自陳：「往討徐敬業，臣誓抽其筋，食其肉，飲其血，絕其髓。」武后大悅，授左臺監察御史，時號「四其御史」。再遷右臺侍御史，大夫魏元忠病，僚屬省候，弘霸獨後入，憂見顏間，請視便液，即染指嘗，驗疾輕重，賀曰：「甘者病不瘳，今味苦，當愈。」喜甚。元忠惡其媚，暴語于朝。

嘗按芳州刺史李思徵，不勝楚毒死。後屢見思徵爲厲，命家人禳解。俄見思徵從數十騎至曰：「汝枉陷我，今取汝！」弘霸懼，援刀自刳腹死，頃而蛆腐。是時大旱，弘霸死而雨。又洛陽橋久壞，至是成。都人喜。后問羣臣：「外有佳事邪？」司勳郎中張元一曰：「比有三慶：旱而雨，洛橋成，弘霸死。」

姚紹之，湖州武康人。初以鸞臺典儀累遷監察御史。中宗時，武三思烝僭不軌，王同皎、張仲之、祖延慶等謀殺之，事覺，捕送新開獄，詔紹之與左臺大夫李承嘉按治。初欲原盡其情，會敕宰相李嶠等同訊，執政畏禍，粗滅無所問。囚噱曰：「宰相有附三思者。」嶠等數附承嘉耳呫嚅，紹之翻然不復顧，即引力士十餘曳囚至，築其口，反接送獄中。謂仲之曰：「事不諧矣！」仲之固言三思反狀，紹之怒，擊折其臂，囚呼天曰：「吾雖死，當訴爾於天！」因裂衫束之，卒誣以謀反，皆論族。

囚等已誅，紹之意岸軒傲，朝野注目，擢左臺侍御史。奉使江左，過汴州，廷辱錄事參軍魏傳弓。久之，傳弓爲監察御史，而紹之坐贓，詔傳弓即按。紹之謂揚州長史盧萬石曰：「我頃辱傳弓，今來按，我死矣。」獄具，得贓五百萬，法當死，韋后女弟救請，故減死，貶瓊山尉。俄逃還京，萬年尉捕擊，折其足。更授南陵令，員外置。開元中，爲括州長史同正，不得與州事，死。

周利貞者，亡其系。武后時調錢塘尉，時禁捕魚，州刺史飯蔬。利貞忽饋佳魚，刺史不受，利貞曰：「此闌魚，公何疑？」問其故，答曰：「適見漁者，禽不獲，而有魚焉，闌得之。」刺史大笑。

神龍初，擢累侍御史，諂附權彊，五王等疾之，出爲嘉州司馬。武三思亂禁中，五王謀誅之，私語崔湜，湜反以其計告三思。五王貶，湜勸速殺之以絕人望，問誰可使，以利貞對。利貞，湜內兄也。表攝右臺侍御史馳嶺外，矯殺敬暉、桓彥範、袁恕己，還，拜左臺御史中丞。數爲仇人狙報，幾不免。

先天初，爲廣州都督。湜陷劉幽求謫嶺表，諷利貞殺之。賴桂州都督王晙護而免。利貞顓事剝斮，夷獠苦其殘虐，皆起爲寇，詔監察御史李全交按問，得贓狀，貶涪州刺史。

開元初，詔：「利貞及滑州刺史裴談、饒州刺史裴栖貞、大理評事張思敬王承本、華原令康暐、侍御史封詢行、判官張勝之劉暉楊允衞遂忠公孫琰、廉州司馬鍾思廉皆酷吏，宜終身勿齒。」尋復授珍州司馬。明年，授夷州刺史。黃門侍郎張廷珪執奏曰：「陛下英斷聖明，四海心服。所謂英斷，殄凶逆、正朝廷是也；所謂聖明，辨忠邪、信賞罰是也。利貞，宗、武舊黨，鉏翦桓、敬，自陛下登宸極，布新政，奪其班級，遷之遐荒，以允天下之望，義士猶以罰輕爲望。今錫以朱紱，委以藩維，是紐姦不必行也。」疏入，遂寢。未幾，復授黔州都督，加朝散大夫。廷珪又表還制書曰：「利貞險薄小人，附會三思，傾危朝廷，殺害功臣，人神憤惋，痛毒至今。東都搜掩其家，得金銀錦繡，冒違制令，當加重貶。且久據朝廷，捷給便佞，見忠於君者，猶仇讎然。使之入朝則亂國，撫俗則傷人。今擢典要藩，繇六品遷三品，何往日罰之，而今日賞之？」玄宗乃止。

會廷珪罷，起爲辰州長史，朝集京師，與魏州長史敬讓皆奏事。讓，暉之子也，以父冤越次而奏曰：「周利貞希姦臣意，枉殺先臣暉，惟陛下正罰以謝天下。」左臺侍御史翟璋劾讓不待監引，請行法。玄宗曰：「訴父之枉，不可不矜也；朝廷之儀，不可不肅也。」奪讓俸三月，復貶利貞邕州長史。未幾，賜死梧州。

開元中，又有洛陽尉王鈞、河南丞嚴安之，捶人畏不死，視腫潰，復笞之，至血流乃喜。

王旭者，貞觀時侍中珪孫也。神龍初，爲兗州兵曹參軍。時張易之誅，而兄昌儀先貶乾封尉，旭輒斬其首送東都，遷并州錄事參軍。長史周仁軌者，韋后黨也，玄宗平內難，有詔誅之，旭不待覆，斬首齎還京師，遷累左臺侍御史。

崔湜敗，其婦翁盧崇道自嶺外逃歸東都，爲讎家上變，詔旭訊覆。旭廣捕親黨，窮極慘楚，當以重辟，崇道及三子皆死，門生故人，並海內名士，皆絓染流徙，天下咨其冤。旭與大夫李傑不平，更相謍訐，傑坐斥衢州刺史，故旭益橫，殘毒以逞。官數遷，常兼御史。其爲人苛急，少縱貸，人莫敢與忤。每治獄，囚皆逆服。製獄械，率有名，曰「驢駒拔橛」、「犢子縣」等，以怖下，又縋髮以石，脅臣之。時監察御史李嵩、李全交皆嚴酷，取名與旭埒，京師號「三豹」，嵩爲赤，全交爲白，旭爲黑。里閭至相詛曰：「若違教，值三豹。」

宋王憲官屬紀希虬兄爲劍南令，坐贓，旭奉使臨訊，見其妻美，逼亂之，因殺其夫，而納贓數百萬。希虬使奴爲臺傭事旭，旭不知，頗愛任之，奴盡疏旭請求，積數千以示希虬，希虬泣訴于王，王爲上聞，詔劾治，獲姦贓不貲，貶龍川尉，恚而死。

吉温，故宰相頊從子也。性陰詭，果于事。諂附貴宦，若子姓奉父兄。天寶初，爲新豐丞。時太子文學薛嶷得倖，引温入見，玄宗目之曰：「是一不良，我不用。」罷之。蕭炅爲河南尹，御史遣温到府有所訊詰，乃并治炅，不爲末撥，右相李林甫善炅，故得免。炅入守京兆尹，而温方調萬年尉，不辭，人爲寒恐。於是高力士間出就第，炅多私謁，温乃先往，與力士語，執手歡甚，將出，炅通謁，温陽惶恐趨避，力士止之，語炅曰：「吾故人也。」炅揖乃去。它日，到炅府，辭曰：「國家法不敢隳，今而後洗心事公，云何？」炅待盡歡。

林甫與李適之、張垍有隙。適之領兵部，而垍兄均爲侍郎，林甫密遣吏擿其銓吏僞選六十餘人，帝命京兆與御史雜治，累日情不得。炅使温佐訊，温分囚廷左右，中取二重囚訊後舍，楚械搒掠，皆呻呼不勝，曰：「公幸留死，請如牒。」乃挺出。諸史迎懾其酷，及引前，不訊皆服。日中獄具，林甫以爲能。温嘗曰：「若遇知己，南山白額虎不足縛。」

林甫久當國，權焄天下，陰構大獄，除不附己者。先引温居門下，與錢塘羅希奭爲奔走，椎鍛詔獄。希奭文深虐，其舅鴻臚少卿張博濟，林甫壻也，以姻家故，自御史臺主簿再遷殿中侍御史。初，温因中官納其出武敬一女爲盛王妃，擢京兆士曹參軍。

林甫欲搖東宮，左驍衛參軍柳勣影會發杜良娣家陰事。温按狀，勣以誣誅，因引勣所善王曾、王脩己、盧寧、徐徵，悉逮縛論死，尸積大理垣下，家屬離竄。初，中書舍人梁涉道遇温，低帽障面。温怒，乃諷勣引涉及嗣虢王巨，皆斥逐。

林甫惡楊愼矜，王鉷飛書言圖讖事，委温以獄。初，愼矜客史敬忠與温父善，見温繈葆時。温馳至東都，捕逮楊氏親屬賓客，取敬忠於汝州，鐵鏁頸，布蒙面，未嘗正視，陰遣吏脅曰：「愼矜獄具，須君一辨，君卽服，罪可貸，卽不服，死不解。」敬忠卽索筆自款，温陽不見，再三請，乃與之，對如温所敕。温謝曰：「丈人毋懼！」乃下拜。愼矜以左證具，欲自誣，而讖不得。御史盧鉉索其家，挾讖以入，於是愼矜兄弟皆賜死，株連數十族。是時，温與希奭相勗以虐，號「羅鉗吉網」。公卿見者，莫敢耦語。温推事未窮，而先計贓成奏，乃引囚問，震以烈威，隨問輒承，無敢迕，鞭楚未收于壁，而獄具矣。林甫才其爲，擢戶部郎中兼侍御史。

楊國忠、安祿山方尊寵，高力士居中用事，温皆媚附之。兄事祿山，嘗密諗曰：「李右相雖厚待公，然不肯引共政；我見遇久，亦不顯以官。公若薦我爲宰相，我處公要任，則右相可擠矣。」祿山大悅，亟稱温才，天子亦忘前語。於是祿山領河東節度，表温自副，并知節度營田、管內採訪，總留事，拜鴈門太守，知安邊鑄錢事。以母喪解，祿山表爲魏郡太守。楊國忠當國，引拜御史中丞，兼京畿關內採訪處置使。祿山敕吏設白紬帳于傳以候命，慶緒親御而餞之，温銜其德，故朝廷動靜輒報，不淹宿而知。天寶十三載，祿山入朝，領閑廏使，薦温武部侍郎以爲副。

國忠與祿山爭寵，而温昵祿山甚，國忠不善也。會河東太守韋陟怨失職，因温以交祿山，徧饋權近，國忠遣人發其狀，斥温澧陽長史，其屬員錫及陟皆坐貶。明年，温仍坐受賕、奪民馬，貶端溪尉。

始，林甫死，希奭出爲始安太守，張博濟、韋陟、韋誠奢、李從一、員錫皆逗留始安，温既謫，又依希奭以居。國忠奏遣蔣沇臨按，希奭擅稽罪人，貶海康員外尉，俄遣使者殺温等五人。温之斥，帝在華清宮，詔從臣曰：「温本酷吏子，朕過用之，故屢構大獄，專威福。今既斥，公屬安矣。」

温死五月而祿山反，卽僞位，求温子，方十歲，授河南參軍以報之。

崔器，深州安平人。曾祖恭禮，尙眞定公主〔三〕，爲駙馬都尉，貌豐偉，飲酒至斗不亂。器有吏幹，然性陷刻樂禍。天寶中，舉明經，爲萬年尉。踰月，擢監察御史，中丞宋渾爲東畿採訪使，引爲判官。渾坐贓敗，器亦廢，後爲奉先令。

安祿山陷京師，器受賊署，守奉先。頃之，同羅背賊，賊將安守忠、張通儒亡去，渭上義兵且數萬，器大懼，悉毀賊所署符敕，募衆以應之。渭上軍敗，遂走靈武。素善呂諲，得爲御史中丞、戶部侍郎。肅宗至鳳翔，兼禮儀使。二京平，爲三司使。器草定儀典，令王官陷賊者，悉入含元廷中，露首跣足，撫膺頓首請罪，令刀仗環之，以示扈從羣臣。器旣殘忍希帝旨，欲深文繩下，乃建議陳希烈、達奚珣等數百人皆抵死。李峴執奏，乃以六等定罪，多所厚貸。後蕭華自賊中來，因言：「王官重爲安慶緒驅脅，至相州，聞廣平王宣詔釋希烈等，皆相顧愧悔。及聞崔器議刑，衆心復搖。」帝曰：「朕幾爲器所誤。」後爲吏部侍郎、御史大夫。上元元年病亟，叩頭若謝罪狀，家人問之，曰：「達奚尹訴於我。」三日卒。

毛若虛，絳州太平人。眉長覆目，性殘鷙。天寶末爲武功丞，年六十餘。肅宗還京師，擢監察御史，以國用大竭，數請掊天下財，巧傅於法，日月有獻，漸見識用。大抵嚴囚，先收家貲以定贓，有不滿意，攤索保伍姻近，人懼其威，無敢不如約。乾元中，鳳翔七坊士數剽州縣間殺人，尉謝夷甫不勝怒，搒殺之。士妻訴李輔國，輔國請御史孫鎣窮治，獄久不具，詔中丞崔伯陽與三司參訊，未決。乃使若虛按之，卽歸罪夷甫。伯陽爭甚力，若虛慢拒，伯陽怒，若虛卽馳入白于帝。詔姑出，若虛泥訴曰：「臣出卽死。」因蔽若虛殿中，而召伯陽。伯陽至，具劾若虛罔上，帝主先語，叱伯陽出，并官屬悉貶嶺外。李峴頗左右鑒等，罷宰相。於是若虛權焰震朝廷，羣臣不舒息。尋擢御史中丞。上元元年，以罪貶賓化尉，死。

敬羽，河中寶鼎人。貌寢甚，性便辟，善候人意。補匡城尉，朔方安思順表爲節度府屬。肅宗初，擢監察御史，以言利幸。京師平，任遇寖顯，凶態不能忍，乃作巨枷，號「魛尾榆」，囚人多死。又仆囚于地，以門牡轢腹；掘地實棘，席蒙上，瀕坎鞫囚，不服則擠之坎，人多濫死。遷累御史中丞、宗正卿。

鄭國公李遵坐賕下詔獄，羽參按，遵肥而羽瘠，則引遵危坐小牀，痺且仆，遵欲申足，羽曰：「公乃囚，我延公坐，何可慢？」遵仆三四，徐受所言，得贓至數百萬。嗣岐王珍謀反，詔羽窮劾，乃悉召支黨，環以搒具，囚惶怖，一昔獄成，珍賜死，左衞將軍竇如玢等九人皆斬，太子洗馬趙非熊等六七人斃杖下，聞者毛豎。

先是，胡人康謙以賈富，楊國忠輔政，納其金，授安南都護，領山南東路驛事，吏疾之，誣其通史朝義。羽鞫之，謙須長三尺，明日脫盡，膝髁皆碎，人視之，以爲鬼，乃殺之。

羽與毛若虛、裴昇、畢曜同時爲御史，皆暴忍，時稱「毛敬裴畢」。未幾，昇、曜流黔中。寶應初，羽斥道州刺史，詔殺之。羽聞使者至，褫服而逃，吏械之。臨死，袖中出牒數番，乃吏相告訐，咤曰：「不及推，死矣，治州者無宜寢。」

校勘記

〔一〕聞吐蕃酋阿史那斛瑟羅有婢善歌舞　「吐蕃」，舊書卷一八六上來俊臣傳作「西蕃」，通鑑卷二〇六作「西突厥」。按據本書卷二一五下及舊書卷一九四下突厥傳，阿史那斛瑟羅爲西突厥步眞子，武后時拜左衞大將軍，封竭忠事主可汗。此當以「西突厥」或「西蕃」爲是。

〔二〕曾祖恭禮尙眞定公主　「眞定」，各本原作「館陶」。按本書卷八三諸帝公主傳、冊府卷三〇〇俱云館陶公主嫁崔宣慶，眞定公主嫁崔恭禮；唐會要卷六亦同，惟「眞」作「貞」。今從諸帝公主傳改。

唐書卷二百一十

列傳第一百三十五

藩鎭魏博

田承嗣 悅 緒 季安 懷諫 緒 史憲誠 何進滔 弘敬 全暤

韓允中 簡 樂彥禎 羅弘信 紹威

安、史亂天下，至肅宗大難略平，君臣皆幸安，故瓜分河北地，付授叛將，護養孽萌，以成禍根。亂人乘之，遂擅署吏，以賦稅自私，不朝獻于廷。效戰國，肱髀相依，以土地傳子孫，脅百姓，加鋸其頸，利怵逆汙，遂使其人自視由羌狄然。一寇死，一賊生，訖唐亡百餘年，卒不爲王土。

當其盛時，蔡附齊連，內裂河南地，爲合從以抗天子。杜牧至以「山東，王不得，不王；

霸不得，不霸；賊得之，故天下不安」。又曰：

厥今天下何如哉？干戈朽，鈇鉞鈍，含引混貸，照育逆孽〔一〕，殆爲故常。而執事大人曾不歷算周思，以爲宿謀，方且嵬岸抑揚，自以爲廣大繁昌莫己若也。嗚呼！其不知乎，其俟蹇頓顚傾而後爲之支計乎？且天下幾里，列郡幾所，自河以北，蟠城數百，角奔爲寇，伺吾人顣頞，天時不利，則將與其朋伍駭亂吾民於掌股之上。今者及吾之壯，不圖擒取，乃偷處恬逸，以爲後世子孫背脅疽根，此復何也？

議者曰：倔彊之徒，吾以良將勁兵爲銜策，高位美爵充飽其腸，安而不橈，外而不拘，猶豢虎狼而不拂其心，則忿氣不萌，此大曆、貞元所以守邦也。何必疾戰焚煎吾民，然後爲快也。

愚曰：大曆、貞元之間，有城數十，千百卒夫，則朝廷貸以法，故於是闊視大言，自樹一家，破制削法，角爲尊奢。天子不問，有司不呵；王侯通爵，越錄受之；覲聘不來，几杖扶之；逆息虜胤，皇子嬪之。地益廣，兵益彊，僭擬益甚，侈心益昌。土田名器，分劃大盡，而賊夫貪心，未及畔岸，淫名越號，走兵四略，以飽其志。趙、魏、燕、齊，同日而起，梁、蔡、吳、蜀，躡而和之，其餘混澒軒囂，欲相效者，往往而是。運遭孝武，前英後傑，夕思朝議，故能大者誅鉏，小者惠來。大抵生人油然多欲，欲而不得則怒，怒則爭亂隨之。是以敎笞於家，刑罰於國，征伐於天下，裁其欲而塞其爭也。大曆、貞元之間反此，提區區之有，而塞無涯之爭，是以首尾指支，幾不能相運掉也。凡今者不知非此，而反用以爲經，將見爲盜者非止於河北而已。嗚呼！大曆、貞元守邦之術，永戒之哉！

魏博傳五世，至田弘正入朝，十年復亂，更四姓，傳十世，有州七。成德更二姓，傳五世，至王承元入朝，明年，王廷湊反，傳六世，有州四。盧龍更三姓，傳五世，至劉總入朝，六月，朱克融反，傳十二世，有州九。淄青傳五世而滅，有州十二。滄景傳三世，至程權入朝，十六年而李全略有之，至其子同捷而滅，有州四。宣武傳四世而滅，有州四。彰義傳三世而滅，有州三。澤潞傳三世而滅，有州五。

雖然，迹其由來，事有因藉，地之輕重，視人謀臧否歟！今取擅興若世嗣者，爲藩鎭傳。若田弘正、張孝忠等，暴忠納誠，以屛王室，自如別傳云。

田承嗣字承嗣，平州盧龍人。世事盧龍軍，以豪俠聞。隸安祿山麾下，破奚、契丹，累功至武衞將軍。祿山反，與張忠志爲賊前驅，陷河、洛。嘗大雪，祿山按行諸屯，至其營，若無人，已而擐甲列卒，閱所籍，不缺一人，祿山異其能，使守潁川。

郭子儀平東都，承嗣以郡降，俄而復叛。安慶緒奔鄴，承嗣自潁川來，與蔡希德、武令珣合兵六萬，慶緒復振，抗王師。歲餘，史思明亂，承嗣又爲賊導，及朝義敗，與共保莫州。僕固瑒追北，承嗣急，乃詐朝義使自求救幽州。承嗣守莫，因執賊妻息降于瑒，厚以金帛反間瑒將士。瑒慮下生變，卽約降。承嗣詐疾不出，瑒欲馳入取之，承嗣列千刀爲備，瑒不得志，承嗣重賂之以免。乃與張忠志、李懷仙、薛嵩皆詣僕固懷恩謝，願備行間。

朝廷以二賊繼亂，州縣殘析，數大赦，凡爲賊詿誤，一切不問。當是時，懷恩功高，亦恐賊平則任不重，因建白承嗣等分帥河北，賜鐵券，誓不死。拜承嗣莫州刺史，三遷至貝博滄瀛等州節度使，檢校太尉。

承嗣沈猜陰賊，不習禮義。既得志，卽計戶口，重賦斂，厲兵繕甲，使老弱耕，壯者在軍，不數年，有衆十萬。又擇趫秀彊力者萬人，號牙兵，自署置官吏，圖版稅入，皆私有之。又求兼宰相，代宗以寇亂甫平，多所含宥，因就加同中書門下平章事，封鴈門郡王，寵其軍曰天雄，以魏州爲大都督府，卽授長史，詔子華尙永樂公主，冀結其心。而性著凶詭，愈不遜。

大曆八年，相衞薛嵩死，弟蕚求假節，牙將裴志清逐蕚，蕚以衆歸承嗣。而帝自用李承昭爲相州刺史，未至，承嗣使人訹吏士反，陽言救，實襲取之。帝遣使者諭罷兵，承嗣不奉詔，遣將盧子期取洺州，楊光朝取衞州，脅刺史薛雄亂，不從，屠其家，悉四州兵財以歸，擅置守宰。逼使者行磁、相，遣劉渾從之，陰使從子悅諷諸將詣使者剺面請承嗣爲帥，使人不敢詰，於是厚賞請己者。帝乃下詔貶承嗣永州刺史，許一子從，悅及諸子皆逐惡地。詔河東節度使薛兼訓、成德李寶臣、幽州朱滔、昭義李承昭、淄青李正己、淮西李忠臣、永平李勉、汴宋田神玉等兵六萬掎角進，若承嗣不承命，聽在所討執，以軍法從事。其下霍榮國以磁降。李正己攻拔德州，李忠臣攻衞，築偃月壁河上。承嗣列將往往攜阻，殺數十人乃定。帝又遣御史大夫李涵督諸節度并力。承嗣遣裴志淸等攻冀州，志淸以兵附成德，承嗣悉衆圍之，爲寶臣所逐，火輜重，歸于貝，計益窮，不知所出，遣其下郝光朝奉表請委身北闕下。又使悅與盧子期將萬人攻磁州，屯東山。宣慰使韓朝彩等固守，兼訓以萬騎屯西山，成德、幽州各遣兵救磁。時承昭以神策射生繼進，入河東壘。諸軍進討，數有功，頗顧賞，天子使中人多出御服、良馬、黃白金萬計勞賚，使人供帳高會。諸軍少懈，而正己、寶臣二軍會棗彊，更相見。會正己軍輒引去，忠臣乃棄月壘，濟河屯陽武。承昭使成德、幽州兵循東山襲子期軍，自閉壁以驕賊。子期分步騎萬人環承昭壁，以兵四千乘高望麾而進。河東將劉文英、辛忠臣等決戰，而成德、幽州兵繞出子期後，於是圍解。更陣高原，諸將與承昭夾攻，大戰臨水，賊敗，屍旁午數里，斬九千級，馬千匹，執子期及將士二千三百，旗纛器甲鼓角二十萬。諸軍乘勝進，距磁十里，暮而舍。承昭舉燧，朝彩出銳兵鼓譟薄魏營，斬首五百，悅驚，率餘兵夜走，盡棄旗幕鎧仗五千乘。成德將王武俊以子期歸寶臣，寶臣方攻洺州，因以示城下，降之，復徇瀛州，瀛州亦降。得兵萬人，粟二十萬石，獻子期京師，斬之。

天子遣中人勞寶臣，不爲禮，寶臣乃貳，反攻朱滔，與承嗣和，承嗣與之滄州。正己又請天子許承嗣入朝。十一年，帝遣諫議大夫杜亞持節至魏受其降，許闔門還京師，赦魏博所管與更始。承嗣逗留不至。其秋，復略滑州，敗李勉兵。會李靈耀以汴州叛，詔忠臣、勉、河陽馬燧合討。靈耀求救於魏，承嗣使悅將兵三萬赴之，敗勉將杜如江、正己將尹伯良，死者殆半，乘勝屯汴北郛，與靈耀合。燧、忠臣逆擊，破之，悅脫身遁，斬獲數萬。靈耀東走，欲歸承嗣，爲如江所禽，并魏將常準獻京師。明年，承嗣上書請罪，有詔復官爵，子弟皆仍故官，復賜鐵券。

承嗣盜有貝、博、魏、衞、相、磁、洺七州，而未嘗北面天子。凡再興師，會國威中奪，窮而復縱，故承嗣得肆姦無怖忌。十四年死，年七十五，贈太保。

悅，蚤孤，母更嫁平盧戍卒，悅隨母轉側淄、青間。承嗣得魏，訪獲之，年十三，拜伏有禮，承嗣異之，委以號令，裁處皆與承嗣意合。及長，剽悍善鬬冠軍中，賊忍狙詐，外飭行義，輕財重施，以鉤美譽，人皆附之。承嗣愛其才，將死，顧諸子弱，乃命悅知節度事，令諸子佐之。帝因詔悅自中軍兵馬使、府左司馬擢留後，俄檢校工部尙書，爲節度使。

悅始招致賢才，開館宇，禮天下士，外示恭順，陰濟其姦。帝晚年尤寬弛，悅所奏請無不從。德宗立，不假借方鎭，諸將稍惕息。會黜陟使洪經綸至河北，聞悅養士七萬，輒下符罷其四萬歸田畝。悅卽奉命，因大集將士，以好言激之曰：「而等籍軍中久，仰縑廩養父母妻子，今罷去，何恃而生？」衆大哭。悅乃悉出家貲給之，各令還部，自此，魏人德悅。

及劉晏死，藩帥益懼，又傳言帝且東封泰山，李勉遂城汴州；而李正己懼，率兵萬人屯曹州，乃遣人說悅同叛。悅因與梁崇義等阻兵連和，以王侑、扈甹、許士則爲腹心；邢曹俊、孟希祐、李長春、符璘、康愔爲爪牙。建中二年，鎭州李惟岳、淄青李納求襲節度，不許，悅爲請，不答，遂合謀同叛。會于邵、令狐峘等表汰浮圖，悅乃詐其軍曰：「有詔閱軍之老疾疲弱者。」繇是舉軍咨怨。悅與納會濮陽，納分兵佐悅。

會幽州朱滔等奉詔討惟岳，悅乃遣孟希祐以兵五千助惟岳；別遣康愔以兵八千攻邢州；楊朝光以兵五千壁盧疃，絕昭義餉道。悅自將兵數萬繼進，又使朝光攻臨洺將張伾。伾固守，食且盡，賞賜不足，乃飾愛女示衆曰：「庫廩竭矣，願以此女代賞。」士感泣，請死戰，大破悅軍。有詔河東馬燧、河陽李芃與昭義軍救伾。三節度次狗、明二山間，未進。伾急，以紙爲風鳶，高百餘丈，過悅營上，悅使善射者射之，不能及。燧營譟迎之，得書言「三日不解，臨洺士且爲悅食」。燧乃自壺關鼓而東，破盧疃，戰雙岡，禽賊大將盧子昌而殺朝光，悅遁保洹水。

於是曹俊爲貝州刺史，乃承嗣時舊將，果而謀。悅未得志，召問計安出，對曰：「兵法，十則攻，今公以逆干順，勢不敵也。宜留兵萬人屯崞口，以遏西師，則擧河北二十四州，惟公所命。今攻臨洺，糧竭卒老，不見其可。」悅所昵扈粤、孟希祐等皆訾短之，故悅不聽其言。燧等距悅軍三十里，築壘相望。悅與納合兵三萬，陣洹水。燧引神策將李晟夾攻悅，悅大敗，死傷二萬計，引壯騎數十夜奔魏，其將李長春拒關不內，以須官軍。而三帥頓不進。明日，悅得入，殺長春，持佩刀立軍門，流涕曰：「悅藉伯父餘業，與君等同休戚。今敗亡及此，不敢圖全。然悅久稽天誅者，特以淄青、恆冀子弟不得承襲，旣弗能報，乃至用兵，使士民塗炭。悅正緣母老不能自剄，願公等斬悅首以取富貴，無庸俱死。」乃自投于地。衆憐，皆抱持之曰：「今士馬之衆，尙可一戰，事脫不濟，死生以之。」悅收涙曰：「諸公不以悅喪敗，誓同存亡，縱身先地下，敢忘厚意乎？」乃斷髮爲誓，將士亦斷髮，約爲兄弟；乃率富民大家財及府庫所有，大行賜與。而李再春及其子瑤以博州降，悅從兄昂以洛州降，燧等受之，悅皆族昂等家。悅自視兵械乏，衆單耗，懼，不知所出，復召曹俊與之謀。曹俊爲整軍完壘以振士氣，羣心復堅，後十餘日，燧等始進薄城下。

未幾，王武俊殺惟岳，而深州降朱滔，滔分兵守之。天子授武俊恆州刺史，以康日知爲深、趙二州觀察使。武俊恨賞薄，滔怨不得深州，悅知二將可間，乃儳路使王侑、許士則說滔曰：「司徒奉詔討賊，不十日，拔束鹿，下深州，惟岳勢蹙，故王大夫能得逆首。聞出幽州日，有詔破惟岳得其地卽隸麾下，今乃以深州與康日知，是朝廷不信於公也。且上英武獨斷，有秦皇、漢武風，將誅豪桀，掃除河朔，不使父子相襲。又功臣劉晏等皆旋踵破滅，殺梁崇義，誅其口三百餘，血丹漢江。今日破魏，則取燕、趙如牽轅下馬耳。夫魏博全則燕、趙安，鄙州尙書必以死報德。且合從連衡，救災卹患，不朽之業也，尙書願上貝州以廣湯沐，使侑等奉簿最孔目，司徒朝至魏則夕入貝，惟孰計之。」滔心素欲得貝，卽大喜，使侑先還告師期。

先是，詔武俊出恆冀粟三十萬賜滔，使還幽州，以突騎五百助燧軍。武俊懼悅破，將起師北伐，不肯歸粟、馬。滔因使王郅說武俊曰：「天子以君善戰，天下無前，故分散粟、馬以弱君軍。今若舉魏博，則王師北向，滹、滏勢危。誠能連營南旆，解田悅於倒縣，大夫之利也，豈特粟不出窖，馬不離廄，又有排危之義，聲滿天下。大夫親斷逆首，血濺衣袖，日知不出趙城，何功於國，而坐兼二州。河北士以不得深州爲大夫恥。」武俊既得深，亦喜，即日使使報滔。

於是滔率兵二萬屯寧晉，武俊以兵萬五千會之。悅恃救至，使康愔督兵與王師戰御河上，大敗，棄甲走城。悅怒，閉門不內，蹈藉死塹中者甚衆。其夏，滔、武俊軍至，悅具牛酒迎犒。燧等營魏河西，武俊、滔、悅壁河東，起樓櫓營中，兩軍相持，自秋汔冬。燧遣晟以兵三千，自邢、趙與張孝忠合攻涿、莫二州，以絶幽、薊路。

悅重德滔，欲推爲盟主而臣之。滔不敢當，乃更議如七國故事。悅國號魏，僭稱魏王，以府爲大名府，署子爲府留後；以扈㟧爲留守，許士則爲司武，曾穆司文，裴抗司禮，封演司刑，並爲侍郎；劉士素爲內史舍人，張瑜、孫光佐爲給事中，邢曹俊、孟希祐爲左右僕射，田晁、高緬爲征西節度使，蔡濟、薛有倫爲虎牙將軍，高崇節知軍前兵馬，夏侯禎爲兵馬使。晁以兵數千助李納守鄆。明年夏，滔屯河間，留大將馬寔以兵萬人戍魏。會朱泚亂，帝出奉天，燧還太原，武俊等皆罷，悅餞之，厚遺武俊、寔，官屬皆有贈。

興元元年，滔自將兵欲南度河助泚，使王郅見悅計事曰：「頃大王在重圍，孤與趙剋日赴王難以全魏、貝。今秦帝已據關中，孤以步騎十萬與回紇趨東都相應接，王能從孤濟河，合勢以取大梁，孤得西收鞏、陝，與秦兵會，天下可定也。則王與趙王永無南慮，爲脣齒之國，幸速計之。」是時，悅聞天子已赦罪，復官爵，心不欲行，重違絕滔，陽遣薛有倫報滔如約。滔大喜，復使舍人李琯申固所言，悅猶豫，許士則諫曰：「冀王勇決權略，一世之雄也，殺懷仙，屠希彩，誅兄使如京師而奪之權，有恩者誅，同謀者覆，彼心腹渠可量哉？今大王之親不加泚，勇不加懷仙、希彩也，而念恩不已，拘攣匹夫義，出且見禽。彼得魏博，北聯幽薊，南入梁、鄭，而與泚合，其理然也。大王不如僞許出迎，遣州縣具牛酒，至則以事自解，不可顧恩取禍也。」悅然之。先是，武俊陰約悅背滔，使相望。及聞滔要悅西，使田秀馳說悅曰：「聞大王欲從滔度河，爲泚掎角，非也。方泚未盜京師時，滔爲列國，且自高，如得東都，與泚連禍，兵多勢張，返制于豎子乎？今日天子復官赦罪，乃王臣，豈捨天子而北面滔、泚耶！願大王閉壘不出，武俊須昭義軍出，爲王討之。」悅因秀還，具道其謀，而遣曾穆報滔。滔喜，自河間悉師而南，踰貝州，次淸河，使人報悅，悅不至。進屯永濟，使王郅等督之曰：「王約出館陶與大王會，乃濟河。」悅良久曰：「始約從王，今舉軍持悅曰：『魏比困侵掠，供儗屈竭。』以悅日拊循，猶恐人且攜間，一日去城邑，朝出夕變，且何歸？不然，悅不敢背約。今遣孟希祐悉兵五千助王。」因使其屬裴抗、盧南史報命。滔怒駡曰：「逆虜前日求救，許我貝州，我不取；尊我爲天子，我與同爲王；教我遠來而不出。是賊不擊，尙何誅？」乃囚抗等，使馬寔取數縣，已而釋抗還之。悅兵不敢出，遂圍貝州。滔取武城，通德、棣，供軍饋，盡囚諸縣官吏，唯清陽不下，滔圍之。寔拔清平，殺五百人，俘男女貲財去。

於是李抱眞、武俊約出兵救魏。會有詔拜悅檢校尚書右僕射，封濟陽郡王，而給事中孔巢父持節宣勞。始悅阻兵凡四年，狂愎少謀，亟戰數北，死者什八，士苦之，且厭兵。既巢父至，莫不欣然。悅與巢父張飲，門階皆徹衞。至夜分，從弟緒與族人私語曰：「僕射妄起兵，幾赤吾族。以金帛厚天下，而不至兄弟。」或諫止之，緒怒，殺諫者，乃與左右踰垣入。悅方醉，寢酣。緒挺刃升堂，二弟諫止，緒斬之，因手刺悅，并殺其母妻。悅死，年三十四。比明，以悅命召許士則、蔡濟計事，至則殺之。劉忠信者，悅常使防督緒直寢門，緒呼曰：「忠信刺僕射，與扈咢反。」衆執之，語曰：「無之。」支已殊絕。

緒字緒，承嗣第六子。悅待諸弟無所間，使緒主牙軍，而凶險多過，嘗笞辱之。悅於飲食衣服，儉嗇有節，緒常苦不足，頗怨望，故作難。悅既死，懼衆不附，以其徒數百將出奔，邢曹俊率衆追還。緒乃下令軍中曰：「我先王子，能立我者賞。」衆乃共推緒爲留後，歸罪扈咢，斬其首以徇。復殺悅親信薛有倫等數十人，因巢父遣使者聽命天子。

滔聞悅死，以兵五千合寔軍，進攻魏州。寔瀕王莽河壁，南距河，東抵博州，殺略甚衆。使人入魏招緒降。緒新篡，而寔圍且急，乃遣使以好言見滔，滔許與盟。會穆勸緒絕滔，而緒部分亦定，乃乘城戰，武俊、抱眞各脩好如悅時。詔卽拜緒節度使。寔圍魏凡三月，滔敗走。

貞元元年，以嘉誠公主降緒，拜駙馬都尉。李希烈平，以功賜一子八品官。緒猜忌，殺兄弟姑妹凡數人。

兄朝，仕李納爲齊州刺史。或言納將入之魏以代緒，緒厚賂納，且召朝，朝以死請不行，乃送之京師，過滑，緒將篡取之，賈耽以兵援接，乃免。

累遷檢校尙書左僕射、常山郡王，又徙王鴈門，實封五百戶，加同中書門下平章事。暴疾死，年三十三，贈司空。少子季安嗣。

季安字夔。母微賤，公主命爲己子，寵冠諸兄。數歲，爲左衞冑曹參軍、節度副使。緒死時，年十五，匿喪觀變，軍中推爲留後，因授節度使。除喪，加檢校尙書右僕射，進位檢校司空，俄同中書門下平章事。季安畏主之嚴，頗循禮法。及主薨，始自恣，擊鞠從禽，酣嗜欲，軍中事率意輕重，官屬進諫皆不納。

會詔中尉吐突承璀以神策兵討王承宗，季安謀曰：「王師不跨河二十五年，今越魏伐趙，趙誠虜，魏亦虜矣，奈何？」或請以五千騎決除君憂。季安曰：「善，沮軍者斬！」時幽州劉濟將譚忠適使魏，聞之，入見季安曰：「往年王師取蜀取吳，算不失一，是宰相謀也。今伐趙，不使耆臣宿將而付中臣，不起天下甲而出秦甲，君知誰爲之謀？此上自爲謀，以夸服臣下。若師未叩趙，而先碎於魏，是上之謀不及下，且能不恥！既恥且怒，必任智畫，仗猛將，再舉涉河。鑒前之敗，必不越魏誅趙；校罪輕重，必不先趙後魏。是上不上，下不下，當魏而來也。」季安曰：「計安出？」忠曰：「王師入魏，君厚犒之。悉甲伐趙，而陰遺趙書曰：『魏若伐趙，爲賣友；魏若與趙，爲反君。賣友反君，魏不忍受。執事能弛陴鄗，遺一城，魏得持之獻捷天子以爲符，此使魏北得以奉趙，西得以爲臣，不世之利也。』趙不拒君，則魏安矣。」季安然之，遣大將率兵會王師伐承宗，糧餉自辦，取堂陽以報，加太子太保。有丘絳者，父時賓佐，與同府侯臧爭權，季安怒，斥爲下縣尉，俄召還，先坎道左，既至，生瘞之。忍酷無忌憚，大抵如此。死年三十二，贈太尉。

妻元誼女，召諸將立其子懷諫，最幼，不能事，政決於私奴蔣士則，數易置諸將，軍中怒，取田興爲留後，所謂田弘正者，以懷諫歸第，殺士則等十餘人。季安既葬，送懷諫京師，授右監門衞將軍，寵錫蕃渥。

緒弟縉、華顯于朝。

緡字雲長，貞元十年入朝，授左驍衞將軍，封扶風郡公。元和中，拜夏綏銀節度使。始開元時，置宥州，扼寇路，久而廢，緡復城之。王師伐蔡，緡上槖它牛馬助軍。吐蕃寇豐州，緡設伏邀其歸，俘斬過當。入爲左衞大將軍，李聽代之。聽劾緡盜沒軍糧四萬斛，彊取羌人羊馬，故吐蕃得乘隙。貶衡王傅。俄而吐蕃又攻鹽州，貶房州司馬。長慶初，終左領軍衞將軍。

華，太常少卿，尙永樂、新都二公主。

田氏自承嗣至懷諫，四世，凡四十九年。

史憲誠，其先奚也，內徙靈武，爲建康人。三世署魏博將，祖及父爵皆爲王。憲誠始以趫敢從父軍，田弘正討李師道，將先鋒兵四千濟河，拔城柵，師踵進，乘勝逐北，傅鄆堞。師道傳首，以功兼御史中丞。

長慶二年，田布之自殺也，軍亂且嚣。時憲誠爲中軍兵馬使，頗言河朔舊事以搖其衆，衆乃逼還府，擅總軍務。穆宗以朱克融、王廷湊方盜幽、鎭，未有以制，即以節度使授之。憲誠外詫王命，而陰結幽、鎭，依以自固。

時李岕方亂，私與交通，數助請旄節，城馬頭，具舟黎陽，示將濟師者。會天子遣司門郎中韋文恪宣慰，憲誠見使者禮倨，言辭悖慢。俄聞斬岕，更恭謹謂文恪曰：「我本奚，如狗也，唯知識主，雖日加箠不忍離。」其譎獪類此。進檢校司空。

與李全略爲婚家，大和中，其子同捷反，潛以粮餉資之。文宗中約，使者相望，因進同中書門下平章事。憲誠使大將至京師偵事，作謾言自大，宰相韋處厚折其詐，遣去。憲誠懼，出兵從王師討之，復遣大將丌志沼率師二萬攻德州。時王廷湊援同捷，陰誘志沼以利。志沼反，屯永濟，兵銳甚，諸鎮共禦之。憲誠告急，天子詔義武李聽進討。於是志沼與廷湊合兵劫貝州，爲聽所敗，奔廷湊。滄景平，憲誠不自安，請納地，進檢校司徒兼侍中，徙河中，封千乘郡公，以李聽代。

初，憲誠將以族行，懼魏軍之留，問策於弟憲忠，憲忠教分相、衞，請置帥，因以弱魏。復請詔聽引軍聲圖志沼而假道淸河，帝從之。憲誠因欲倚聽公去魏，及聽次淸河，魏人驚，憲忠曰：「彼假道取賊，吾軍無負朝廷，何懼爲？」乃稍安。然魏素聚兵淸河，聽至，悉出其甲，將入魏，魏軍聞之懼，明日盡甲而出。聽按軍館陶不進。衆謂憲誠賣己，曰：「給我以沽恩耶？」夜攻殺之，幷監軍史良佐，推何進滔爲帥以請，詔贈憲誠太尉，實大和三年。憲誠起，凡七年，死。

何進滔，靈武人，世爲本軍校。少客魏，委質軍中，事田弘正。弘正攻王承宗，夜以兵壓鎭州。承宗使健將以鐵冒面，引精騎千餘馳魏壁。進滔率猛士逐之，幾獲，鎭人大懼。從討李師道，以功兼侍御史。憲誠死，軍中傳譁曰：「得何公事之，軍安矣！」進滔下令曰：「公等旣迫我，當聽吾令。」衆唯唯。「孰殺前使及監軍者，疏出之。」凡斬九十餘人，釋脅從者。素服臨哭，將吏皆入弔。詔拜留後，俄進授節度使。居魏十餘年，民安之。進累檢校司徒、同中書門下平章事。開成五年死，贈太傅，諡曰定。

子重順襲。武宗詔河陽李執方、滄州劉約諭朝京師，或割地自效，不聽命。時帝新卽位，重起兵，乃授福王綰節度大使，以重順自副，賜名弘敬。帝討劉稹，加東面招討使。弘敬倚稹相脣齒，無深入意，詔因稱其事母孝，在軍久，宜亟戰。弘敬亦自如。及王宰踰乾河攻澤州，天子慮稹起山東兵，命弘敬掎角塞其道，不奉詔。王元逵克邢州，攻上黨，弘敬不得已，乃出師。未幾，宰統陳許兵假道收磁州。弘敬懼，乃進戰，拔平恩，詔檢校尙書左僕射。澤潞平，加同中書門下平章事。懿宗初，兼中書令，封楚國公。咸通七年死，贈太師。

子全皞襲，明年，拜節度使。平龐勛，以功遷檢校司空、同中書門下平章事。母喪，納所賜節，願行喪，詔不許。全皞年少好殺戮，下有小罪，鮮縱貰，人人危懼。後軍中相傳脧減糧帛，衆遂叛，全皞單騎遁，衆推韓君雄以總軍事，而殺全皞，實咸通十一年。詔贈太保。

自進滔至全皞，凡三世，四十二年。

懿宗更以普王爲大使，擢君雄留後。君雄，魏州人。不五月，進副大使，三遷檢校司空。僖宗即位，進同中書門下平章事，賜名允中。死年六十一，贈太尉。

子簡，襲留後。俄授節度使，進累檢校太尉、同中書門下平章事，封魏郡王。帝在蜀，天下亂，簡恃彊完，欲拓地，覬望非常。時諸葛爽爲黃巢守河陽，簡攻之，爽走，卽戍以兵，北略邢、洛而歸。東攻鄆，鄆將曹存實出戰，敗死，其將朱宣率衆以守，久不下，爽乘其隙，復取河陽。簡還攻之，爽迎擊新鄉，簡大敗，樂彥禎以一軍先還，簡奔歸，疽發背死。彥禎代之。再世，凡十二年。

彥禎者，亦魏人。簡時，歷博州刺史，下河陽有功，遷澶州。魏人立之，詔檢校工部尚書，領留後，進節度使，累加檢校尚書左僕射、同中書門下平章事。

彥禎喜儒術，引公乘億、李山甫皆在幕府。嗣襄王熅之亂，彥禎使山甫往見鎭州王鎔，欲合幽、邢、滄諸鎭同盟拒賊，鎔厚謝，卒不克。彥禎見王室微，頗驕滿不軌，大興其衆，城魏周八十里，一月畢，人怨其殘。子從訓，資凶悖，劫王鐸，取其家，魏人不直。又聚亡命五百人，號「子將」，出入臥內，軍中藉藉惡之。從訓懼，易服奔近縣，彥禎卽以爲六州指揮使、相州刺史，輦兵械泉布，跡接於道，軍中益貳。彥禎嘗夢解佩帶履而行，旣寤曰：「此神告我，下將有背乎？」已而軍亂，果囚彥禎，迫爲桑門，尋殺之，推大將趙文玣總留後。

從訓求救於朱全忠，全忠爲起師，次內黃。從訓自相州以軍三萬傅城，文玣不敢出，衆懼，殺之，更推羅弘信帥軍。弘信出戰，從訓敗，裒餘衆壁洹水，弘信遣將程公佐擊斬之，梟首軍門，實文德元年。彥禎起，凡七年。

羅弘信字德孚，魏州貴鄕人。善騎射，狀貌雄偉。爲裨將，主馬牧。魏有巫告弘信曰：「白頭老人使謝君，君當有是地。」弘信曰：「神欲危我耶？」文玣死，衆曰：「孰願主吾軍者？」弘信輒曰：「神命我矣！」衆環視，以爲宜，遂立之。詔擢知留後，再遷節度使，加檢校司空、同中書門下平章事、豫章郡公。

朱全忠討黃巢，餉粟三萬斛、馬二百匹。秦宗權亂，復詔弘信以粟二萬斛助軍，未輸，檢校工部尙書雷鄴來責粟，弘信素脅于牙軍，擅殺鄴。全忠以檄譙讓，弘信不敢報。大順初，全忠討太原李克用，遣將趙昌嗣見弘信假糧馬；又議屯邢、洺，假道相、衞，弘信不納。全忠使丁會、龐師古、葛從周、霍存等引萬騎度河，弘信壁內黃，凡五戰皆敗，禽大將馬武等，乃厚幣求和。方全忠圖河北，欲結納弘信，乃還兵。

全忠攻兗鄆，朱宣求援於克用，遣李存信率兵救之，請道屯莘，其下侵魏芻牧，弘信不平。克用欲合鎭、定兵營河曲，搤魏、滑路，弘信馳告全忠，請禁游舸，絕往來。久之，魏人不至，全忠疑其紿，自將至滑州。弘信來告曰：「魏人未動者，正欲緩圖之。」全忠遂屯曹。太原將李瑭救宣，復壁莘，弘信厭其暴，而瑭溝壘自固。全忠遣使謂曰：「晉人志幷河朔，師還，爲公憂之。」弘信乃攻瑭，告全忠師期，全忠將趨滑爲援，次封丘，而弘信已破瑭。克用怒，以兵掠魏博。全忠將侯言屯洹水，克用兵數求戰，言不敢出，全忠以葛從周代將。從周爲闔竇，每克用兵至，輒出精卒薄戰，必捷。克用踰洹西北挑戰，從周大破之，禽其子落落，乃引去。然侵魏不已，大戰白龍潭，弘信敗，克用追薄魏門而還。弘信乃乞師全忠，全忠遣將壁洹水救魏。克用游兵剽相、魏，民死十九，弘信不堪其偪。光化元年，如全忠告亟。全忠復遣葛從周將兵追躡，拔洺州，執其刺史邢行恭；復攻邢，馬師素自拔走；遂圍磁州，袁奉韜自殺。不五日，取三州，斬首二萬級，禽其將百餘人，自是克用兵不出。

始全忠亟討兗鄆，懼弘信貳，故歲時賂遺良厚。弘信每有饋答，全忠引其使北面拜受，兄事之，弘信以爲厚己，故推心焉。

進累檢校太師，守侍中，徙臨淸郡王。光化元年死，年六十三，贈太師，追封北平王，謚曰莊肅。子紹威襲。

紹威字端己。少有英氣，性精悍，吏事明辦。旣領留後，昭宗卽詔嗣父節度，加累檢校太尉，號「忠勤宣力致聖功臣」。幽州劉仁恭引兵攻鎭、冀，遂掠魏，紹威告急於全忠，全忠自將與仁恭戰內黃，日中，大破之，斬首三萬級。葛從周方守邢，亦敗其衆於魏縣。仁恭以衆十萬陷貝州，全忠使李思安屯內黃，從周悉軍入魏。仁恭攻魏，從周以五百騎出鬬，謂門者曰：「前有彊敵，不可易。」命闔扉。士死戰，執仁恭將二人。仁恭使別將攻內黃，爲思安所敗。從周乘勝破八壁，追北至臨淸。仁恭乃還滄州，與李克用圖魏。紹威與全忠連兵伐滄州，從周攻拔德州，進薄浮陽。仁恭以兵至，監軍蔣玄暉請須其入壁，食盡可取。從周曰：「兵在機，機在上將，豈監軍所知！」逆戰老鴉堤，破之，斬首五萬，獲其將百餘人。又戰唐昌范橋，六遇輒勝。仁恭約和，乃還。紹威德全忠，故奉事愈固。全忠遷帝洛陽，命諸鎭治宮闕，而紹威營太廟，加侍中，封鄴王。

魏牙軍，起田承嗣募軍中子弟爲之，父子世襲，姻黨盤互，悍驕不顧法令，憲誠等皆所立，有不慊，輒害之無噍類。厚給稟，姑息不能制。時語曰：「長安天子，魏府牙軍。」謂其勢彊也。紹威懲曩禍，雖外示優假，而內不堪。俄而小校李公佺作亂，不克，奔滄州。紹威乃決策屠翦，遣楊利言與全忠謀。全忠乃遣苻道昭將兵合魏軍二萬攻滄州，求公佺，又遣李思安助戰，魏軍不之疑。紹威子，全忠婿也，會女卒，使馬嗣勳來助葬，選長直千人納盟器，實甲以入。全忠自滑濟河，聲言督滄景行營。紹威欲出迎，假銳兵以入，軍中勸毋出而止。紹威遣人潛入庫，斷絃解甲，注夜，將奴客數百與嗣勳攻之，軍趨庫得兵，不可戰，因夷滅凡八千族，闤市爲空。

平明，全忠亦至，聞事定，馳入軍。魏兵在行者聞變，於是史仁遇保高唐，李重霸屯宗縣，分據貝、澶、衞等六州。仁遇自稱魏博留後，全忠解滄州兵以攻高唐，仁遇引衆走，爲游騎所獲，支解之，進拔博、澶二州。李重霸走，俄斬其首，相、衞皆降。

紹威雖除其偪，然勢弱，爲全忠牽制，比州刺史矣，內悒悒悔恨。全忠兵在滄州，紹威主饋輓，自鄴至長蘆五百里，不絕于道。全忠還，紹威建元帥行府，極土木壯麗，全忠大悅。紹威間說曰：「邠、岐、太原皆狂譎，以復唐室爲言。王宜自取神器，專天下之望。」全忠歸，乃受禪。

紹威多聚書，至萬卷。江東羅隱工爲詩，紹威厚幣結之，通譜系昭穆，因目己所爲詩爲「偷江東集」云。

贊曰：田承嗣幾禽矣，李寶臣怒承倩而釋魏。建中之際，三將軍持鋭蹀血，功無成者。四叛連勢，兵結難作，天子不能守宗廟。傳及弘正，去汙入朝，數年復亂，唐終不得魏。與夫豎刁亂齊，孰爲輕重？

校勘記

〔一〕照育逆孽　「照」，樊川集卷五及文苑英華卷七四三守論並作「煦」。

唐書卷二百一十一

列傳第一百三十六

藩鎭鎭冀

李寶臣 惟岳 惟簡 王武俊 士眞 承宗 王廷湊 元逵 紹鼎
紹懿 景崇 鎔

李寶臣字爲輔，本范陽內屬奚也。善騎射。范陽將張鎖高畜爲假子，故冒其姓，名忠志。爲盧龍府果毅，常覘虜陰山，追騎及，射六人盡殪，乃還。爲安祿山射生，從入朝，留爲射生子弟，出入禁中。祿山反，遁歸，更爲祿山假子，使將驍騎十八人，劫太原尹楊光翽，挾以出，追兵萬餘不敢逼。又督精甲軍土門，以扼井陘。事安慶緒爲恆州刺史。九節度師圍相州也，忠志懼，歸命于朝，肅宗卽授故官，封密雲郡公。史思明度河，忠志復叛，勒兵三萬固守，賊將辛萬寶屯恆州相掎角。

思明死，忠志不肯事朝義，使裨將王武俊殺萬寶，挈恆、趙、深、定、易五州以獻。雍王東討，開土門納王師，助攻莫州。朝義平，擢禮部尚書，封趙國公，名其軍曰成德，即拜節度使，賜鐵券許不死，它賚與不貲，賜姓及名。於是遂有恆、定、易、趙、深、冀六州地，馬五千，步卒五萬，財用豐衍，益招來亡命，雄冠山東。與薛嵩、田承嗣、李正己、梁崇義相姻嫁，急熱爲表裏。先是天寶中，玄宗冶金自爲象，州率置祠，更賊亂，悉毀以爲貲，而恆獨存，故見寵異，加賜實封。

始，寶臣與正己素爲承嗣所易。其弟寶正，承嗣婿也，往依魏，與承嗣子維擊毬，馬駭，觸維死，承嗣怒，囚之，以告寶臣，寶臣謝教不謹，進杖，欲使示責，而承嗣遂鞭殺之，由是交惡。乃與正己共劾承嗣可討狀。代宗欲其自相圖，則勢離易制，即詔寶臣與朱滔及太原兵攻其北，正己與滑亳、河陽、江淮兵攻其南。師會棗彊，椎牛饗軍，寶臣厚賜士，而正己頗觳，軍怨望，正己懼有變，即引去。惟滔、寶臣攻滄州，歷年未下，擊宗城，殘之，斬二千級。承嗣弟廷琳方守貝州，遣高嵩巖將兵三千戍宗城，寶臣使張孝忠攻破之，斬嵩巖，逸所執將四十餘人。會王武俊執賊大將盧子期，遂降洺、瀛。當是時，河南諸將敗田悅於陳留，正己取德州，欲頗窮討。承嗣懼，乃甘言紿正己，正己止屯，諸軍亦莫敢進。

於是天子遣中人馬希倩勞寶臣，寶臣歸使者百縑，使者恚，抵諸道，寶臣顧左右愧甚。諸將已休，獨武俊佩刀立戺下，語之故。武俊計曰：「趙兵有功尚爾，使賊平，天子幅紙召置京師，一匹夫耳。」曰：「奈何？」對曰：「養魏以爲資，上策也。」寶臣曰：「趙、魏有釁，何從而可？」對曰：「勢同患均，轉寇讎爲父子，欬唾間耳。朱滔屯滄州，請禽送魏，可以取信。」寶臣然之。

先是，承嗣知寶臣少長范陽，心常欲得之。乃勒石若讖者瘞之境，教望氣者云有王氣。寶臣掘得之，文曰：「二帝同功勢萬全，將田作伴入幽燕。」「帝」謂寶臣與正己爲二。而陰使客說曰：「公與滔共攻滄，卽有功，利歸天子，公于何賴？誠能赦承嗣罪，請奉滄州入諸趙，願取范陽以報。公以騎前驅，承嗣以步卒從，此萬全勢也。」寶臣喜得滄州，又見語與讖會，遂陰交承嗣而圖幽州，承嗣陳兵出次以自驗。

寶臣謬謂滔使曰：「吾聞朱公貌若神，願繪而觀可乎？」滔卽圖以示之。寶臣置圖射堂，大會諸將，熟視曰：「信神人也！」密選精卒二千，夜馳三百里欲劫滔，戒曰：「取彼貌如射堂者。」時二軍不相虞，忽聞變，滔大駭，戰瓦橋，敗，衣佗服得脫，禽類滔者以歸承嗣。承嗣知釁成，還軍入堡，使人謝寶臣曰：「河內方有警，未暇從公。石讖，吾戲爲耳！」寶臣慚而還。俄進封隴西郡王，又拜同中書門下平章事。德宗立，拜司空。

寶臣晚節尤猜忌，自顧子惟岳且暗弱，恐下不服，即殺骨鯁將辛忠義、盧俶、許崇俊、張南容、張彭老等二十餘人，籍入其貲，衆乃攜貳。寶臣既貯異志，引妖人作讖兆，爲丹書、靈芝、朱草，齋别室，築壇置銀盤、金匜、玉斝，猥曰：「內產甘露神酒。」刻玉印，告其下曰：「天瑞自至。」衆莫敢辨者。妖人復言：「當有玉印自天下，海內不戰而定。」寶臣大悅，厚賚金帛。既而畏事露且誅，詐曰：「公飲甘露液，可與天神接。」密置堇于液，寶臣已飲卽瘖，三日死，年六十四。惟岳悉誅殺妖人，時建中二年也。遺表請以惟岳領軍，詒書執政諉家事，歸節於朝，詔贈太傅。

惟岳，少爲行軍司馬、恆州刺史。寶臣死，軍中推爲留後，求襲父位，帝不許。趣護喪還京師，以張孝忠代之。田悅爲請，不聽。遂與悅、李正己謀拒命。府小史胡震、私人王他奴等專畫反計。府屬邵眞泣曰：「先公位將相，恩甚厚，而大夫違命縗絰中，愚固惑焉。魏近且與國，不可遽絕，絕之速禍，請厚禮遣其使；徐更圖之；齊遠而交疏，不如械使者送京師，且請致討。上嘉大夫忠，所請宜許。」惟岳瘖，使眞作奏。震與將吏議不可，惟岳又從之。其舅谷從政，豪俊士也，切諫不納。

於是張孝忠以易州歸天子，天子詔朱滔與孝忠合兵討惟岳，盡赦吏士，購惟岳首有賞。

惟岳與滔戰束鹿，大奔。遂圍深州。明年正月，率兵萬餘，使王武俊爭束鹿，田悅亦遣孟祐來助。武俊以精兵先陷陣，師卻。滔績帛爲狻猊，使壯士百人蒙以譟，趨惟岳軍，馬駭軍亂，因大敗，火其營去。於是深州日急，悅亦嬰城矣。惟岳懼，召眞議遣使詣河東馬燧，令其弟惟簡見帝，斬大將謝罪，以兵屬鄭詵，身朝京師。孟祐知其謀，走告悅，悅使扈岌來讓曰：「敝邑暴兵，本爲君索命節，豈爲叛逆耶？雖見破於馬燧，而感激士大夫乘城拒守，以爲後圖。今君信邵眞讒間，欲歸悅之罪，以自湔蕩，何負而然！不則遣祐還軍，無遺王師禽。若能誅眞以徇，請事公如初。」惟岳懦不能決，畢華見曰：「大夫與魏盟未久，魏雖被圍，彼多蓄積，未可下。齊兵勁地廣，裾帶山河，所謂東秦險固之國，與相持維，足以抗天下。夫背義不祥，輕慮生禍。且孟祐驍將，王武俊善戰，前日逐滔，滔僅免，今合兩將，破滔必矣。惟審圖之！」惟岳見深圍未解，畏祐還，乃斬眞以謝悅。明日復戰，又大敗。而康日知舉趙州聽命，惟岳益困，乃付牙將衞常寧兵五千，而俾王武俊騎八百攻日知。

武俊才雄，素爲惟岳忌，及師行，謂常寧曰：「大夫信讒，吾朝不圖晏，是行勝與否，吾不復入恆矣！將以身託定州張公，安能持頸就刀乎？」常寧與副李獻誠曰：「君不聞詔書乎？斬大夫首以其官畀之。觀大夫勢終爲滔滅，若倒戈還府，事實易圖，有如不捷，張公可歸也。」武俊然之。惟岳使要藉官謝遵至武俊壁議事，武俊與謀，使內應。至期，啓城門，武俊入，殺人廷中，無亢者。乃傳令曰：「大夫叛命，今且取之，敢拒者族！」士不敢動。武俊使裨校任越率惟岳出，縊之戟門下，幷殺鄭詵、他奴等數十人，使子士眞傳首京師。帝盡赦其府將士，給部中租役三年。

眞始事寶臣，掌文記，武俊表其忠，贈戶部尙書。其息呂擢冀州長史。

常寧在武俊時用事，爲內史監，其後謀亂，誅。

惟岳異母兄惟誠，尙儒術，謙裕，寶臣愛之，使決軍事，以惟岳正嫡，固讓不肯當。其妹妻李納，故寶臣請惟誠復故姓，而仕諸鄆，爲納營田副使，四爲州刺史。

初，惟岳叛，弟惟簡以家僮票士百餘奉母鄭奔京師，帝拘于客省。及出奉天，惟簡將赴難，謀於鄭，鄭曰：「爾父立功河朔，位宰相，身未嘗至京師，兄死於人手。爾入朝，未識天子，不能效忠，吾不子汝矣！」督其行曰：「而能死王事，吾不朽矣！」乃斬關出，道更七戰，得及行在。帝見厚撫之，拜太子諭德，討賊有功。帝徙山南，惟簡以三十騎從，夜失道，馳至盩厔西，聞中人語，問天子所在，密語曰：「上在此。」帝見之流涕，執其手曰：「爾有母，乃能從朕耶？」對曰：「臣誓以死！」比明，北方有塵起，帝憂。惟簡登高曰：「渾瑊以騎來。」瑊至，遂決趨興元，惟簡前導。及帝還，封武安郡王，號元從功臣，圖形凌煙閣，賜鐵券。

憲宗時，爲左金吾衞大將軍，長上萬國俊奪興平民田〔一〕，吏畏不敢治，至是訴於惟簡，即日廢國俊，以地與民。出爲鳳翔節度使，市耕牛佃具給農，歲增墾數十萬畝。卒，年五十五，贈尚書右僕射。

子元本，輕薄無行。長慶末，與薛渾私侍襄陽公主，事敗，主幽禁中，元本以功臣子，貸死，流嶺南。弟銖，好學多識，有儒者風。

王武俊字元英，本出契丹怒皆部。父路俱，開元中，與饒樂府都督李詩等五千帳求襲冠帶，入居薊。武俊甫十五，善騎射，與張孝忠齊名，隸李寶臣帳下爲裨將。寶應初，王師入井陘，武俊謂寶臣曰：「以寡敵衆，曲遇直，戰則離，守則潰，銳師遠鬬，庸可禦乎！」寶臣遂以恆、定等五州自歸，共平餘賊，武俊謀也。奏兼御史中丞，封維川郡王。其子士眞，亦沈悍有斷，寶臣倚愛，出入帳中，以女妻之。寶臣以疑殺許崇俊等，士眞密結左右，故武俊免於難。

惟岳拒命，或言武俊有他志，武俊知之，出入導從纔一二，未嘗接賓客。惟岳雖內疑，然見其屈損，又惜善鬬，未忍殺。康日知以趙州降，惟岳謀伐之，皆曰：「武俊故心膂，先君命之使佐大夫，而士眞又大夫女弟婿，今事急，宜去猜嫌以任之，不然，尚誰使？」乃遣與衞常寧將兵往。因謀執惟岳，而日知亦遣人邀說以禍福，武俊乃還兵，使人謂惟岳曰：「大夫與齊、魏同惡，今魏兵已敗，齊爲趙州所限，幽州兵近在定，三軍且救死。聞有詔召大夫，宜亟歸。」惟岳惶遽出，遂縊。即遣其屬孟華奏天子。華辯對稱旨，德宗擢爲兵部郎中，授武俊檢校祕書監兼御史大夫、恆冀觀察使。

是時，惟岳將楊政義以定降，楊榮國以深降，朱滔受而戍之。帝以定賜張孝忠，而日知爲深趙觀察使。武俊怨不得節度而失趙、定，滔亦怨失深州，二人相結。武俊即縛使者送滔，與之叛。帝聞，詔華諭解，不聽。

時馬燧、李抱眞、李芃、李晟討田悅，悅方困，武俊、滔救之，屯連篋山。帝詔李懷光督神策兵助討賊，軍就舍，氣銳甚，謂燧曰：「奉詔毋養寇，及壁壘未成擊之，可滅也。」乃縱兵入滔壁，殺千餘人。悅軍既屢北，不能陣。懷光緩轡觀之，武俊乘其怠，使趙萬敵等以二千騎橫突，而滔軍踵馳，王師亂，相蹈藉死，尸梗河爲不流。懷光還走壁。武俊夜決河注王莽渠，斷燧餉路。燧計窮，而與滔素姻家，乃遣使謾謝滔曰：「老夫不自量，與諸君遇。王大夫善戰，天下無前，吾固宜敗，幸公圖之，使老夫得還河東，諸將亦罷兵，吾爲言天子，以河北地付公。」滔亦陰忌武俊勝且不制，即謂武俊曰：「王師既敗，馬公卑約如此，不宜迫人以險。」答曰：「燧等皆國名臣，連兵十萬，一戰而北，貽羞國家，不知何面目見天子耶？彼行不五十里，必反拒我。」滔固許之。燧至魏縣，堅壁自固，師復振。滔慚謝，嫌隙始構矣。武俊使張鍾葵攻趙州，日知斬其首以聞。

於是武俊與田悅等擅相王。武俊國號趙，以恆爲眞定府，命士眞留守兼元帥；以畢華、鄭儒爲左右內史，王士良司刑，王佑司文，士清司武，並爲尙書；士則司文侍郎，宋端給事中，王洽內史舍人，張士清執憲大夫，衞常寧內史監，皇甫祝尙書右僕射，餘以次封拜。

建中四年，抱眞使客賈林詐降武俊，既見，曰：「吾來傳詔，非降也。」武俊色動，林曰：「天子知大夫登壇建國撫膺顧左右曰：『我本忠義，天子不省，故至是。』今諸軍數表大夫至誠，上見表動色曰：『朕前誤無及矣。朋友失意尙可謝，朕四海主，毫芒過失，返不得自新耶！』今大夫親斷逆首，而宰相闇於事宜，國家與大夫烏有細故哉？朱滔以利相動，公何取焉？誠能與昭義同心，曠然改圖，上不失君臣之義，下以爲子孫計。」武俊曰：「僕虜人也，尙知撫百姓，天子固不務殺人以安天下。今山東連兵比戰，骨盡暴野，雖勝尙誰與居？今不憚歸國，業與諸軍盟，虜性樸彊，不欲曲在我，天子若能以恩盪刷之，我首倡歸命，有不從者，奉辭伐之，河北不五十日可定。」會帝出奉天，抱眞將還澤潞，悅說武俊、滔踵襲之。林曰：「夫退軍，前輜重，後銳師，人心固壹，不可圖也。使戰勝得地，利歸於魏，不幸喪師，趙受其災。今滄、趙乃故地，胡不取之？」武俊遂引而北，林復激之曰：「公異邦豪英，不應謀中夏。燕、魏幽險，彼王室彊則須公之援，削則己欲幷吞。且河北惟有趙、魏、燕耳，滔乃稱冀，心圖公冀州矣。使滔能制山東，大夫當臣事之，否則見攻。能臣滔乎？」武俊投袂曰：「二百年天子猶不能事，安能臣豎子耶！」乃定計通好抱眞，而約馬燧盟。

興元元年赦天下，武俊大集其軍，黜僞號。詔國子祭酒董晉與中人宣慰，拜檢校工部尚書、恆冀深趙節度使，又加檢校司空、同中書門下平章事，兼幽州盧龍節度使、琅邪郡王。

是時，滔悉幽、薊兵與回紇圍貝州，將絕白馬津，南趨洛，李懷光據河中，李希烈陷汴，南略江淮，李納方叛，唯李晟軍渭上。羽書調發天下十之三，人心惴恐。及田緒殺悅，林復說武俊曰：「滔素欲得魏博，會悅死，魏人氣懾，公不救，魏且下。滔益甲數萬，張孝忠將北面事滔，三道連衡，濟以回紇，長驅而南，昭義軍必保山西，則河朔舉入滔矣。今魏尚完，孝忠未附，公與昭義合兵破之，聲振關中，京邑可坐復，天子反正，不朽之業，誰與公參！」武俊大喜，與抱眞相聞，自將屯南宮，抱眞屯經城，兩軍相距十里而舍。武俊潛會抱眞于軍，陳說忼慨，抱眞亦傾意結納，約爲兄弟，遂俱東壁貝州，距城三十里止。滔欲迎戰，武俊戒士飽食曰：「軍未合，毋妄動！」遣趙琳、趙萬敵兵五百蔽林以待。滔使票將馬寔、盧南史陣而西，李少成引回紇翼之。日中兵接，武俊與子士淸引精騎望少成軍，抱眞次之，滔馳騎二百出武俊東南，乘高鼓譟。武俊使步兵決戰，而自以騎當回紇，勒兵避其鋭。回紇馬怒突而過，未及返，武俊急擊，琳等兵亦出，回紇驚，中斷，遂先奔。初，滔兵蹙武俊軍，不能傷，回紇既卻，卽欲引還，因囂不能止，軍大奔，滔走還壘。武俊中流矢，謂抱眞曰：「士少衰，盍以騎濟師，巢穴可覆也。」抱眞使來希皓率勁騎薄滔營，盧玄眞乘其後，滔懼，引衆去，希皓迫之，武俊邀于隘，滔大敗，免者八千人。會夜，各按屯，武俊營滔東北，抱眞營西北。滔知不支，夜半焚車糧，遁歸幽州，火如晝，師大譟，其聲殷地。抱眞以山東蝗，食少，歸于潞，武俊亦還。

會有詔復滔官爵，武俊上還幽州盧龍節度。又詔以恆州爲大都督府，卽授武俊長史，賜德、棣二州，以士眞爲觀察使、淸河郡王。天子至自梁，遇武俊益厚，子弟雖襁褓，悉官之。俄進檢校太尉兼中書令，得建廟京師，有司供擬。武俊善射，嘗與賓客獵，一日射鷄兎九十五，觀者駭伏。貞元十七年死，年六十七。羣臣奉慰天子，如渾瑊故事，贈太師。有司謚威烈，帝更爲忠烈。士眞襲位。

士眞，其長子也。少佐父立功，更患難。既得節度，息兵善守，雖擅置吏，私賦入，而歲貢數十萬緡，比燕、魏爲恭。元和初，卽拜同中書門下平章事。四年死，贈司徒，謚曰景襄。

軍中推其子承宗爲留後。

始，河北三鎭自置副大使，常處嫡長，故承宗以御史大夫爲之。及總留事，憲宗久不報，伺其變。承宗數上疏自言。帝聞劉濟、田季安俱大病，議更建節度。翰林學士李絳曰：「鎭州世相繼，人所狃習，惟拒命則討之。且諸道之賞饋百萬士，又燕、魏、淄青，勢同必合。方江、淮水潦，財力刓困，宜卽詔承宗嗣領。季安等雖病，徐圖所宜。定四方有天時，不可速也。」帝然之，欲析鎭分建節度，使承宗歲輸賦如李師道。絳曰：「假令承宗奉詔，諸道以割地同怨，是官爵虛出而無當也。不如令使者諭之，無出上意。」帝乃詔京兆尹裴武慰撫，承宗奉詔恭甚，請上德、棣二州，遂以檢校工部尙書嗣領節度，而以德州刺史薛昌朝爲保信軍節度使，統德、棣。

昌朝，嵩子也，與承宗故姻家，帝因欲離其親將，故命之。詔未至，承宗馳騎劫而歸，囚之。詔更用棣州刺史田渙爲二州團練守捉使，遣中人傳詔令歸昌朝，承宗拒命，帝怒，詔削官爵，遣中人吐突承璀將左右神策，率河中、河陽、浙西、宣歙兵討之。趙萬敵者，故武俊將，以健鬬聞，士眞時入朝，上言討之必捷，令與承璀偕。有詔：「武俊忠節茂著，其以實封賜子士則，毋毀墳墓。」

承璀至軍，無威略，師不振。神策大將酈定進號驍將，以禽劉闢功，王陽山郡，至是戰北，馳而僨，趙人曰：「酈王也」，害之，師氣益折。及吳少誠死，李絳奏：「蔡無四隣援，攻討勢易，不如赦承宗，專事淮西。」帝不聽。昭義節度使盧從史市承宗，外自固，內實與之。太常卿權德輿諫曰：「神策兵市井屠販，不更戰陣，恐因勞憚遠，潰爲盜賊。恆冀騎壯兵多，攻之必引時月，西戎乘間，則禁衞不可頓虚。山東，疥癬也；京師，心腹也。不可不深念。且師出半年，費緡錢五百萬。方夏甚暑水潦，疾疫且降，誠慮有潰橈之變。」又言：「山東諸侯，皆以息自副，人心不遠，誰肯爲陛下盡力者。又盧從史倚寇爲援，訹承璀邀寵利，宜召行營善將，令倍驛馳，度至半道，授以澤潞，而徙從史它鎭，破其姦圖，然後赦承宗，衆情必服。」帝未許。

五年，河東軍拔其一屯，張茂昭破之木刀溝；帝患從史詐，卒以計縛送京師；劉濟又拔安平。承宗懼，遣其屬崔遂上書謝罪，且言：「往年納地，迫三軍不得專，而爲盧從史賣以求利，願請吏入賦得自新。」是時宿師久無功，餉不屬，帝憂之。而淄青、盧龍數表請赦，乃詔浣雪，盡以故地畀之，罷諸道兵。昌朝歸京師，授右武衞將軍。承宗見兵薄境，已而罷，歸罪從史，得不詰，自謂計得，訾然無顧憚。

七年，軍庫火，器鎧殆盡，殺守吏百餘人，不自安。及吳元濟反，承宗與李師道上書請宥，教其將尹少卿爲蔡游說，見宰相語不遜，武元衡怒，叱遣之。承宗怨甚，與師道謀，遣惡少年數十曹伏河陰，乘昏射吏，吏奔潰，因火漕院，人趣火所，鬪死者十餘輩，縣大發民捕盜，亡去不獲，凡敗錢三十萬緡、粟數萬斛。未幾，張晏等賊宰相元衡，京師大索，天子爲旰食。承宗嘗疏元衡過咎，留中。至是帝出表示羣臣大議，咸請聲其罪伐之。詔乃絕承宗朝貢，竄其弟承系、承迪、承榮於遠方，以博野、樂壽故范陽地，命歸劉總。而所遣盜處處竊發，斷建陵門戟，燔獻陵寢宮，伏甲欲反洛陽，不克。承宗數出兵掠鄰鄙，田弘正上言承宗宜誅，帝使率師壓境。承宗揣詔旨兵不卽進，卽肆剽滄、景、易、定間，人苦之。

十一年，詔削爵，以實封賜士平，使奉武俊後。令河東、義武、盧龍、橫海、魏博、昭義六節度兵進討，大抵數十萬，環地數千里，以分其勢。然營屯離置，主約不得一，故士觀望，獨昭義郗士美薄賊境，賊不敢犯。始，承宗不能叶諸父，皆奔京師。士則爲神策大將軍，聞其叛，請占數京兆，裴度請用爲邢州刺史，使隸昭義，以傾趙人。有王怡者，武俊從子，爲承宗守南宮，士則招之，約歸命，謀泄遇害；子元伯奔還，擢監察御史，詔贈怡尚書左僕射。

明年元濟平，承宗大恐，使牙將石汎奉二子至魏博，因田弘正求入侍，且請歸德、棣二州，入租賦，待天子署吏。弘正遣知感、知信詣闕下請命。前此，帝使尚書右丞崔從賜詔書許自新，承宗素服待罪。及是乃詔復官爵，以華州刺史鄭權爲橫海節度使，統德、棣、滄、景等州，復承宗實封戶三百，以所部飢，賜帛萬匹。李師道平，奉法益謹，表所領州錄事、參軍、判司、縣主簿、令，皆丐王官。

十五年死，贈侍中。軍中推其弟承元爲留後。承元不敢世于鎭，詔用爲義成軍節度使，事見本傳。

王廷湊，本回紇阿布思之族，隸安東都護府。曾祖五哥之，爲李寶臣帳下，驍果善鬬，王武俊養爲子，故冒姓王，世爲裨將。

廷湊生駢脅，沈鷙少言，喜讀鬼谷、兵家諸書。王承宗時，爲兵馬使。田弘正至鎭州，詔以度支緡錢百萬勞軍，不時致，廷湊暴其稽以觀衆心，衆果怨，由是害弘正，自稱留後，脅監軍表請節。又取冀州，殺刺史王進岌。穆宗怒，以弘正子布爲魏博節度使，率軍進討，仍敕橫海、昭義、河東、義武軍并力。於是大將王位等謀執廷湊，不克，死者三千餘人。會朱克融囚張弘靖，以幽州亂，乃合從拒王師。

有詔議攻討先後，劍南東川節度使王涯以爲「范陽亂非宿謀，可先事鎭州，又有魏博之怨，濟以晉陽、滄德，掎角而進。夫用兵若鬬然，先扼喉領。今瀛莫、易定實賊咽喉，宜屯重兵，俾死生不得相聞，間諜不入，此莫勝之策」。帝乃詔義武節度使陳楚閉境，督諸軍三道攻。而滄德烏重胤最宿將，當一面。裴度以河東節度使兼幽、鎮招撫使，屯承天軍。重胤知時不可，案兵未肯前，帝浮於聽受，銳克伐，更以深冀行營節度使杜叔良代之。叔良素結中人，入見帝，大言曰：「賊不足破！」會度逐廷湊兵於會星，又入元氏，焚壁二十二。叔良率諸道兵救深州，戰博野，大奔，失所持節，以身免，貶歸州刺史。叔良者，將家子，本以附會至靈武節度使，坐不職罷，復階貴近，帥滄景。廷湊知其怯，故先犯之，師由是敗。

當是時，帝賜賚無藝，府帑空，既集諸道兵，調發火馳，民不堪其勞。仰度支者大抵兵十五萬，有司懼不給，置南北供軍院。既薄賊鄙，饟道梗棘，樵蘇不繼，兵番休取芻蒸。廷湊乘間奪轉運車六百乘，食愈困，至所須衣帛，未半道，諸軍彊取之，有司弗能制。其縣師深入者，不得衣食。又監軍宦人，悉取精票士自隨，疲瑣者備行陣，戰輒潰。二賊衆不過萬餘，王師統制不一，訖無功。宰相不知兵，爲異議搖訹，裁報乖戾，深州圍益急。

明年，魏牙將史憲誠叛，田布衆潰于南宮。帝不得已，乃赦廷湊，檢校右散騎常侍、成德軍節度使。會牛元翼出奔，廷湊遂取深州，詔兵部侍郎韓愈慰其軍。

廷湊既原，則稍挺，與克融、憲誠深相結，爲輔車援。滄州李全略死，子同捷求襲，文宗不許，更授兗海節度使。同捷逆命，乃以珍幣子女厚結廷湊，帝虞其變，故授檢校司徒。及幽、魏、徐、兗兵討同捷，廷湊橈魏北鄙以牽制之，而饋滄景鹺糧，四隣道使者不遣。帝怒，詔絕其輸貢。於是易定柳公濟戰新樂，斬首三千級。昭義劉從諫戰臨城，敗之，引滹注深、冀。有詔：「同捷亂，廷湊同惡，宜削官爵，諸道以兵進討，有能斬廷湊者，賜錢二萬緡，優畀之官；以州鎮降者，等差爲比。」公濟再戰行唐，皆克，焚栅十五。廷湊射蠟書求救於幽州，行營李載義獲之；又納魏叛將亓志沼。會同捷平，廷湊稍畏，表上景州，而弓高、樂陵、長河三縣固守，復上書謝。帝方厭兵，赦之，悉復官爵，還所上州。久之，進兼太子太傅、太原郡公。鎮冀自惟岳以來，拒天子命，然重隣好，畏法，稍屈則祈自新。至廷湊資凶悖，肆毒甘亂，不臣不仁，雖夷狄不若也。大和八年死，贈太尉。軍中以元逵請命，帝聽襲節度。

元逵，其次子也。識禮法，歲時貢獻如職。帝悅，詔尚絳王悟女壽安公主。元逵遣人納聘闕下，進千盤食、良馬、主粧澤奩具、奴婢，議者嘉其恭。其後劉稹叛，武宗詔元逵爲北面招討使。詔下，即日師引道，拔宣務壁，破援軍堯山，攻邢州降之，累遷檢校司徒、同中書門下平章事。稹平，加兼太子太師，封太原郡公，食實封戶二百，進至兼太傅。大中八年死，年四十三，贈太師，謚曰忠。

子紹鼎襲，字嗣先，累擢檢校尚書左僕射。其爲人淫湎自放，性暴，厚裒斂，升樓彈射路人以爲樂。衆忿其虐，欲逐之。會病死，贈司空。

子幼未能事，宣宗以元逵次子紹懿爲留後以嗣，俄爲節度使，累封太原縣伯，加檢校司空。政簡易，咸通七年死，贈司徒。以紹鼎子景崇嗣。初，紹懿病篤，召景崇曰：「先君以政屬我，須爾長，將授之。今疾甚，爾雖少，勉總軍務，禮藩隣，奉朝廷，則家業不墜矣。」監軍上狀，懿宗悅，擢景崇爲留後，尋進節度使。

景崇，字孟安，以公主嫡孫，尤被寵。龐勛反，景崇遣兵會王師平賊，進檢校尚書右僕射。主薨，謚曰章惠，景崇居喪如禮。母張卒，號慕羸毀，當時稱之。以政委賓佐，檢戒親屬不得與。嘗欲引母昆弟爲牙將，其佐張位曰：「軍中用人，有勞有能，若私其人，厚畀田宅祿食可也，何必以官。」景崇謝。進同中書門下平章事、檢校太尉兼中書令，封趙國公。乾符五年，進王常山。

黃巢反，帝西狩，僞使齎詔至，景崇斬以徇，因發兵馳檄諸道，合定州處存連師西入關，問行在，貢輸相踵。每語及宗廟園陵，輒流涕。

蔚州刺史蘇祐爲沙陀所攻，乞師於幽州，屯美女谷，兵不利。祐將出奔，會詔徙濮州刺史，擁兵之官，道于鎭，景崇館于靈壽，肆其下剽奪，景崇殺之。

嗣節度凡十四年，十三遷至檢校太傅。中和三年死，年三十七，贈太傅，謚曰忠穆。

子鎔。

鎔，年十歲，軍中推爲留後，授檢校工部尚書。李克用、楊復光攻黃巢，鎔凡再饋粟以濟師。僖宗還自蜀，獻馬牛戎械萬計。

於是克用方擊孟方立於邢州，鎔歸芻糧。邢州平，克用遂謀山東，屯常山西，引輕騎涉滹沱諜軍，會大澍，平地水出，鎔兵奄至，克用匿林中以免。是時，幽州李匡威亦謀取易、定分其地。王處存方厚事克用，克用寵將李存孝已拔邢，則略鎔南鄙，別將李存信等出井陘會之。鎔侵堯山，存孝擊敗之，遂至深、趙。鎔求救於匡威。存孝方攻臨城等數縣，聞匡威屯鄗，引師去。存信素忌存孝，妄曰：「無擊賊意。」克用信之。存孝，飛狐人，所謂安敬思者，善騎射，攻葛從周，敗張濬、韓建，數有奇功。至是懼讒，挈邢州歸朱全忠，并結鎔爲助。天子詔出鎭、幽、魏兵援之。景福元年，克用假道于鎔，以討存孝，鎔不答，乃與處存連兵侵鎔，拔堅固鎭，攻新市。鎔禽克用將薛萬金。匡威以兵三萬救鎔。克用自攻常山，度滹沱。鎔引騎十萬夜濟磁水，襲敗之，斬二萬級，奪鎧器三百乘，克用退壁欒城。天子有詔和解三鎭，克用還，然未得志，故復伐鎔。匡威以五千騎敗克用於元氏，鎔具牛酒會匡威稾城，餉金二十萬以謝。

俄而匡威爲弟匡籌所逐，鎔德其助己，迎而館之。匡威親忌日，鎔往弔，伏起，殺其府屬楊洽及親吏淡從，有甲者牽鎔袖。匡威曰：「與我四州，可不死！」鎔許之。將鎔入牙城，鎭軍譟而闔左門，坎垣出戰。會大雨風，木拔瓦飛。兵相接，有屠者墨君和祖而薄賊，衆披靡，乃挾鎔踰城入。既免，賞千金，與第一區，約宥十死。匡威走東園，兵圍之，與從事李抱貞俱死。明日，鎔以禮斂匡威，素服哭諸廷，遣使告匡籌。匡籌怒，移書詰兄所以死狀，表天子請討鎔，詔止之。又詔朱全忠平幽、鎭怨。

克用聞匡威死，自率兵傅城下。鎔大驚，納縑二十萬，乃退。匡籌攻樂壽、武強，克用出縛馬關，敗鎭兵於平山，因進攻鎔外壘。鎔內失幽州助，因乞盟，進幣五十萬，歸糧二十萬，請出兵助討存孝，乃得解。

克用屯欒城，存信屯琉璃陂，爲邢人夜襲其營，存信軍亂，不克追。克用進薄邢，環城爲溝堞，欲示久圍者；城中兵數出，溝壘不可成。裨將袁奉韜紿存孝曰：「君所畏唯王耳，王欲溝堞成則西歸，公何不聽之？」存孝兵不出，壘成，攻益急，城中食盡。存孝登城哭曰：「我誤計，使我生見王，死不恨！」克用遣家嫗招之，存孝出，泥首言爲存信誣構，克用曰：「爾與鎔書，罵我多矣！」轘而尸於市。

光化中，全忠討幽州劉仁恭，鎔遣兵屯蓨城，俄而仁恭敗，擊其歸，得十八。全忠既取邢、洺、磁，又得潞，因圖河東。使羅紹威諷鎔絕太原，共尊全忠。鎔猶違，全忠不悅。會克用將李嗣昭攻洺州，全忠自將擊走之，得鎔與嗣昭書，全忠怒，引軍攻鎔，次元氏。鎔謂其屬曰：「國危矣，奈何？」周式請見全忠，可以口舌罷也，許之。全忠迎折曰：「爾公朋附太原，今無赦矣！」即出書示式曰：「嗣昭在者，宜速遣。」式曰：「王公所與和者，息人鋒鏑間耳。況繼奉天子詔和解，能無一番紙墜北路乎？太原與趙本無恩，嗣昭庸肯入耶？公爲唐桓、文，方以仁義成霸業，寧困人於險耶？」全忠喜，把式袂曰：「吾特戲耳！」延入帳中，議脩好。鎔以幣二十萬賂師，遣子昭祚質仕全忠府，全忠因妻之。鎔判官張澤謀曰：「失火之家，不可恃遠救。今定密邇，與太原親，宜使全忠圖之。」鎔遣式使全忠，全忠乃取定州，王郜遂奔太原。

鎔母何，有婦德，訓鎔嚴。至母亡，鎔始黷貨財，姬侍千人，儀服僭上。又以房山有西王母祠，數游覽，妄求長年事，踰月不還。

始廷湊賤微時，鄴有道士爲卜，得乾之坤，曰：「君將有土。」及得鎮，迎事甚謹。復問壽幾何？子孫幾何？答曰：「公三十年後，當有二王。」已而廷湊立十三年死，蓋庚文也，景崇、鎔皆王。廷湊嘗使至河陽，醉寢於路，有過其所者視之曰：「非常人也！」從者以告廷湊，馳及之，問其故，曰：「吾見君鼻之息，左若龍，右若虎，子孫當王百年。家有大樹，覆及堂，公與矣。」及害弘正，而樹適庇寢。自廷湊訖鎔，凡百年。

贊曰：朱滔、王武俊南面稱王，地聯交昵。及泚僭天子，滔將應之，當時危矣。賈林以一語寤武俊，輒兵相仇，折幽、薊之銳，泚失其朋，不出孤城，終底覆夷。用林之功，賞不及身，德宗爲不明哉！

校勘記

〔一〕長上萬國俊奪與平民田　衲本作「長上」，宋十行本、汲、殿、局本作「長史」。

唐書卷二百一十二

列傳第一百三十七

藩鎮盧龍

李懷仙 朱滔 劉怦 濟 總 朱克融 李載義 楊志誠 史元忠
張仲武 直方 張允伸 張公素 李茂勳 可舉 李全忠 匡威 匡籌
劉仁恭

李懷仙，柳城胡也。世事契丹，守營州。善騎射，智數敏給。祿山之反，以爲裨將。史思明盜河南，留次子朝清守幽州，以阿史那玉、高如震輔之。朝義殺立，移檄誅朝清。二將亂，朝義以懷仙爲幽州節度使，督兵馳入。如震欲拒，不及計，乃出迎。懷仙外示寬以安士，居三日，大會，斬如震，州部悉平。朝義敗，將趨范陽。中人駱奉先間遣鐫說，懷仙遂降，使其將李抱忠以兵三千戍范陽。朝義至，抱忠閉關不內，乃縊死，斬其首，因奉先以獻。僕固懷恩即表懷仙爲幽州盧龍節度使，遷檢校兵部尚書，王武威郡。屬懷恩反，邊羌挐戰不解，朝廷方勤西師，故懷仙與田承嗣、薛嵩、張忠志等得招還散亡，治城邑甲兵，自署文武將吏，私貢賦，天子不能制。

大曆三年，麾下朱希彩、朱泚、泚弟滔，謀殺懷仙，斬閽者以入，希彩不至。遲明，泚懼欲亡，滔曰：「謀不成，有死，逃將焉往？」俄希彩至，共斬懷仙，族其家。希彩自稱留後。張忠志以兵討其亂，不克。代宗因赦罪，詔宰相王縉爲節度使，以希彩副之。希彩聞縉至，蒐卒伍，大陳戎備以逆。縉建旌棨徐驅，希彩迎謁恭甚。縉度不可制，勞軍，閱旬乃還。希彩即領節度。五年，封高密郡王。驁恣不軌，人不堪。七年，其下李瑗間衆之怨，殺之，共推朱泚爲留後。泚自有傳。

朱滔，性變詐多端倪。希彩以同宗倚愛之，使主帳下親兵。泚領節度，遣滔將兵三千爲天子西乘塞，爲諸軍倡。始，安、史後，山東雖外臣順，實傲肆不廷。至泚首效款，帝嘉之，召見滔殿中。帝問曰：「卿材孰與泚多？」滔曰：「統御士衆，方略明辨，臣不及泚；臣年二十八，獲謁天子，泚長臣五年，未識朝廷，此不及臣。」帝愈喜，特詔勒兵貫王城而出，屯涇州，置酒開遠門餞之。戍還，乃謀奪泚兵，詭說曰：「天下諸侯未有朝者，先至，可以得天子意，子孫安矣。」泚信之，因入朝。稍不相平，泚遂乞留，西討吐蕃。以滔權知留後，兼御史大夫。滔殺有功者李瑗等二十餘人，威振軍中。

李惟岳拒命，滔與成德張孝忠再破之束鹿，取深州，進檢校司徒，遂領節度，賜德、棣二州。德宗以康日知爲深、趙二州團練使，詔滔還鎭。滔失深州，不平，又請恆、定七州所賦供軍，復不許，愈怨。時馬燧圍田悅，悅窮，間滔與王武俊同叛。滔姑子劉怦爲涿州刺史，以書諫曰：「司徒身節制，太尉位宰相，恩遇極矣。今昌平有太尉鄉、司徒里，不朽業也。能以忠順自將，則無不濟。比忘上樂戰，不顧成敗如安、史者，今復何有？司徒圖之，無貽悔。」滔不從，連兵救悅。又懼張孝忠之襲，使怦壁險而軍。滔激其衆曰：「士蹀血闘，既下堅城，朝廷乃見奪，奏賞不報。君等疾趨，破馬燧軍以取貲糧，可乎？」軍中不應，三號之，乃曰：「幽人死於南者，骸撐不揜，痛藏心髓，奈何復欲暴骨中野乎？司徒兄弟受國寵，士各蒙官賞，願安之，不恤其它。」滔罷，潛殺不可共亂者數十人。日知發其謀於燧，天子聞，以悅未下，重起兩寇，卽封滔通義郡王，實戶三百。

滔愈悖，分兵與武俊屯趙州脅日知，矯詔發其糧貯，卽引兵救悅，次束鹿。軍大譟曰：

「天子令司徒北還，而南救魏，寧有詔邪？」滔懼，走匿傳舍。裨將蔡雄好諭士曰：「始天子約取成德，所得州縣賜有功者。拔深州者，燕也。本鎮常苦無絲纊，冀得深州以佐調率，今顧不得。又天子以帛賜有功士，爲馬燧掠去，今引而南，非自爲也。」軍中悔謝，復曰：「雖然，司徒南行違詔書，莫如還。」滔回次深州，誅首變者二百人。衆懼，乃率兵南壁寧晉，與武俊合。帝命馬燧、李懷光擊之，滔屬鄭雲逵、田景仙皆奔燧。已而滔破懷光軍，則與王師屯魏橋，久不戰。

悅德滔援，欲尊而臣之，滔讓武俊，曰：「篋山之勝，王大夫力也。」於是，滔、武俊官屬共議：「古有列國連衡共抗秦。今公等在此，李大夫在鄆，請如七國，並建號，用天子正朔。且師在外，其動無名，豈長爲叛臣，士何所歸？宜擇日定約，順人心，不如盟者共伐之。」滔等從之。滔以祿山、思明皆起燕，俄覆滅，惡其名，以冀，堯所都，因號冀，武俊號趙，悅號魏，納號齊。建中三年冬十月庚申，爲壇魏西，祀天，各僭爲王，與武俊等三讓乃就位。滔爲盟主，稱孤；武俊、悅及納稱寡人。是日，三叛軍上有雲氣頗異，燧望笑曰：「是雲無知，乃爲賊瑞邪！」先是，其地土息高三丈，魏人韋稔佞悅，以爲益土之兆。後二年，滔等册壞，正値其所。

滔改幽州爲范陽府，以子爲府留後，稱元帥，用親信爲留守。滔等居室皆曰殿，妻曰妃，子爲國公，下皆稱臣，謂殿下。上書曰牋，所下曰令。置左右內史，視丞相；內史令、監，視侍中、中書令；東西侍郎，視門下、中書；東曹給事、西曹舍人，視給事中、中書舍人；司議大夫，視諫議大夫；六官省，視尚書；東、西曹僕射，視左右僕射；御史臺曰執憲，置大夫至監察御史；驅使要籍官曰承令；左右將軍曰虎牙、豹略；軍使曰鷹揚、龍驤。以劉怦爲范陽府留守，柳良器、李子千爲左右內史，滔兄瓊瑰、陸慶爲東、西曹僕射，楊聳、馬寔、寇瞻、楊榮國爲司文、司武、司禮、司刑侍郎，李士眞、樊播爲執憲大夫、中丞。其餘以次補署。聘處士張遂、王道爲司諫。

燧遣李晟將兵至易、定，率張茂昭攻涿、莫，以絕滔援。明年，圍淸苑，滔將鄭景濟固守。滔使馬寔將兵萬人，與武俊拒燧，自以兵萬餘救淸苑，絕晟糧道。兵至定州，晟不知，夜引兵還。滔疑有伏，不敢逼，遽保瀛州。而孝忠、晟合兵千人城萊水，滔驍將烏薩戒以兵七百襲殺城卒數百，晟不出。景濟望滔軍立幟爲應。滔進軍薄晟營，晟戰不利，城中兵亦出，晟大敗，奔易州。茂昭走滿城。滔已破晟，則回屯河間不進。武俊使宋端趣讓，滔怒曰：「孤亟戰且病，就醫藥，而王已復云云。孤南救魏，棄兄背君如脫屣。王必相疑，亦聽所爲！」端還，武俊謂寔曰：「寡人望王速來指蹤，決勝負，復何惡？王異日幷天下，寡人得六七城，爲節度足矣。」寔遣具道所以然，武俊亦遣使謝滔，滔悅，亦報謝。然武俊內銜之，滋不懌，與田悅潛謀絕滔。

及泚反，燧等皆班師，武俊、寔亦還。悅、武俊遣使至河間，賀泚即位。武俊詭請寔共攻康日知於趙州，謀覆其軍，不克。寔歸，武俊餞之，厚贈遺。泚遣人密召滔，使趨洛陽。滔發書，西向再拜，移檄諸道曰：「今發突騎四十萬走洛陽，與皇帝會上陽宮。」使王郅說悅連和俱西。滔素彊調斂，武俊等不能堪。又令各以兵五千從攻洛，欲僭稱帝，乘輿、法從及赦令皆具。

初，回紇以女妻奚王，大曆末，奚亂，殺王，女逃歸，道平盧，滔以錦繡張道，待其至，請爲婚，女悅，許焉。旣而遣使修壻禮於回紇，回紇喜，報以名馬重寶。及僭相王，與武俊、悅、納納四金鑰於回紇，曰：「四國願聽命於可汗，謹上金鑰，啓閉出納，唯所命。」至是，乞師焉。回紇以二千騎從，而武俊亦先乞師，以斷懷光餉路，未至，而王師還。回紇過幽州，滔使說其酋達干曰：「若能同度河而南，玉帛子女不貲，計可得也。」達干許諾，滔啗以金帛，約曰「五十里舍，以須悅軍」。滔兵五萬，車千乘，騎二萬，士私屬萬餘，虜兵三千，馬槖它倍之；過武俊境，武俊勞之，牛酒芻米皆具。然悅已用武俊謀，不肯出，儲峙于野以待。滔至貝州，悅刺史邢曹俊上謁滔，即歸閉城守，滔疑之，次永濟。武俊陰遣客反間滔曰：「悅有憾，須公南，以兵斷公歸路，宜少備。」滔聞怒，入永濟，執悅吏掠訊，不得其情，殺之。使回紇大掠，南及澶、衞，係執老幼無遺者。悅大恐，闔城自保。滔遣將楊布略定館陶，屯平恩，置官吏。

滔整軍北還，使馬寔屯冠氏，聞悅死，遂攻魏州，圍貝州。於是，武俊、李抱眞合軍擊滔。滔急召寔至貝州，步馬乏頓。明日，輒約戰，寔請休士三日，蔡雄、達干等畏武俊堅壁難圖，請戰。楊布曰：「大王將取東都，逢小敵卽怯，何以長驅天下邪？」術士尹少伯亦言必勝。既戰，爲二軍所乘，大敗，大將朱良祐、李進皆被執，委仗如丘，滔奔入德州。恨少伯、雄、布之謬，殺之。俄而京師平，滔已敗，不能軍，走還幽州，上書待罪。有詔武俊、抱眞開示大信，若誠心審固者，當洗釁錄勳，與更始。

初，滔以劉怦忠力，使留守，及敗，疑圖己，仿徨不敢入。怦聞其至，蒐兵繕鎧，夾道陳二十里迎謁，望滔哭，滔遂入府。氣沮索，日邑邑，被病，政事一委怦。貞元元年死，年四十二，贈司徒。

劉怦，幽州昌平人。少爲范陽裨將，以親老疾宜侍，輒去職。李懷仙爲節度使，檄召不應。朱滔時，積功至雄武軍使，廣墾田，節用度，以辦治稱。稍遷涿州刺史。滔之討田承嗣，表知府事，和裕得衆心。李寶臣以兵劫滔于瓦橋，滔走，寶臣乘勝欲襲幽州，怦設方略，勒兵完守，寶臣不敢謀，擢御史中丞。滔敗歸，終不貳，益治兵，人嘉怦忠於所奉。

及滔死，軍中盡推怦，乃總軍事。俄詔爲節度副大使、彭城郡公。居鎭纔三月死，年五十九，贈兵部尚書，謚曰恭。子濟。

濟，字濟。游學京師，第進士，歷莫州刺史。怦病，詔濟假州事。及怦卒，嗣節度，累遷檢校尚書右僕射、同中書門下平章事。奚數侵邊，濟擊走之，窮追千餘里，至青都山，斬首二萬級。其後又掠檀、薊北鄙，濟率軍會室韋，破之。

王承宗叛，濟合諸將曰：「天子知我怨趙，必命我伐之，趙且大備我，奈何？」裨將譚忠欲激濟伐承宗，疾言曰：「天子不使我伐趙，趙亦不備燕。」濟怒，繫之。使視趙，果不設備。數日，詔書許濟無出師。濟釋忠，謝而問之，忠曰：「昭義盧從史外親燕，內實忌之；外絕趙，內實與之。此爲趙畫曰：『燕倚趙自固，雖甚怨，必不殘趙，故不足虞也。』趙既不備燕，從史則告天子曰：『燕、趙，宿怨也，今趙見伐而不備燕，是燕反與趙。』此所以知天子不使君伐趙，趙亦不備燕。」濟曰：「計安出？」曰：「今天子誅承宗，而燕無一卒濟易水者，正使潞人賣恩於趙，販忠於上，是君貯忠誼心，而染私趙之名，卒不見德於趙，惡聲徒嘈嘈於天下。」濟然之，以兵七萬先諸軍，斬首數千級，又拔饒陽，屯瀛州。進攻安平，久不拔，濟命次子總以兵八千先登，日中拔其城。會赦承宗，進中書令。

濟之出，以長子緄攝留務，總爲行營都知兵馬使。濟病甚，總與左右張玘、成國寶及帳內親近謀殺濟，乃使人詐從京師來，曰：「朝廷以公前屯瀛州逗留，詔副大使代節度。」明日，復使人曰：「詔節至太原矣。」又使人走呼曰：「過代矣。」舉軍驚。濟憤且怒，不知所爲，誅主兵大將數十人及素與緄厚善者，亟追緄，以玘兄皋代留事。濟自朝至中昃不食，渴索酏漿，總使吏唐弘實寘毒，濟飲而死，年五十四。緄至涿州，總矯濟命殺之。乃發喪，贈太師，謚曰莊武。

總性陰賊，尤險譎，已毒父，即領軍政，朝廷不知其姦，故詔嗣節度，封楚國公，進累檢校司空。承宗再拒命，總遣兵取武彊，按軍兩端，以私饋賚。憲宗知之，外示崇寵，進同中書門下平章事。及吳元濟、李師道平，承宗憂死，田弘正入鎮州，總失支助，大恐，謀自安。又數見父兄爲祟，乃衣食浮屠數百人，晝夜祈禳，而總憩祠場則暫安，或居臥內，輒驚不能寐。晚年益慘悸，請剔髮，衣浮屠服，欲祓除之。

譚忠復說總曰：「天地之數，合必離，離必合。河北與天下離六十年，數窮必合。往朱泚、希烈自立，趙、冀、齊、魏稱王，郡國弄兵，低目相視，可謂危矣，然卒於無事。元和以來，劉闢、李錡、田季安、盧從史、齊、蔡之彊，或首于都市，或身爲逐客，皆君自見。今兵驟驟北來，趙人已獻德、棣十二城，助魏破齊，唯燕無一日勞，後世得無事乎？爲君憂之。」總泣且謝，因上疏願奉朝請，且欲割所治爲三：以幽、涿、營爲一府，請張弘靖治之；瀛、莫爲一府，盧士玫治之；平、薊、嬀、檀爲一府，薛平治之。盡籍宿將薦諸朝。

會穆宗沖逸，宰相崔植、杜元穎無遠謀，欲寵弘靖，重其權，故全付總地，唯分瀛、莫置觀察使。拜總檢校司徒兼侍中、天平節度使。又賜浮屠服，號大覺，榜其第爲佛祠，遣使者以節、印偕來。時總已自髡祝，讓節、印，遂衣浮屠服。行及定州，卒。

始，總請代，獻馬萬五千匹，羣臣或疑其詐，帝獨納之，使給事中薛存慶宣慰，給所部復一歲，緡錢百萬勞軍，高年惸獨不能自存者，官吏就問，賜粟帛。總遂與忠俱行，軍中世懷其惠，擁留不得進。總殺首謀者十人，以節付張皋，夜間道去，遲明，軍中乃知。

詔贈太尉。子礎及弟約至長安者十一人，皆擢州刺史。忠護總喪至，亦卒。忠，絳人，喜兵，善謀事，蓋健男子云。

朱克融，滔孫也。以偏校事劉總。總將入朝，慮後有變，籍其軍材勇與黠暴不制者，悉薦之朝，冀厚與爵位，使北方歆豔，無甘亂心，克融在遣。方是時，執政非其人，既見總納地，謂天下曠然無復事。克融等留京師，久之不得調，數詣宰相求自試，皆不聽，羸色敗服，飢寒無所貸丐，內怨忿。會張弘靖赴鎮，因悉遣還。

俄幽州亂，囚弘靖。時克融父洄，號有智謀，以疾廢臥家，衆往請爲帥。洄辭老且病，因推克融領軍務。詔以劉悟爲節度使馳往，俄而瀛、冀皆附克融，悟不得入。克融縱兵掠易州，敗兩縣；寇蔚州，易州刺史柳公濟戰白石嶺，斬三千級；轉寇定州，節度使陳楚破其兵二萬。會鎮州反，殺田弘正，議者謂二賊均逆，而克融全弘靖不敢害，可悉兵先誅趙，赦燕。朝廷度幽薊未可復取，乃拜克融檢校左散騎常侍，爲幽州盧龍節度使，長慶元年也。

明年，陷弓高，攻下博，與王廷湊共圍深州。裴度以檄譙諭，克融乃還，因進檢校工部尚書，表獻馬萬匹、羊十萬，請直賞軍。敬宗初，遷檢校司空，賜邊屯時服，克融以帛疏惡，囚詔使楊文端以聞。又上言：「聞陛下東幸雒，願率匠丁五千助營宮室，迎乘輿，且請帛三十萬，備一歲費。」帝怒，用裴度謀，忍不問，以好言答之，屈其謀，進爵吳興郡王。

是年，軍亂，殺克融及其子延齡，詔贈司徒。次子延嗣立，領留後，爲大將李載義殺而代之，并族其家。

李載義，自稱恆山愍王之後。性矜蕩，好與豪傑游，力挽彊搏鬭。劉濟在幽州，高其能，引補帳下，從征伐，積多爲牙中兵馬使。朱克融死，子延嗣叛命，殘用其人。載義因衆不忍，殺之，暴其罪于朝。敬宗卽授檢校戶部尚書、盧龍軍節度使，封武威郡王。

初，張弘靖之囚，幕府多見害，妻子留不遣。及是，載義悉護送京師，雖僮厮畢行。俄而李同捷據滄、景，邀襲封，載義請討賊自效，文宗嘉之，進檢校尚書右僕射。斬級數有功，賊平，詔同中書門下平章事，賜白玉帶，示殊禮。

大和四年，爲兵馬使楊志誠所逐，奔易州，卽上言：「自破滄州賊，屢請朝不許，今願將妻子身入見。」帝令使者抵太原尉迎，賜袍笏裝器；又以其嘗有功，且意恭順，乃册拜太保，仍平章事。俄爲山南西道節度使。徙河東。

始，回鶻使者歲入朝，所過暴慢，吏不敢何禁，但嚴兵自守。虜狃習，益驁悍，至鞭傧人，剽突市區。時大酋李暢者，曉華人語，尤凶黠。旣就館，橫須索，抶疻郵人。載義召暢語曰：「可汗以舅甥故，使將軍朝貢，誼不容將軍暴也。天子厚饗餼以禮客，有不謹，吏皆論死。若將軍所部不戢，而奪攘自如，我必殺所犯者，將軍其少戒。」因悉罷所防兵，以兩卒護闔。

暢嚴憚之，訖無犯者。進兼侍中。會吏下請立碑紀功，詔李程爲之辭，未有字。帝詔曰：「周書『凡厥正人，既富方穀。』卿宜當之，以方穀爲字。」其寵待如此。開成二年卒，年五十，贈太尉。

初，載義母葬范陽，爲楊志誠掘發。後志誠被逐，道太原，載義奏請剔其心，償母怨，不許。又欲殺之，官屬苦救乃免，然盡戕其妻息士卒，其天資驕暴云，帝屈法弗劾也。

志誠者，事載義爲牙將。載義宴天子使者鞠場，志誠與其黨譟而起，載義走，因自爲都知兵馬使。文宗更以嘉王領節度，用志誠爲留後。俄檢校工部尙書，擢節度副大使。踰年，進檢校吏部。詔下，邸吏白宰相曰：「軍中不識朝廷儀，惟知尙書改僕射爲進秩。今一府盛服以待天子命，如復爲尙書，則舉軍慚，使者勢不得出。」既志誠果怨望，軍有嫚言，囚中人魏寶義及它使焦奉鸞、尹士恭，而遣部將王文穎入謝，讓還所命。帝復賜之，文穎不肯受，輒去。帝忍不責，乃遣使進檢校尙書右僕射。

八年，爲下所逐，推部將史元忠總留後。志誠在鎭，密製天子袞冕，其被服皆擬乘輿。元忠表而暴于朝，詔御史按治，斥嶺南，至商州，誅之，而以通王領節度，授元忠留後。明年，檢校工部尙書，爲副大使。會昌初，爲偏將陳行泰所殺。行泰邀節制，未報。次將張絳殺行泰，起求帥軍，武宗自用張仲武代之。

張仲武，范陽人。通左氏春秋。會昌初，爲雄武軍使。行泰殺元忠，宰相李德裕計：河朔請帥，皆報下太速，故軍得以安，若少須下，且有變。帝許之，未報，果爲絳所殺，復誘其軍以請，亦置未報。是時，回鶻爲黠戛斯所破，烏介可汗託天德塞上，而仲武遣其屬吳仲舒入朝，請以本軍擊回鶻。德裕因問北方事，仲舒曰：「行泰、絳皆遊客，人心不附。仲武，舊將張光朝子，年五十餘，通書，習戎事，性忠義，願歸款朝廷舊矣。」德裕曰：「卽以爲帥，軍得無復亂乎？」答曰：「仲武得士心，受命必有逐絳者。」德裕入白帝曰：「行泰等邀節不可許，仲武求自效，用之有名，軍且無辭。」乃擢兵馬留後，而詔撫王領節度。詔下，絳果爲軍中所逐，卽拜仲武副大使、檢校工部尙書、蘭陵郡公。

會回鶻特勒那頡啜擁赤心部七千帳逼漁陽，仲武使其弟仲至與別將游奉寰等率銳兵三萬破之，獲馬、牛、槖它、旗纛不勝計，遣吏獻狀，進檢校兵部尙書。

始，回鶻常有酋長監奚、契丹以督歲貢，因詗刺中國。仲武使裨將石公緒等厚結二部，執諜者八百餘人殺之。回鶻欲入五原，掠保塞雜虜，乃先以宣門將軍四十七人詭好結歡，仲武略其下，盡得所謀，因逗留不遺，使失師期，回鶻人馬多病死者，由是不敢犯五原塞。烏介失勢，往依康居，盡徙餘種，寄黑車子部。回鶻遂衰，名王貴種相繼降，捕幾千人。仲武表請立石以紀聖功，帝詔德裕爲銘，揭碑盧龍，以告後世。大中初，又破奚北部及山奚，俘獲雜畜不貲。擢累檢校司徒、同中書門下平章事。卒，謚曰莊。

子直方，以右金吾將軍襲節度留後，俄進副大使。舉動多不法，畏下變起，乃託出畋奔京師。軍中以張允伸總後務。直方至，宣宗遣使者郊勞，授金吾大將軍，以其族大，給檢校工部尚書俸。久之，進檢校尚書右僕射。

性暴率，坐以小罪笞殺金吾使，改右羽林統軍。好馳獵，往往設罝罘於道。當宿衞不時入，下遷驍衞將軍。奴婢細過輒殺，積其罪，貶思州司戶參軍。母驚曰：「尚有尊於我子邪？」久乃復授羽林統軍。縱部下爲盜，復貶康州司馬。後居東都，弋獵愈甚，洛陽飛鳥皆識之，見必羣噪。乾符中，累進左驍衞大將軍。時鄭畋輔政，頗言：「仲武會昌時功第一，今直方百口不自存，每內燕，以衣斂惡，辭不赴。陛下錄功念舊，宜少優假。」詔還檢校右僕射，進左金吾衞大將軍。

黃巢犯京師，直方迎灞上，既而納亡命，謀劫巢報天子，公卿多依之。賊覺，屠其族。

國公。

張允伸字逢昌，范陽人。世爲軍校。直方出奔，以都知兵馬使爲衆立爲留後，天子報可。未幾，檢校散騎常侍，爲節度使，累進檢校司徒、兼太傅、同中書門下平章事，封燕國公。

龐勛以徐州反，上書欲遣弟允皋領兵討賊，不許。上米五十萬斛、鹽二萬斛佐用度，詔嘉美，賜玉帶、寶器、紈錦，進兼侍中。咸通十二年，以疾甚，上節、印，便醫藥，詔聽許，以子簡會爲副大使。卒，年八十八，贈太尉，謚曰忠烈。

允伸性勤儉，下所安賴，未嘗有邊鄙虞。子十四人。簡會入朝，昆弟多至大將軍、刺史、郡佐者，而軍中推張公素爲留後。

公素，范陽人。以列將事允伸，擢累平州刺史。允伸卒，以兵來會喪，軍士素附其威望，簡會知不可制，即出奔。詔公素爲節度使，進同中書門下平章事。性暴厲，眸子多白，燕人號「白眼相公」。爲李茂勳所襲，奔京師，貶復州司戶參軍。

李茂勳，本回鶻阿布思之裔。張仲武時，與其侯王皆降。資沈勇，善馳射，仲武器之，任以將兵，常乘邊積功，賜姓及名。陳貢言者，燕健將，爲納降軍使，軍中素信服，茂勳襲殺之，因舉兵，紿稱貢言反。公素迎擊不利，走，茂勳入府，衆始悟，因推主州務，以聞，詔即拜節度使。俄以病自上，詔進尚書右僕射致仕。表子可舉代，遂領留後，進爲節度使，擢累檢校太尉。

中和末，太原李克用始彊大，與定州王處存厚相結，可舉惡其窺山東爲己患，乃遣使約吐渾都督赫連鐸、鎭州王鎔聯和，揚言易、定本燕、趙屬，得其地，且參有之。即遣軍司馬韓玄紹擊沙陀藥兒嶺，斬首七千級，殺其將朱耶盡忠等，收牛、馬、器鎧數萬。又戰雄武軍，殺獲萬人。鐸又破沙陀於蔚州，詔以鐸爲雲州刺史，進可舉檢校侍中。乃遣票將李全忠率衆六萬圍易州。鎔以兵攻無極，處存求援太原，克用自將赴之，鎭人懼，退保新城，克用急攻之，鎔引去，追破之九門。易久未下，盧龍將劉仁恭穴地以入，得其城，士卒有驕色；處存以輕兵三千蒙羊皮，夜布之野，以精騎伏它道，全忠軍望爲羣羊，爭趨之，處存伏騎發，大敗之，復取易州。全忠遁還，盡失芻糧仗鎧，懼得罪，乃裒餘衆反攻幽州，可舉度不支，引其族登樓自燔死。

李全忠，范陽人。仕爲棣州司馬。有蘆生其室，一尺三節，怪之，以問別駕張建，建曰：「蘆，茅類，生於澤，公茅土兆也。傳節者其三世乎？」罷歸，事可舉爲牙將。可舉死，衆推爲留後。光啓元年，拜節度使，未幾卒。

子匡威嗣，領留後，進爲使。性豪爽，恃燕、薊勁兵處，軒然有雄天下意。與赫連鐸共攻太原，爭雲、代。李克用使安金俊攻鐸，匡威救鐸，戰蔚州，射金俊殺之，乃共表請討沙陀，而朱全忠亦上言願協力，故張濬因請用兵矣。濬敗，克用攻雲州，以騎將薛阿檀爲前鋒，設伏河上。鐸以精騎追阿檀，抵河而伏起，乃大敗，禽其將賈塞兒，遂圍雲州，塹而守，分兵出井陘，屯常山，大掠深、趙。匡威以步騎萬餘援王鎔，克用還，因急攻鐸。會食盡，鐸棄州奔匡威。克用取雲州，表石善友爲刺史。鐸本吐谷渾部酋也，開成中，其父率種人三千帳自歸，守雲州十五年。至是，失其地。

景福初，鎔誘太原將李存孝降之，克用怒，伐鎔。鎔來求救，匡威遣將赴之，克用去。明年，兵復出井陘，匡威自將援鎔，將行，置酒大會。其弟兵馬留後、檢校司徒匡籌妻張，國黷，匡威酒酣，報之，弟怒，匡威軍次博野，乃據城自爲留後。天子即授檢校太保，爲節度使。

匡威麾下多去，屛營無所歸，留深州，遣其屬李抱貞上書願入朝。時京師數寇難，人人危懼，傳言金頭王且來，皆亡竄山谷。抱貞還，而鎔已迎館于鎭。匡威引抱貞登城西大悲浮屠，顧望流涕，美其山川，乃共圖鎔。陽爲鎔繕甲，治城塹，施授方略，陰施予，以傾士心。鎭軍忠於王氏，皆惡之。匡威親忌日，鎔過慰。匡威士束甲劫鎔入牙城，戰不勝，鎭人斬匡威以徇。匡籌表訴諸朝，檄暴鎔罪，攻樂壽、武彊以報。

始，匡籌之奪也，燕人不以爲義。劉仁恭出奔太原，克用倚其謀，下武、嬀二州，敗匡籌於居庸關。李存審與戰，匡籌又敗，挈其族奔京師，次景城，滄州節度使盧彥威殺之，掠入車馬僮妓。妻方乳，不能進，仁恭獲之，納于克用爲嬖夫人。始，匡威見逐，嘆曰：「兄失弟得，皆吾之宗，無所悔，然其材恐不足以守。」果亡，而幽州地歸克用，以仁恭爲帥。

劉仁恭，深州人。父晟，客范陽，爲李可舉新興鎭將，故仁恭事軍中。從李全忠攻易州，號「窟頭」，稍遷裨校。爲人豪縱，多智數，有大志，嘗自言：「夢大幡出指端，年四十九，當秉旄節。」李匡威惡之，補景城令。

會瀛州亂，殺守吏，仁恭募士千人定其亂。匡威復使將兵，戍蔚州，踰期未代，士皆怨。會匡籌奪地，故戍卒擁仁恭趨幽州，匡籌逆戰，敗之，遂以族奔太原。李克用待之甚厚，賜田宅，拜壽陽鎮將。數以策干克用，請步騎一萬東取幽州，且爲導。克用攻匡籌，匡籌遁去。仁恭與存審入城，封府庫以待。克用悅，留仁恭守之，以親信分典其兵。

乾寧二年，克用擊王行瑜，表仁恭爲檢校司空、盧龍軍節度使。明年，克用攻魏州，召盧龍兵，仁恭以契丹解。又明年，克用復興其兵救朱瑄，仁恭不答，使者數十往，卒不出。克用以書讓之，仁恭乃慢罵，執其使，盡囚太原士之在燕者。復以厚利誘克用麾下士，多亡歸之。克用怒，自將往擊，不勝，師喪過半。仁恭獻馘於朱全忠，全忠表同中書門下平章事。

既與克用絕，則益募兵。光化初，使其子守文襲滄州，節度使盧彥威棄城走，遂有滄、景、德三州地，用守文爲節度留後，請命於朝。昭宗怒，不與。會中人至，仁恭嫚謂曰：「旄節吾自可爲，要假長安本色耳，何見拒邪？」由是兵益張，顯圖河北。悉幽、滄步騎十萬，聲言三十萬，南徇魏、鎮。次貝州，屠之，清水爲不流。

羅紹威求救於朱全忠，全忠使李思安、葛從周赴之，屯內黃。仁恭負彊，下令曰：「思安懦，當先破之，乃取魏。」守文與單可及精甲五萬，循清水上。思安設伏，自引兵逆戰，僞不勝。守文踰北至內黃，思安整兵還擊守文，伏發，斬可及，獨守文挺逸，衆無還者。從周與邢、洺兵與魏將賀德倫等出館陶門，夜擊仁恭，破八屯。仁恭走，自魏抵長河數百里，尸蔽道。鎭人邀敗之東境。仁恭遂衰。

三年，葛從周攻滄州，仁恭壁乾寧。從周潛軍戰老鴉隄，仁恭敗，退壁瓦橋，卑辭歸窮於克用求救，克用爲侵邢、洺。俄而全忠取瀛、莫，克用使周德威出飛狐。天祐三年，全忠自將攻滄州，壁長蘆。仁恭悉發男子十五以上爲兵，涅其面曰「定霸都」，士人則涅于臂曰「一心事主」，盧龍閭里爲空，得衆二十萬，屯瓦橋。全忠環滄築而壍之，內外援絕，人相食。仁恭求戰，不許，復從克用乞師，使百輩往，乃許。仁恭以兵三萬合攻潞州，降全忠將丁會，滄州圍乃解。

是時，中原方多故，仁恭得倚燕彊且遠，無所憚，意自滿。從方士王若訥學長年，築館大安山，掠子女充之。又招浮屠，與講法。以堇土爲錢，斂眞錢，穴山藏之，殺匠滅口。禁南方茶，自擷山爲茶，號山曰大恩，以邀利。

子守光烝嬖妾，事覺，仁恭謫之。李思安來攻，屯石子河。仁恭居大安山，城中無備。守光引兵出戰，思安去，因回攻大安，虜仁恭，囚別室，殺左右婢媵，遂有盧龍。

贊曰：朱滔脅其兄泚入朝，及引兵東嚮，稱帝以自尊，名雖助泚，志可知矣。至克融再得幽州，朱氏無遺種，其禍與泚鈞，而族夷有先後爲間也。

唐書卷二百一十三

列傳第一百三十八

藩鎭淄青橫海

李正己 納 師古 師道 程日華 懷直 懷信 權 李全略 同捷

李正己，高麗人。爲營州副將，從侯希逸入青州，希逸母卽其姑，故薦爲折衝都尉。寶應中，以軍候從討史朝義。時回紇恃功橫，諸軍莫敢抗。正己欲以氣折之，與大酋角逐，衆士皆牆立觀，約曰：「後者批之。」既逐而先，正己批其頰，回紇矢液流離，衆軍哄然笑。酋大慚，自是沮憚不敢暴。

希逸以爲兵馬使，沈毅得衆心，然陰忌之，因事解其職。軍中皆言不當廢，尋逐希逸出之，有詔代爲節度使。本名懷玉，至是賜今名，遂有淄、青、齊、海、登、萊、沂、密、德、棣十州，與田承嗣、薛嵩、李寶臣、梁崇義輔牙相倚。嵩死，李靈耀反，諸道攻之，共披其地。正己復取曹、濮、徐、兗、鄆，凡十有五州。市渤海名馬，歲不絕，賦繇均約，號最彊大。政令嚴酷，在所不敢偶語，威震鄰境。歷檢校司空，加同中書門下平章事，以司徒兼太子太保，封饒陽郡王。請附屬籍，許之。因徙治鄆，以子納及腹心將守諸州。

建中初，聞城汴州，乃約田悅、梁崇義、李惟岳偕叛。自屯濟陰，陳兵按習，益師徐州以扼江、淮。天子於是改運道，檄天下兵爲守備，河南騷然。會發疽死，年四十九。興元初，納順命，詔贈太尉。

納，少時爲奉禮郎，將兵防秋。代宗召見，擢殿中丞，賜金紫。入朝，擢兼侍御史。正己署爲淄、青二州刺史，又爲行軍司馬，濮徐兗沂海留後，進御史大夫。

正己死，祕喪不發，以兵會田悅于濮陽。馬燧方擊悅，納使大將衞俊救之，爲燧所破略盡，收洹水。德宗詔諸軍合討，其從父洧以徐州歸，大將李士眞以德州、李長卿以棣州送款，納恚洧背己，且徐險集，悉兵攻洧。帝命宣武劉玄佐督諸軍進援，大破其兵。納還濮陽，玄佐進圍之，殘其郛。納登陴見玄佐，泣且悔，遣判官房說與子弟質京師，因玄佐謝罪。時中人宋鳳朝以納窮，欲立功，建不可赦，帝乃械說等禁中。納於是還鄆，與悅、李希烈、朱滔、王武俊連和，自稱齊王，置百官。

興元初，帝下詔罪己，納復歸命，授檢校工部尚書，復平盧帥節，賜鐵劵，又同中書門下平章事，封隴西郡王。希烈圍陳州，納會諸軍破之城下，加檢校司空，實封五百戶，進檢校司徒。死年三十四，贈太傅。子師古、師道。

師古，以蔭累署青州刺史。納死，軍中請嗣帥，詔起爲右金吾衞大將軍、本軍節度使。初，棣州有蛤𧊅鹽池，歲產鹽數十萬斛。李長卿以州入朱滔，獨蛤𧊅爲納所據以專利。後德、棣入王武俊，納乃築壘德州南，跨河以守蛤𧊅，謂之三汊，通魏博以交田緒，盜掠德州，武俊患之。師古始襲，武俊易其弱，且納時將無在，乃率兵取蛤𧊅、三汊。師古使趙鎬拒戰，武俊子士清兵先濟滳河，會營中火起，士大譟不敢前。德宗遣使者諭武俊罷兵。師古亦隳三汊聽命。

嘗怒其僚獨孤造，使奏事京師，遣大將王濟縊殺之。貞元末，與杜佑、李欒皆得封妾媵以國爲夫人，進同中書門下平章事。

德宗崩，哀使未至，義成節度使李元素騰遺詔示之。師古幸國喪，欲攻掠州縣，即集將士告：「元素僞作遺詔，豈欲反邪？不可不討！」執使者，名討元素，勒兵出次，聞順宗立，乃罷。累加檢校司徒、兼侍中。元和初卒，贈太傅。

師道，異母弟也。師古嘗曰：「是不更民間疾苦，要令知衣食所從。」乃署知密州。師古病，召親近高沐、李公度等曰：「即我不諱，欲以誰嗣？」二人未對。師古曰：「豈以人情屬師道邪？彼不服戎，以技自尙，慮覆吾宗，公等審計之。」及死，沐、公度與家奴卒立之，而請于朝。於是制書久不下，師道謀哀兵守境，沐爭止，更上書奉兩稅，守鹽法，請吏朝廷。宰相杜黃裳欲橈削其權，而憲宗方誅劉闢，未皇東討，故命建王審領節度大使，而以師道知留後。歲中，加檢校工部尙書，爲副大使。自正己以來，雖外奉王命，而嘯引亡叛，有得罪于朝者厚納之。以嚴法持下，凡所付遣，必質其妻子；有謀順者，類夷其家。以故能脅汙士衆，傳三世云。

帝討蔡，詔興諸道兵而不及鄆，師道選卒二千抵壽春，陽言爲王師助，實欲援蔡也。亡命少年爲師道計曰：「河陰者，江、淮委輸，河南，帝都，請燒河陰敖庫，募洛壯士劫宮闕，即朝廷救腹心疾，此解蔡一奇也。」師道乃遣客燒河陰漕院錢三十萬緡，米數萬斛，倉百餘區。又有說師道曰：「上雖志討蔡，謀皆出宰相，而武元衡得君，願爲袁盎事，後宰相必懼，請罷兵，是不用師，蔡圍解矣。」乃使人殺元衡，傷裴度。

初，師道置邸東都，多買田伊闕、陸渾間，以舍山棚，遣將訾嘉珍、門察部分之，嵩山浮屠圓靜爲之謀。元和十年，大饗士邸中，椎牛釃酒，既束甲矣，其徒白官發之。留守呂元膺以兵掩邸，賊突出，轉略畿部，入山中數月，奪山棚所市，山棚怒，道官軍襲擊，盡殺之。圓靜者，年八十餘，嘗爲史思明將，驍悍絕倫。既執，力士椎其脛，不能折，駡曰：「豎子，折人脚且不能，乃曰健兒！」因自置其足折之。且死，歎曰：「敗吾事，不得見洛城流血！」於時，留守、防禦將、都亭驛史數十人，皆陰受師道署職，使爲詗察，故無知者。及窮治，嘉珍、察乃害武元衡者。鹽鐵使王播又得嘉珍所藏弓材五千，并斷建陵戟四十七。

始，師道欲知元濟虛實，使劉晏平間道走淮西。元濟日與宴，厚結歡。晏平歸，以爲元濟暴師數萬，而晏然居內，與妻妾戲博，必敗之道也。師道本倚蔡爲重，聞之怒，乃以它事殺晏平。及聞李光顏拔凌雲栅，始大懼，遣使歸順，帝重分兵支兩寇，故命給事中柳公綽慰撫之，加檢校司空。

蔡平，又遣比部員外郎張宿諷令割地質子。宿謂曰：「公今歸國爲宗姓，以尊卑論之，上叔父矣，不屈一也。以十二州事三百餘州天子，北面稱藩，不屈二也。以五十年傳爵，臣二百年天子，不屈三也。今反狀已暴，上猶許內省，宜遣子入宿衞，割地以贖罪。」師道乃納三州，遣子弘方入侍。宿既還，師道中悔，召諸將議，皆曰：「蔡數州，戰三四年乃克，公今十二州，何所虞？」大將崔承度獨進曰：「公初不示諸將腹心，而今委以兵，此皆嗜利者，朝廷以一漿十餅誘之去矣。」師道恚，遣承度詣京師，戒候吏時其還斬之。承度待命客省，不敢還。

帝以其負約，用左散騎常侍李遜喻旨。既至，師道嚴兵以見，遜讓曰：「前已約，而今背之，何也？願得要言奏天子。」師道許之，然懦暗不自決。私奴婢媼爭言：「先司徒土地，奈何一旦割之？今不獻三州，不過戰耳，卽不勝，割地未晚。」師道乃上書，以軍不協爲解。帝怒，下詔削其官，詔諸軍進討。武寧節度使李愿使將王智興破其衆，斬二千級，獲馬牛四千，略地至平陰。橫海節度使鄭權戰福城，斬五百級。武寧將李祐戰魚臺，敗之。宣武節度使韓弘拔考城。淮南節度使李夷簡命李聽趨海州，下沭陽、朐山，進戍東海。魏博節度使田弘正身將兵自陽劉濟河，拒鄆四十里而營，再接戰，破三萬衆，禽三千人。陳許節度使李光顏攻濮陽，收斗門、杜莊二屯。弘正又戰東阿，殘其衆五萬。師道每聞敗，輒悸成疾，及李祐取金鄉，左右莫敢白。

初，遣大將劉悟屯陽穀，當魏博軍，疑其逗留，悟懼不免，引兵反攻城。師道晨起聞之，白其嫂裴曰：「悟兵反，將求爲民，守墳墓。」卽與弘方匿溷間，兵就禽之。師道請見悟，不許，復請送京師，悟使謂曰：「司空今爲囚，何面目見天子！」猶俯仰祈哀，弘方曰：「不若速死！」乃幷斬之，傳首京師。棄其尸，無敢收視者，有士英秀爲殯城左。馬摠至，以士禮更葬。

初，師古見劉悟，曰：「後必貴，然敗吾家者此人也。」田弘正之度河也，禽其將夏侯澄等四十七人，有詔悉赦之，給繒絮，還隸魏博、義成軍，父母在欲還者優遣，賊皆感慰相告，由是悟得行其謀。師道首傳弘正營，召澄驗之，澄舐目中塵，號絕良久。悟素與師道妻魏亂，妄言鄭公徽之裔，不死，沒入掖廷，它宗屬悉遠徙。悟獨表師古子明安爲朗州司戶參軍。親將王承慶，承宗弟也，師道以兄女妻之，潛約左右，欲因肄兵執師道，會悟入，出奔徐州，歸朝。

程日華，定州安喜人，始名華，德宗以其有功，益曰日華。父元皓爲安祿山帳下，僞署定州刺史，故日華籍本軍，爲張孝忠牙將。滄，故成德部州也，孝忠絕李惟岳，德宗以滄畀義武。前刺史李固烈與惟岳姻屬，卽牢守。孝忠令日華往喻之，固烈請還恆州。旣治裝，悉帑以行，軍中怒曰：「馬瘠，士飢死，刺史不棄豪髪卹吾急，今刮地以去，吾等何望？」遂共殺固烈，屠其家。日華驚匿牀下，將士迎出之曰：「暴吾軍者已死，何畏而亡？」共逼領州。孝忠亦以日華寬厚，遂假以刺史。

朱滔叛，兵屯河間，以故滄、定道阻不相聞。滔及王武俊皆招日華，不納，卽攻之。日華乘城自固。參軍事李宇謀曰：「城久圍，府兵不爲援。今州十縣瀕海，有魚鹽利自給，此軍本號橫海，將軍能絕易定歸天子，自爲一州，敎甲訓兵，利則出，無利則守，可亢盜喉襟。君能用僕計，請至京師爲天子言之。」日華謂然，乃遣宇西，帝果大喜，拜御史中丞、滄州刺史，復置橫海軍，卽以爲使，時建中三年也。拜檢校工部尙書。詔滄歲饋義武錢十二萬緡，糧數萬斛，以宇爲判官。

武俊欲得滄，遣人說日華歸己，日華紿曰：「敝邑爲賊攻，力屈則下之。願假騎二百以抗賊，賊退，請以地授公。」武俊喜，歸之馬，日華留馬謝其使。武俊大怒，與滔方睦，懼有怨，乃止。久之，武俊歸命，日華乃還馬，以珍幣厚謝，復結好，武俊亦釋然。貞元二年卒，贈兵部尙書。

子懷直擅知留事，帝以日華故，卽拜權知滄州刺史。宇入朝，願析東光、景城二縣置景州，且請刺史。河朔刺史不廷授幾三十年，帝嘉其忠，以徐申爲景州刺史。昇橫海軍爲節度，擢懷直爲留後。明年，爲節度使。九年來朝，寵遇加等，進檢校尙書右僕射，賜大第、宮女。

懷直荒田獵，出輒數日不返，帳下程懷信乘衆怒，閉門不納。懷信，其從昆也。於是懷直入朝，帝不之罪，更以虔王爲節度使，擢懷信留後，以懷直兼右龍武軍統軍。明年，懷信爲節度矣。十六年，懷直卒，贈揚州大都督。

後五年，懷信死，子權襲領軍務，詔授留後。元和元年，拜節度使，累進檢校兵部尚書，封邢國公。六年入朝，憲宗寵禮遣還鎮，加檢校尚書右僕射。權始名執恭，嘗夢滄諸門悉署「權」字，乃改名以應之。及淮西平，惕不安，丐入朝。至京師，固辭軍政，乃詔華州刺史鄭權代之。後以檢校司空爲邠寧節度使。卒，贈司徒，宗族奉朝請宿衞者三十餘人。

李全略，本王氏，名日簡，事王武俊爲偏裨。承宗時，虐用其軍，故入朝，授代州刺史。田弘正遇害，穆宗以全略故鎮州將，召問所欲言，全略多陳利害，冀合帝意，且請盡死力以報，遂授德州刺史。是時，杜叔良兵敗博野，故以全略爲橫海軍節度、滄德棣州觀察使，賜今姓名。未幾，貢錢千萬，使子同捷入朝。既還，卽奏同捷爲滄州長史，押中軍兵馬。帝不得已，可其請。全略陰規傳久計，選材武，以所私結士心。棣州刺史王稷善撫衆，而家富于財，全略內忌，以計殺之，族其家。

未幾死，同捷領留後事，重賂鄰藩，求領父節，敬宗持久詔不下。俄而文宗立，同捷以帝新嗣位，必大開貸示四方，乃遣弟同志、同巽入朝，而使其屬崔長奉表請命，有詔拜兗海節度使，以烏重胤代之。同捷計窮，矯言軍中留己。於是，王智興請以全軍出討，魏博史憲誠令大將傳手詔入于軍，同捷不受，德、棣民多奔入鄆。乃下詔削官爵，命重胤率鄆、齊兵進討。憲誠、智興及汴滑李聽、平盧康志睦、易定張璠、幽州李載義以兵傅境。同捷自以與成德有舊，乃傾玉帛子女市河北三鎮驩。載義不許，絕其交，執使者幷所遣奴婢四十七獻諸朝。王廷湊本闚橫海，欲乘其隙取之，引軍來援。智興攻棣州，火譙門，引水灌城，凡七月，其將張叔連降。始，刺史欒濛以同捷叛，密上變，事洩，爲所害，贈工部尚書。智興進圍滄州。

是時，帝絕王廷湊朝貢，且討之，兵須夥繁，調發不時，始置供軍糧料使，以濟兩河，諸將又多張俘首以冒賞。自重胤卒後，李寰、傅良弼不終事，更以左金吾衞大將軍李祐代，而智興將李君謀以輕兵絕河，夜殘無棣，降饒安壁五千兵。明年，祐拔無棣、平原。有詔行營堅壁務農，非被襲，勿決戰。而祐兵已薄德州，帝遣諫議大夫柏耆宣慰。祐攻拔德州，餘卒奔廷湊。同捷益急，乞降，祐疑其詐。耆引兵直入城，取同捷及家屬馳西。祐入滄州，耆至將陵，斬同捷，使其下傳首京師。詔貸四州一年租賦，赦同捷母幷妻息，徙湖南。流崔長商州。同巽等以異母貸死，得隨母流所云。

唐書卷二百一十四

列傳第一百三十九

藩鎮宣武彰義澤潞

劉玄佐 鄧惟恭　吳少誠 少陽　元濟　李祐　劉悟 從諫　稹　李佐之
李師晦　李丕

劉玄佐，滑州匡城人。少倜蕩，不自業，爲縣捕盜，犯法，吏笞辱幾死，乃亡命從永平軍，稍爲牙將。大曆中，李靈耀據汴州反，玄佐乘其無備，襲取宋州，有詔以州遂隸其軍，節度使李勉即表署刺史。

德宗建中初，進兼御史中丞，充宋、亳、潁節度使。時李納叛，李洧以徐州歸，納急攻之，詔玄佐援洧，大破納兵，斬首萬餘級，東南饟漕乃通。進圍濮州，徇濮陽，皆下，再降其守將，遂通濮陽津。遷檢校兵部尚書、兼曹濮觀察、淄青兗鄆招討使、汴滑都統副使。

李希烈之反，玄佐與李勉、陳少游、哥舒曜聯兵屯淮、汝，數困賊。帝在奉天，垂意關東，乃詔檢校尚書左僕射、同中書門下平章事。希烈攻陳州，玄佐救之，希烈走，遂進取汴州。詔加汴宋節度使、陳州諸軍行營都統。玄佐本名洽，至是賜名以尊寵之。入朝，復兼涇原、四鎮、北庭兵馬副元帥，檢校司徒。

性豪縱，輕財好厚賞，故下益困。汴自李忠臣以來，士卒驕，不能自還，至玄佐彌甚。其後殺帥長，大鈔劫，狃于利而然也。玄佐貴，母尚在，賢婦人也。常月織絁一端，示不忘本。數敎敕玄佐盡臣節。見縣令走廷中白事，退，戒曰：「長吏恐懼卑甚。吾思而父吏於縣，亦當爾。而據案當之，可安乎？」玄佐感悟，故待下益加禮。汴有相國寺，或傳佛軀汗流，玄佐自往大施金帛，於是將吏、商賈奔走輸金錢，惟恐後。十日，玄佐敕止，籍所入得巨萬，因以贍軍。其權譎類若此。初，李納遣使至汴，玄佐盛飾女子進之，厚饋遺，皆得其陰謀，故納最憚之。所寵吏張士南及假子樂士朝貲皆鉅萬；而士朝私玄佐嬖妾，懼事覺，酖玄佐，死，年五十八，贈太傅，謚曰壯武。

軍中匿喪俟代，帝亦爲隱。踰三日乃發喪。使至，帝問所欲立，曰：「陝虢觀察使吳湊可乎？」監軍孟介、行軍盧瑗以爲便，乃拜湊爲節度使。至氾水，玄佐柩將還，士請具禮，瑗不許，衆皆怒。陵晨，甲而譟，起玄佐子士寧於喪，使坐重榻，墨其衣，尊爲留後，殺大將曹金岸、浚儀令李邁，醢之，唯瑗、介獲免。士寧乃出貯財分勞吏士。介以聞，帝召宰相計議，竇參曰：「汴人挾李納以邀命，若不許，勢且合，不可解。」遂以士寧爲左金吾衞將軍，嗣節度。

始，玄佐養子士幹與士朝皆來京師，士幹知玄佐死無狀，遣奴持刀紿爲弔，入殺士朝於次。帝惡其專，亦賜士幹死。

士寧未授詔時，私遣人結王武俊、劉濟、田緒等，諸鎭不直之，皆執其使。而士寧忍暴，嘗手殺人杯案間；又彊烝父諸妾，逼吏民妻女亂之，或羸而觀；每畋獵，數日乃還。其下厭苦不服。

大將李萬榮者，故與玄佐同里相善，寬厚得士心。士寧忌之，奪其兵，使攝州事。嘗引衆二萬畋城南，未還，萬榮晨入府，召所留親兵告曰：「天子有詔召大夫，俾我代節度。人賜錢三萬。」士皆拜。於是分兵閉諸門，使告士寧曰：「詔書召大夫，宜速去，不然，事急且傳首以獻。」士寧知衆不與，將五百騎出奔，次中牟，亡者已半，至東都，惟僮妾數十人從之。既至京師，詔就第，禁出入。萬榮斬其支附數十人，以二十萬緡勞軍，詔籍士寧家貲給之。拜萬榮兵馬留後。於是籍驕兵數百人，悉遣西防秋，當戍者怨之。大校韓惟淸、張彥琳等請往，不許，使其子迺將，未行，彥琳等因其怨，誘使反攻萬榮，不勝，刼運財、民貲，殺掠數千人而潰。惟淸奔鄭州，彥琳走東都自歸，有詔宥死竄惡地。殘士奔宋州，劉逸淮撫之，萬榮悉誅其妻子，以故衆不安，或呼於市曰：「大軍至，城且破。」萬榮捕按之，或言爲士寧所教，萬榮斬之，以狀聞，故士寧斥置郴州。

俄進萬榮節度使。會病甚，以兵屬鄧惟恭。惟恭者，與萬榮同里閈。而署子迺爲司馬，出大將李湛、張伾、伊婁涚等于外，欲殺之，不果。萬榮死，是夜惟恭與監軍俱文珍執迺送京師，杖死京兆府，以董晉代之。

吳少誠，幽州潞人，以世廕爲諸王府戶曹參軍事。客荆南，節度使庾準器之，留爲牙門將。從入朝，道襄陽，度梁崇義必叛，密畫計，將獻天子，而李希烈以其事聞，有詔嘉美，擢封通義郡王。崇義反，希烈以少誠爲前鋒。事平，賜實封戶五十。希烈叛，少誠爲盡力，及死，推陳仙奇主後務，既又殺之，衆乃共推少誠，德宗因授申、蔡、光等州節度觀察留後。少誠爲治，能儉損，完軍實。自希烈以來，申、蔡人刼於苛法而忘所歸，及耆長既物故，則壯者習見暴掠，恬於搏鬭。地少馬，乘騾以戰，號「騾子軍」，尤悍銳。甲皆畫雷公星文以厭勝，詛詈王師。其屬鄭常、楊冀欲劫少誠，逐之以聽命，不克，常、冀被害。少誠盡宥諸將，以結衆心。貞元五年，進拜節度使。

久之，曲環卒，少誠間陳許無帥，以兵攻臨潁，戍將韋淸與賊通，留後上官涚遣兵三千救之，悉爲賊俘，遂圍許州。德宗怒，削少誠官爵，合十六道兵進討。于頔以襄陽兵戰吳房、朗山，禽其三將。王宗以壽州兵破賊於秋栅。於時師雖衆，無統帥，而宦人監軍顓進退，互爲異見。既戰小溵河，諸道師未交而潰，棄輜仗不貲。帝乃詔夏州節度使韓全義爲淮蔡招討處置使，上官涚副之，諸將皆受節度。與賊吳少陽等戰廣利城，師復敗，退營五樓，爲賊所乘，遂大潰。全義及監軍賈英秀等夜遯保溵水。汴宋、徐泗、淄靑兵走陳州。少誠薄溵水而營，全義懼，退保陳，而潞、滑、河陽、河中兵逃歸，唯陳許將孟元陽、神策將蘇光榮壁溵水。全義乃斬潞將夏侯仲宣、滑將時昂、河陽將權文度、河中將郭湘，欲以振師，不能也。少誠引兵去。

全義之敗，少誠得帳中諸公書數百番，持以紿衆曰：「朝廷公卿託全義破蔡日掠將士妻女爲婢媵。」以激怒其衆，絕向順意。少誠弱王師，移書於英秀求昭雪。帝召大臣議，宰相賈耽曰：「五樓軍退，而少誠卷甲不追，有自新路。」帝意稍挺，少誠復固巢穴矣。然猶以宦者監諸道軍。劍南韋皋上言，以爲不如擇重臣爲統帥，因薦渾瑊、賈耽，「陛下若重煩元老，更求其次，則臣請以銳士萬人順流趨荆、楚，可以攘翦元惡。不然，因其請罪，特加原洗，罷兩河諸軍，亦其次也。使少誠禍盈惡周，變生帳下，必其賊黨，又當以官爵與之，則一少誠死，一少誠生，亦何足賴？」帝遂赦少誠，盡還其官爵。

順宗卽位，進同中書門下平章事，檢校司空，徙封濮陽郡王。元和四年死，贈司徒，而吳少陽代之。

少陽者，滄州淸池人。與少誠同在魏博軍，相友善。少誠得淮西，多出金帛邀之，養以爲弟，署右職，親近無間。少陽度少誠猜忍，且畏禍，請爲外捍，少誠乃表爲申州刺史。爲治尙寬易，舉軍附賴。少誠病亟，家奴單于熊兒矯召少陽至，攝副使，總軍事，於是殺少誠子元慶，自稱留後。憲宗以王承宗方叛，故詔遂王爲節度使，以少陽領留後。居三年，進拜節度使。

少陽不立繇役籍，隨日賦斂於人。地多原澤，益畜馬。時時掠壽州茶山，劫商賈，招四方亡命，以實其軍。不肯朝，然屢獻牧馬以自解，帝亦因善之。

九年死，子元濟匿不發喪，以病聞，僞表請元濟主兵。帝遣太醫往視，卽陽言少愈，不得見。

元濟者，其長子也，山首燕頷，垂頤，鼻長六寸。始仕試協律郎，攝蔡州刺史。有董重質者，少誠壻也，勇悍，久將，善爲兵，元濟倚之，因說元濟，請以精兵三千由壽之間道取揚州，東約李師道以舟師襲潤州，據之；遣奇兵掩商、鄧，取嚴綬，進守襄陽，以搖東南，則荆、衡、黔、巫傳一矢可定，五嶺非朝廷所有。又請輕兵五百，自崿領三日襲東都，則天下騷動，可以横行。元濟猶豫不能用。

先是，其屬蘇兆、楊元卿、侯惟淸嘗勸少陽入朝，或言其有異志，元濟縊兆，歸其尸，而囚惟淸。帝以二人者皆死，故贈惟淸兵部尙書，兆尙書右僕射。時元卿奏事在長安，見宰相李吉甫，具言淮西事，且請蔡使在道者，隨在所繫之。少陽死四十日，帝不爲輟朝，易將增戍以須變。

會傳言重質殺元濟，族其家，吉甫因請爲少陽輟朝，遣使弔賻，贈尙書右僕射。而元濟不得命，乃悉兵四出，焚舞陽及葉，掠襄城、陽翟。時許、汝居人皆竄伏榛莽間，剽係千餘里，關東大恐。弔使至，弗克入而還。乃詔烏重胤兼汝州刺史，引軍壓其境，寧州刺史曹華爲之副，以戍襄城；李光顏爲忠武節度使，總兵臨屯；析山南東道，詔節度使嚴綬爲申、光、蔡等州招撫使，以中人崔潭峻監其軍。下詔奪元濟官爵，趣諸道進討。時大旱，詔旣下，雨雪凡三日。田弘正、韓弘各遣子率兵隸綬、光顏軍。綬屯蔡西鄙，師小勝，不設備，爲賊襲，敗于磁丘，退保唐州。壽州刺史令狐通戰數北，賊乃拔霍丘，屠馬塘，通嬰城不敢出。詔左金吾衞大將軍李文通宣慰，度其至，使代通。

會裴度輔政，賊始懼，而元濟不能有所指授，諸將趙昌、凌朝江、董重質、李祐、李憲、王覽、趙曄、王仁清等以便宜人自爲戰，抗王師，有少誠、少陽舊風。而李師道餽鹽，出入寧陵、雍丘間，韓弘知而不肯禁。文通引兵與賊將王覽、董重質戰史蔟岡，馘覽首。光顏又大破賊於時曲，復與重胤合擊賊小溵河，敗之，夷其屯塹。天子責綬失律，更以韓弘兼都統，擢高霞寓唐鄧隨節度使。

十一年，諸軍大合。光顏壁掌河；文通敗賊於固始，拔鐵山；霞寓戰朗山，斬首千餘級，焚其壁，次鐵城。賊僞奔，霞寓窮追，伏發，死傷略盡，退保新興，賊圍之，監軍李議誠馳入唐州。以救兵至，圍解，還守唐州。

元濟以霞寓敗，不足虞，併兵以備陳。其秋，文通以兵銜枚夜出九女原，屠保壁三十所，分兵西北並安陽山，破屯邏數百人，降者萬餘，執兩將。光顏敗郾城兵二萬，俘六將，復與重胤合攻淩雲柵，拔之。帝怒諸軍無大功，詔內常侍梁守謙宣慰，因督戰，付詔書五百以待有功，斥金帛募死士。進拜光顏檢校尚書左僕射，重胤右僕射，佈御史中丞，公武御史大夫。詔旨約束，厲賞罰，諸將恐懼。貶霞寓，以袁滋代之。滋懦不能軍，更以李愬爲唐鄧隨節度使。

元濟食盡，士卒食菱芡魚鼈皆竭，至斸草根以給者。民苦飢，相與四潰，元濟亦嗇其食，不復禁，諸將爭納之。帝始僑置郾城、吳房於行營，以綏新附。愬引兵攻其西，破屯柵十餘所，執丁士良、吳秀琳，皆賊票健者。賊帥張伯良以兵三萬與光顏戰郾城，大敗。獲馬千匹、甲三萬首，伯良奔還蔡。曹華取青陵城，斷郾歸路。賊將鄧懷金懼，卽送款，光顏受之。愬又襲破朗山，執戍將梁希果，平汶港等三壁。元濟知衆數潰，而外失秀琳等，因奉表請束身北闕下，帝遣使者許以不死。元濟取行營馬三百，董重質不與，故不果降。愬略興橋，得守將李祐，不殺，引至帳下計議，始謀襲蔡，賊勢益沮。

自少誠盜有蔡四十年，王師未嘗傅城下，又嘗敗韓全義、于頔，以是兵驕無所憚，內恃陂浸重阻，故合天下兵攻之，三年纔克一二縣。帝旣責罷霞寓、滋等，諸將乃用命。詔起沙陀梟騎濟師，命裴度爲彰義節度兼申、光、蔡四面行營招撫使。梁守謙與諸將計，先度未至立功，諸將亟戰，不勝。度至，大勞將士，皆感激請戰。間遣士入蔡，約元濟降，爲左右所劫，不得降。光顏每戰冠軍，故元濟悉衆亢時曲。祐爲愬謀曰：「蔡之守者，市人疲卒耳，勁兵皆在外，若直擣縣瓠，賊成禽矣。」愬然之，以精騎夜襲蔡，坎垣入之，戍者不知也。賊恃董重質兵在洄曲，不虞師之至，及愬攻內城，防卒尙千餘接戰，元濟始驚，被甲乘城以待重質。會重質降愬，而李進誠取賊庫兵，卽攻之。明日，燒其門，民相率抱薪增火，王師縱射，城上鏃可拾也。居二日，門壞，執元濟，舉族傳之長安。申、光戍兵尙三萬，皆降。帝御興安門受俘，羣臣稱賀，以元濟獻廟社，徇于市斬之，年二十五。夜失其首。妻沈沒入掖庭，二弟、三男子流江陵，皆殺之。斬其屬官劉協庶、趙曄、王仁淸等十餘人。度還，以馬摠爲留後，俄拜節度使，析溵州隸陳許。

始度之出，太子右庶子韓愈爲行軍司馬，帝美度功，卽命愈爲平淮西碑，其文曰：

天以唐克肖其德，聖子神孫，繼繼承承，於千萬年，敬戒不怠，全付所覆，四海九州，罔有內外，悉主悉臣。高祖、太宗，旣除旣治。高宗、中、睿，休養生息。至于玄宗，受報收功，極熾而豐，物衆地大，孽牙其閒。肅宗、代宗，德祖、順考，以勤以容。大歷適去，莨莠不薅，相臣將臣，文恬武嬉，習熟見聞，以爲當然。睿聖文武皇帝旣受羣臣朝，乃考圖數貢，曰：「嗚呼！天旣全付予有家，今傳次在予，予不能事事，其何以見于郊廟！」羣臣震慴走職。明年，平蜀。又明年，平江東。又明年，平澤潞，遂定易定，致魏、博、貝、衞、澶、相，無不從志。皇帝曰：「不可究武，予其少息。」

九年，蔡將死，蔡人立其子元濟以請，不許，遂燒舞陽，犯葉、襄城，以動東都，放兵四劫。皇帝歷問于朝，一二臣外，皆曰：「蔡帥之不廷授，于今五十年，傳三姓四將，其樹本堅，兵利卒頑，不與它等。因撫而有，順且無事。」大官臆決唱聲，萬口和附，并爲一談，牢不可破。皇帝曰：「惟天惟祖宗所以付任予者，庶其在此，予何敢不力！況一二臣同，不爲無助。」曰：「光顏，汝爲陳許帥，維是河東、魏博、郃陽三軍之在行者，汝皆將之。」曰：「重胤，汝故有河陽、懷，今益以汝，維是朔方、義成、陝、益、鳳翔、鄜延、寧慶七軍之在行者，汝皆將之。」曰：「弘，汝以卒萬二千屬而子公武往討之。」曰：「文通，汝守壽，維是宣武、淮南、宣歙、浙西、徐泗五軍之行于壽者，汝皆將之。」曰：「道古，汝其觀察鄂岳。」曰：「愬，汝帥唐鄧隨，各以其兵進戰。」曰：「度，汝長御史，其往視師。」曰：「度，惟汝予同，汝遂相予，以賞罰用命不用命。」曰：「弘，汝其以節都統諸軍。」曰：「守謙，汝出入左右，汝惟近臣，其往撫師。」曰：「度，汝其往，衣服飲食予士，無寒無飢，以既厥事，遂生蔡人。賜汝節斧、通天御帶、衞卒三百。凡茲廷臣，汝擇自從，惟其賢能，無憚大吏。庚申，予其臨門送汝。」曰：「御史，予閔士大夫戰甚苦，自今以往，非郊廟祀，無用樂。」

顏、胤、武合攻其北，大戰十六，得柵城縣二十三，降人卒四萬。道古攻其東南，八戰，降萬三千，再入申，破其外城。文通戰其東，十餘遇，降萬二千。愬入其西，得賊將，輒釋不殺，用其策，戰比有功。十二年八月，丞相度至師，都統弘責戰益急，顏、胤、武戰益用命。元濟盡幷其衆洄曲以備。十月壬申，愬用所得賊將，自文城因天大雪疾馳百二十里，用夜半到蔡，破其門，取元濟以獻，盡得其屬人卒。辛巳，丞相度入蔡，以皇帝命赦其人。淮西平，大饗賚功。師還之日，因以其食賜蔡人。凡蔡卒三萬五千，其不樂爲兵願歸爲農者十九，悉縱之。斬元濟京師。

册功：弘加侍中；愬爲左僕射，帥山南東道；顏、胤皆加司空；公武以散騎常侍帥鄜坊丹延；道古進大夫；文通加散騎常侍。丞相度朝京師，進封晉國公，進階金紫光祿大夫，以舊官相；而以其副摠爲工部尚書，領蔡任。

旣還奏，羣臣請紀聖功，被之金石。皇帝以命臣愈，愈再拜稽首而獻文曰：

唐承天命，遂臣萬方。孰居近土，襲盜以狂？往在玄宗，崇極而圮。河北悍驕，河南附起。四聖不宥，屢興師征。有不能克，益戍以兵。夫耕不食，婦織不裳。輸之以車，爲卒賜糧。外多失朝，曠不岳狩。百隸怠官，事亡其舊。帝時繼位，顧瞻咨嗟：「惟汝文武，孰恤予家？」旣斬吳、蜀，旋取山東。魏將首義，六州降從。淮蔡不順，自以爲彊。提兵叫讙，欲事故常。始命討之，遂連姦鄰。陰遣刺客，來賊相臣。方戰未利，內驚京師。羣公上言：「莫若惠來。」帝爲不聞，與神爲謀。及相同德，以訖天誅。乃敕顏、胤、愬、武、古、通：「咸統於弘，各奏汝功。」三方分攻，五萬其師。大兵北乘，厥數倍之。嘗兵時曲，軍士蠢蠢。既翦陵雲，蔡卒大窘。勝之邵陵，郾城來降。自夏及秋，復屯相望。兵頓不勵，告功不時。帝哀征夫，命相往釐。士飽而歌，馬騰於槽。試之新城，賊遇敗逃。盡抽其有，聚以防我。西師躍入，道無留者。頟頟蔡城，其疆千里。既入而有，莫不順俟。帝有恩言，相度來宣：誅止其魁，釋于下人。蔡之卒夫，投甲呼舞。蔡之婦女，迎門笑語。蔡人告飢，船粟往哺。蔡人告寒，賜以繒布。始時蔡人，禁不往來。今相從戲，里門夜開。始時蔡人，進戰退戮。今眠而起，左飧右粥。爲之擇人，以收餘憊。選吏賜牛，教而不稅。蔡人有言：「始迷不知，今乃大覺，羞前之爲。」蔡人有言：「天子明聖，不順族誅，順保性命。汝不吾信，視此蔡方。孰爲不順，往斧其吭。凡叛有數，聲勢相倚。吾彊不支，汝弱奚恃？其告而長，而父而兄；奔走來階，同我太平。」淮蔡爲亂，天子伐之。既伐而飢，天子活之。始議伐蔡，卿士莫隨。既伐四年，小大並疑。不赦不疑，由天子明。凡此蔡功，惟斷乃成。既定淮蔡，四夷畢來。遂開明堂，坐以治之。

愈以元濟之平，繇度能固天子意，得不赦，故諸將不敢首鼠，卒禽之，多歸度功，而愬特以入蔡功居第一。愬妻，唐安公主女也，出入禁中，訴愈文不實。帝亦重悟武臣心，詔斲其文，更命翰林學士段文昌爲之。

李祐以功遷神武將軍，賜田宅米粟。帝迹董重質敎元濟亂，欲誅之，而李愬先許不死，故貶春州司戶參軍；凌朝江潘州司戶參軍。

是歲，申、蔡州始輸貢物，戶部以其久不至，請元日陳於廷。

祐字慶之，後擢夏綏銀宥節度使，徙涇原。討李同捷也，改滄德景節度，累檢校尚書左僕射。重質之貶，未幾，轉太子少詹事，隸武寧軍，遷左神武將軍，賚金幣與功臣等。擢累左右神策劍南西川行營節度使，歷帥夏綏銀宥，訓兵有法，羌戎畏服。終右龍武統軍，贈尚書右僕射。

劉悟，其祖正臣，平盧軍節度使，襲范陽不克，死。叔父全諒，節度宣武，器其敢毅，署牙將，以罪奔潞州。王虔休復署爲將，被病去，還東都，全諒積緡錢數百萬在焉，悟破縢鐍用之。從惡少年殺人屠狗，豪橫犯法，繫河南獄，留守韋夏卿貸免。李師古厚幣迎之，始未甚知，後從擊毬，軒然馳突，撞師古馬仆，師古恚，將斬之，悟盛氣以語觸師古，不懾，師古奇其才，令將後軍，妻以從娟，歷牙門右職。師道以軍用屈，率賈人錢爲助，命悟督之。悟獨寬假，人皆歸賴。師道被討，使將兵屯曹，法一而信，士卒樂爲用，軍中刁斗不鳴。

田弘正兵屯陽穀，悟徙營潭趙，魏師踰河取盧縣，壓阿井，城中飛語以謂馮利涉與悟當爲帥。師道內疑，數召悟計事，悟曰：「今與魏如角力者，勢已交，先退者負。悟還，魏踵薄城下矣。」左右諫曰：「兵成敗未可知，殺大將，孰肯爲用？」師道然之。或言悟且亂，不如速去，師道遣使兩輩來責戰，密語其副張暹使斬悟。使者與暹屏語移時，悟疑之，暹以情告，悟乃斬使者，召諸將議曰：「魏博兵彊，出則敗，不出則死。且天子所誅，司空而已。吾屬爲驅迫就死地，孰若還兵取鄆立大功，轉危亡爲富貴乎？」衆皆唯唯，而別將趙垂棘沮其行，悟因殺之，并殺所惡三十人，尸帳前，衆畏伏。下令曰：「入鄆，人賞錢十萬，聽復私怨，財畜恣取之，唯完軍帑，違者斬。」因遣報弘正，使進兵潭趙。悟夜半薄西門，遲明啓而入，殺師道并大將魏銑等數十人。即拜悟義成節度使，封彭城郡王，實封戶五百。

元和十五年來朝，進檢校兵部尚書。穆宗立，徙昭義軍。朱克融亂，議者假威名以厭其亂，移守盧龍。至邢州，會王廷湊之變，不得入，還屯。進兼幽、鎭招討使，治邢州。圍臨城，觀望久不拔，與監軍劉承偕不叶，衆辱悟，縱其下亂法，悟不堪其忍。承偕與都將張問謀縛悟送京師，以問代節度事。悟知之，以兵圍監軍，殺小使。其屬賈直言質責悟曰：「李司空死有知，使公所爲至此，軍中將復有如公者矣！」悟遽謝曰：「吾不欲聞李司空字，少選當定。」卽撝兵退，匿承偕囚之。帝重違其心，貶承偕，然悟自是頗專肆，上書言多不恭。天下負罪亡命者多歸之，彊列其冤。累進檢校司徒、同中書門下平章事。

寶曆初，巫者妄言師道以兵屯瑠璃陂，悟惶恐，命禱祭，具千人膳，自往求哀。將易衣，嘔血數斗，卒，贈太尉。表其子從諫嗣。

從諫，母微賤，少狡獪。師道時，使悟出屯，署從諫門下別奏。從諫與師道諸奴日戲博交通，具知其陰密事，悉疏于悟，故悟得立功。悟卒，從諫知留後，持金幣路當權者。朝議謂上黨內鎮，與河朔異，不可許。左僕射李絳奏言：「悟匿死，衆不必同亂，從諫威惠未著，若詔比鎮大將領節度，馳入軍，笮其未備，使軍情有屬，謀自屈矣。有如拒命，三州勢難獨存，數月可覆。」時李逢吉、王守澄納其賂，數爲請，敬宗乃以晉王爲節度大使，詔從諫主留事，起將作監主簿，檢校左散騎常侍。晉王帝所愛，從諫饋獻相望，未幾，拜節度使。大和初，李聽敗館陶，走淺口，從諫引鐵騎黃頭郎救之，聽免。進檢校尚書左僕射，拜司空，封沛國公。

昭義自悟時治邢州，而人思上黨，從諫還治潞。悟苛擾，從諫寬厚，故下益附。方年壯，思立功。六年，請入朝，文宗待遇加等。明年，還藩，進同中書門下平章事。公卿多託以私，又見事柄不一，遂心輕朝廷，有驕色。李訓約從諫誅鄭注，及甘露事，宰相皆夷族，傳言死非其罪。從諫不平，三上書請王涯等罪，譏切中人。時宦豎得志，天子弱，鄭覃、李石新執政，藉其論執以立權綱，中人憚而怨之。又劾奏蕭本非太后弟。仇士良積怒，倡言從諫志窺伺。從諫亦妄言清君側，因與朝廷猜貳。武宗立，兼太子太師。

性奢侈，飾居室輿馬。無遠略，善貿易之算。徙長子道入潞，歲榷馬征商人，又熬鹽，貨銅鐵，收緡十萬。賈人子獻口馬金幣，即署牙將，使行賈州縣，所在暴橫沓貪，責子貸錢，吏不應命，即愬于從諫。欲論奏，或遣客游刺，故天下怨怒。從諫畜馬高九尺，獻之帝，帝不納，疑士良所沮，怒殺馬，益不平。又聞士良寵方渥，愈憂惑，欲自入朝，恐不脫禍，因被病，卒，年四十一，贈太傅。初，大將李萬江者，本退渾部，李抱玉送回紇，道太原，舉帳從至潞州，牧津梁寺，地美水草，馬如鴨而健，世所謂津梁種者，歲入馬價數百萬。子弟姻婭隸軍者四十八人，從諫徙山東，懼其重遷且生變，而子弟亦豪縱，少從諫，不甚禮，因誣其叛，夷三族，凡三百餘家。姬妾有微過，輒殺之。人皆知其將亡。

從子稹，父從素仕右驍衞將軍。從諫以爲嗣，病甚，與妻裴謀，令主軍事，置大將王協、郭誼、劉武德、劉守義等佐稹。祕不發喪，協謀遣將姜崟請醫於朝。中人與醫至，時從諫死已再旬，稹曰：「公困革不任受詔，稹請代拜。」中人曰：「臥而視可也。」辭以母夫人侍，不可屏。中人欲直入，武德等戶之，中人恐有變，趨出，貺饋百萬。後使者繼往，爲知從諫已死者，未至數舍，衆懼，武德與將董可武出兵萬人迎勞，至牙門，不得前。諸將乃詣監軍崔士康邀說，請如河朔故事。士康懦，不敢拒，乃至喪次，扶出稹，爲褁絁巾，曰：「毋更欲殺敕使。」諸將哄然笑，遂出見三軍。

帝怒前使者不入，謫隸恭陵；稹所遣姜岑、梁叔文、梁叔明三輩，皆杖死京兆府。詔從素書敕稹護喪還東都，稹不奉詔。詔羣臣議，李德裕建言：「稹所恃者，河朔耳。若遣大臣諭上旨，出山東兵，破之必矣。」有詔奪從諫、稹官，敕諸軍進討。

於是河陽王茂元以兵屯萬善；河東劉沔守昂車關，壁楡社；魏博何弘敬柵肥鄉，侵平恩；成德王元逵次臨洺，略任、堯山、向城；河中陳夷行營冀城，侵冀氏。茂元別遣將營天井關，爲賊將薛茂卿所破，執四將，火十七柵。張巨進攻萬善，不能下。茂元欲走，會日暮，賊自潰去。詔忠武王宰以本軍入懷澤行營，陳許士票武，賊衆素憚畏。而茂卿負戰勝，冀厚賞。或言：「其兵犯王略深，朝廷且怒，節益不可至。」稹然之，故茂卿大望，乃與宰通，即僞挑戰，亟北，委天井關去，左右七營皆潰。茂卿奔澤州，使諜言於宰曰：「澤可取，吾應於內。」宰疑不進，失期，茂卿扼腕悵恨。稹聞其貳，召誅之。宰進破劉公直，拔陵川。劉沔又取石會關。李石代沔領河東，積因石兄洺州刺史恬移書乞降，石以聞，右拾遺崔碣表請納之，帝怒，斥碣鄧城令，詔敢言罷兵者戮賊境。上令石答書許積面縛，石馳往受之，積不出。俄而太原將楊弁逐李石，與積連和，積諸將建議：「我求承襲，彼叛卒，若與之，是與反者。」械其使送京師，使康良佺屯鼓腰嶺，敗太原兵，生禽卒七百。帝猶不赦。

始，從諫將死，命積無答辱羣奴，故李士貴等與王協尤用事，士戰，有功不賞，下無鬬志。府中財貨尙山積，而協請稅商人，使劉溪等分出檢實，而溪幷齊民閱其貲，十取二，百姓始怨。從諫妻弟裴問守邢州，有募兵五百，號「夜飛將」，多豪姓子，其家以輸貲不時，爲溪所囚。問以爲言，溪大怒，問因殺溪，與刺史崔嘏斬大將，自歸成德軍。王釗守洺州，給士帑布一端，積檄代歲稟。釗謂衆曰：「庫物尙多，欲發以爲賞，可乎？」士皆喜。悉所有給之，送款魏博軍。磁州將高玉、堯山將魏元談等以次降成德，元逵以久爲賊守，殺之。

積聞三州降，大懼。大將郭誼與王協始議圖積，使董可武誘積至北第，置酒，飲酣，卽斬首，悉取從諫子在襁褓者二十餘，幷從子積、匡周等殺之。誅張谷、張沿、陳揚庭、李仲京、王渥、王羽、韓茂章、茂實、賈庠、郭台、甄戈十一族，夷之，軍中素不附者皆殺。函積首送王宰，獻京師，告廟社，帝御興安門受之。劉公直亦降於宰。

石雄以兵守境，軍大掠，誼移書責之，雄銜怒。積之死，誼斥從諫妻伏夾室，收其貲私於己，建大廢，日望旌節。宰相德裕建言：「稹庸下，亂繇誼始，及軍窮蹙，乃圖稹邀榮，不誅無以懲姦臣。及兵在境，宜悉取逆黨送京師，論如法。」先是有狂人呼於潞市曰：「石雄七千人至矣！」從諫捕誅之，乃請詔雄率兵如數以入。雄至潞，縛誼及王協、劉公直、安全慶、李道德、李佐堯、劉武德、董可武等送京師，並殊死。杖崔士康殺之。白惟信者，潞梟將，數與雄戰，懼不敢降，自武鄉殺都將康良佺，欲降盧鈞；雄遣人召降，惟信殺之，卒降鈞。有詔「從諫且死，乃署稹軍事，宜剖棺暴尸于市三日。」雄發視，面如生，一目尚開，雄三斬之，仇人剔其骨幾盡。

誼者，兗州人。兄岌，事悟爲牙將，常樂潞山秀峻，曰：「我死必葬此。」望氣者言：「其地當三世爲都頭異姓。」河北謂都頭異姓，至貴稱也。「然窆過二丈不利。」誼以岌假刺史，穿三丈，得石蛇并三卵，工破之，皆流血。至是，誼及岌三子同誅。

張谷、張沿、陳揚庭皆有文，時時言古今成敗以佐從諫，故善遇此三人。谷納邯鄲人李嚴女爲侍人，號新聲。當從諫潛圖窺脅，新聲諫谷曰：「始天子以從諫爲節度，非有戰野攻城之功，直以其父挈齊十二州還天子，去就間未能奪其嗣耳。自有澤潞，未聞以一縷一蹄爲天子壽，左右皆無賴。章武朝，數鎮顛覆，皆雄才傑器，尚不能固天子恩，況從諫擢自兒女手中，苟不以法得，亦宜以不法終。君當脫族西去，大丈夫勿顧一飯恩，以骨肉腥健兒食。」言訖悲涕。谷不決者三月，畏言泄，縊之。

李仲京，訓之兄，爲蕭洪府判官，擢監察御史。王渥，璠之子。王羽，涯族孫。韓茂章、茂實，約之子。賈庠，餗子。郭台，行餘子。甘露難作，皆羸服奔從諫，從諫衣食之。甄戈者，頗任俠，從諫厚給卹，坐上座，自稱荆卿。從諫與定州戍將有嫌，命戈取之，因爲逆旅上謁，留飮三日，乘間斬其首。它日，又使取仇人，乃引不逞者十餘輩劫之。從諫不悅，號「僞荆卿」。

從諫妻裴，以弟立功，詔欲貸其死。刑部侍郎劉三復執不可，於是賜死，以尸還問。裴父敞，冕之裔，辟悟府，悟奇之，故爲從諫納其女。裴年十五，火光起袿下，家人以爲怪，因許婚。封燕國夫人。寬厚有謀，每勸從諫入朝爲子孫計。從諫有妾韋願封夫人，許之，詔至，裴怒，毁詔不與。從諫它日會裴黨，復出詔，裴抵去，曰：「淄青李師古四世阻命，不聞側室封者。君承朝廷姑息，宜自黜削，求洗濯，顧以婢爲夫人，族不日滅耳！」從諫赧然止。及韋至京師，乃言：「李丕降，裴會大將妻號哭曰：『爲我語若夫，勿忘先公恩，願以子母託。』諸婦亦泣下，故潞諸將叛益堅。」由是及禍。

初，術者李琢能言禍福，從諫以重幣邀，辟署大將。會昌初，謂從諫曰：「往歲長星經斗，公生直之。今鎭復至，當有災。」從諫即徙軍山東，開毬場，鑿柳泉，大興役以厭。及病，有言琢所與造皆逆歲，疑有異謀，使稹數其罪殺之，府中恟恟，俄而李丕降。

有李佐之者，兼孫也，累調河南尉，號彊直。嘗客潞，爲從諫所禮，留不得去，遂署觀察府支使，因娶其從祖妹。從諫薄疏屬，資媵寒闕，佐之亦薄之，不甚答。從諫病，佐之力諷使還東都，從諫雖不能從，然感服其言。病且革，王協等恐佐之妻母有所關說，卽輦母歸東都。會佐之奴告佐之交通賓客，漏軍中虛實，稹囚之。妻訴不見禮，稹遂殺之。

武鄉令唐漢賓，儉裔孫，以稹拒命，固諫歸朝，不聽，舉族見害。李師晦者，本宗室子，始悟辟致幕府，見從諫稍恣橫，假言求長生術，不與事。從諫使歸東都，師晦懼爲谷、揚庭等所譖，請居涉，從諫不之疑。稹敗，有爲帝言者，擢伊闕令，而贈薛茂卿博州刺史。大中初，又贈漢賓本縣令。

先時，河北諸將死，皆先遣使弔祭，次册贈，次近臣宣慰，度軍便宜乃與節，軍中不許出，乃用兵，大抵不半歲不能定，故驁將逆子皆得爲之備。稹初不意帝怒卽見討，及茂元錄詔示稹，舉族號慟，欲自歸，而愚懦不決云。自悟至稹三世，凡二十六年。

李丕者，善長短術，與從諫厚善，署大將。及稹阻命，軍中疾其才，丕懼，乞爲游弈深入，以圖營壘處，遂自歸。議者疑爲賊遣，德裕奏言：「討賊半年，始有降者，當賞以勸餘。」帝召見，擢忻州刺史。丕請取榆社，東徑武安入討賊，雖邢、洺未下，而兵不得救潞。不聽。

楊弁亂，遣人誘丕，丕斬之，以兵扼走集。德裕言于帝曰：「度支戶部物積代州，今丕塞其路，賊破矣。」乃趣丕討弁，兵未至而弁已禽。遷汾、晉二州刺史。大中初，拜振武節度使，檢校刑部尚書。党項叛，徙鄜坊，卒。

贊曰：傳稱：「作易者其知盜乎！」然則盜之情，非聖人不能知。唐中衰，姦雄圜睨而奮，舉魏、趙、燕之地，莽爲盜區，挐叛百年，夷狄其人，而不能復。昏上庸佐，惟不知盜故也。引妖就暝，以奪厥明，寧蕭俛、崔植等謂耶！

唐書卷二百一十五上

列傳第一百四十上

突厥上

夷狄爲中國患，尙矣。在前世者，史家類能言之。唐興，蠻夷更盛衰，嘗與中國亢衡者有四：突厥、吐蕃、回鶻、雲南是也。方其時，羣臣獻議盈廷，或聽或置，班然可睹也。

劉貺以爲：

嚴尤辯而未詳，班固詳而未盡，推其至當，周得上策，秦得其中，漢無策。何以言之？荒服之外，聲教所不逮，其叛不爲之勞師，其降不爲之釋備，嚴守禦，險走集，使其爲寇不能也，爲臣不得也。「惠此中夏，以綏四方」，周之道也，故曰周得上策。

易稱：「王侯設險以固其國。」築長城，脩障塞，所以設險也。趙簡子起長城備胡，燕、秦亦築長城限中外，益理城塹，城全國滅，人歸咎焉。後魏築長城，議者以爲人治一步，方千里，役三十萬人，不旬朔而獲久逸，故曰秦得中策。

漢以宗女嫁匈奴，而高祖亦審魯元不能止趙王之逆謀，謂能息匈奴之叛，非也。且冒頓手弑其親，而冀其不與外祖爭彊，豈不惑哉？然則知和親非久安計而爲之者，以天下初定，紓歲月之禍耳。武帝時，中國艾安，胡寇益希，疏而絕之，此其時也。方更糜耗華夏，連兵積年，故嚴尤以爲下策。然而漢至昭、宣，武士練習，斥候精明，匈奴收迹遠徙，猶襲奉春之過舉，傾府藏給西北，歲二億七十萬。皇室淑女，嬪於穹廬；掖庭良人，降於沙漠。夫貢子女方物，臣僕之職也。詩曰：「莫敢不來享，莫敢不來王。」荒服稱其來，不言往也。公及吳盟，諱而不書。奈何以天子之尊，與匈奴約爲兄弟，帝女之號，與胡媼並御；蒸母報子，從其污俗。中國異於蠻夷者，有父子男女之別也。婉冶之姿，毀節異類，垢辱甚矣。漢之君臣，莫之恥也。魏、晉羌狄居塞垣，資奉踰昔。百人之酋，千口之長，賜金印紫綬，食王侯之俸。牧馬之童，乘羊之隸，齎毳髦邀利者，相錯於路。未耨之利，絲枲所生，散於數萬里之外。胡夷歲驕，華夏日蹙。方其彊也，竭人力以征之；其服也，養之如初。病則受養，彊則內攻，中國爲羌胡服役且千載，可不悲哉！誠能移其財以賞戍卒，則民富；移其爵以餌守臣，則將良。富利歸於我，危亡移於彼，無納女之辱，無傳送之勞。棄此而不爲，故曰漢無策。

嚴尤謂古無上策，謂不能臣妾之也，誠能之而不用耳。秦無策，謂攘狄而亡國也。秦亡，非攘狄也。漢得下策，謂伐胡而人病。人既病矣，又役人而奉之，無策也。故曰嚴尤辯而未詳也。

班固謂「其來慕義，則接以禮讓」。何者？禮讓以交君子，非所以接禽獸夷狄也。纖麗外散，則戎羯之心生；戎羯之心生，則侵盜之本也。聖人飲食聲樂不與之共，來朝坐於門外，舌人體委以食之，不使知馨香嘉味也。漢氏習玩驕虜，使其悅燕、趙之色，甘太官之珍，服以文綺羅紈，供之則增求，絕之則招怨，是飽豺狼以良肉，而縱其獵噬也。華人步卒利險阻，虜人騎兵利平地，堅守無與追奔競逐，來則杜險使不得進，去則閉險使不得還，衝以長戟，臨以彊弩，非求勝也，譬諸蟲豸虺蜴，何禮讓之接哉？故曰班固詳而未盡者，此也。

杜佑謂：

秦以區區關中滅六彊國，今竭萬方之財，上奉京師，外有犬戎憑陵，陷城數百，內有兵革未寧，三紀矣。豈制置異術，古今殊時乎？周制，步百爲畝，畝百給一夫。商鞅佐秦，以爲地利不盡，更以二百四十步爲畝，百畝給一夫。又以秦地曠而人寡，晉地狹而人夥，誘三晉之人耕而優其田宅，復及子孫，使秦人應敵於外，非農與戰不得入官。

大率百人以五十人爲農，五十人習戰，故兵彊國富。其後仕宦途多，末業日滋。今大率百人纔十人爲農，餘皆習佗技。又秦、漢鄭渠溉田四萬頃，白渠溉田四千五百頃，永徽中，兩渠灌寖不過萬頃，大曆初，減至六千畝。畝朘一斛，歲少四五百萬斛。地利耗，人力散，欲求彊富，不可得也。漢時，長安北七百里卽匈奴之地，侵掠未嘗暫息。計其舉國之衆，不過漢一大郡，鼂錯請備障塞，故北邊妥安。今潼關之西，隴山之東，鄜坊之南，終南之北，十餘州之地，已數十萬家。吐蕃緜力薄材，食鮮藝拙，不及中國遠甚，誠能復兩渠之饒，誘農夫趣耕，擇險要，繕城壘，屯田蓄力，河、隴可復，豈唯自守而已。

至佑孫牧亦曰：

天下無事時，大臣偷處榮逸，戰士離落，兵甲鈍弊，車馬刓弱，天下雜然盜發，則疾驅以戰，是謂宿敗之師。此不蒐練之過，其敗一也。百人荷戈，仰食縣官，則挾千夫之名，大將小裨操其餘贏，以虜壯爲幸，執兵者常少，糜食者常多，築壘未乾，公囊已虛。此不責實之過，其敗二也。戰小勝則張皇其功，奔走獻狀以邀賞，或一日再賜，一月累封，凱還未歌，書品已崇，爵命極矣，田宮廣矣，金繒溢矣，子孫官矣，肯外死勤於我哉？此賞厚之過，其敗三也。多喪兵士，顚翻大都，則跳身而來，刺邦而去，迴視刀鋸、菜色甚安，一歲未更，已立於壇墠之上。此輕罰之過，其敗四也。大將將兵，柄不得專，一日爲偃月，一日爲魚麗，三軍萬夫，環旋翔佯，怳駭之間，虜騎乘之。此不專任之過，其敗五也。元和時，團兵數十萬以誅蔡，天下乾耗，四歲然後能取之，蓋五敗不去也。長慶初，盜子若孫悉來走命，未幾而燕、趙亂，引師起將，五敗益甚，不能加威於反虜。二杜之論如此。

廣德、建中間，吐蕃再飲馬岷江，常以南詔爲前鋒，操倍尋之戟，且戰且進，蜀兵折刃吞鏃，不能斃一戎。戎兵日深，疫死日衆，自度不能留，輒引去。蜀人語曰：「西戎尚可，南蠻殘我。」至韋皋鑿青谿道以和羣蠻，使道蜀入貢，擇子弟習書算於成都，業成而去，習知山川要害。文宗時，大入成都，自越巂以北八百里，民畜爲空，又敗卒貧民因緣掠殺，官不能禁。自是羣蠻常有屠蜀之心，蜀民苦於重征者，亦欲啓之以幸非常。歲發戍卒，不習山川之險，緩步一舍，已呵然流汗。爲將者刻薄自入，給帛則以疏易良，賦粟以沙參粒，故邊卒怨望而巴、蜀危憂。孫樵謂：「宜詔嚴道、沈黎、越巂三州，度要害，募卒以守。且兵籍於州則易役，卒出於邊則習險，相地分屯，春耕夏蠶以資衣食，秋冬嚴壁以俟寇。歲遣廉吏視卒之有無，則官無餽運，吏無牟盜。」此其備禦之策可施行者，著之于篇。

凡突厥、吐蕃、迴鶻以盛衰先後爲次；東夷、西域又次之，迹用兵之輕重也；終之以南蠻，記唐所繇亡云。

突厥阿史那氏，蓋古匈奴北部也。居金山之陽，臣于蠕蠕，種裔繁衍。至吐門，遂彊大，更號可汗，猶單于也，妻曰可敦。其地三垂薄海，南抵大漠。其別部典兵者曰設，子弟曰特勒，大臣曰葉護，曰屈律啜、曰阿波、曰俟利發、曰吐屯、曰俟斤、曰閻洪達、曰頡利發、曰達干，凡二十八等，皆世其官而無員限。衞士曰附離。可汗建廷都斤山，牙門樹金狼頭纛，坐常東嚮。

隋大業之亂，始畢可汗咄吉嗣立，華人多往依之，契丹、室韋、吐谷渾、高昌皆役屬，竇建德、薛舉、劉武周、梁師都、李軌、王世充等倔起虎視，悉臣尊之。控弦且百萬，戎狄熾彊，古未有也。高祖起太原，遣府司馬劉文靜往聘，與連和，始畢使特勒康稍利獻馬二千、兵五百來會。帝平京師，遂恃功，使者每來多横驕。武德元年，骨咄祿特勒來朝，帝宴太極殿，爲奏九部樂，引升御坐。是歲，始畢牙帳自破，帝問內史令蕭瑀，瑀曰：「魏文帝幸許，城門無故壞，是年文帝崩，豈其類耶？」二年，始畢自將度河，至夏州，與賊梁師都合，又佐劉武周以五百騎入句注，將侵太原。會病死，帝爲發哀長樂門，詔羣臣即館弔其使，遣使者持段物三萬賻之。子什鉢苾幼，不克立，以爲泥步設，使居東偏，立其弟俟利弗設，是爲處羅可汗。處羅復妻隋義成公主，遣使來告，則又潛通王世充，潞州總管李襲譽擊斬其使，取牛羊萬餘。處羅迎隋蕭皇后及齊王暕之子正道於竇建德所，因立正道爲隋王，奉隋後，隋人沒者隸之，行其正朔，置百官，居定襄，衆萬人。秦王討武周也，處羅以弟步利設騎二千會幷州三日，多掠城中婦人女子去，總管李仲文不能制，以俱儉特勒助屯。明年，謀取幷州置楊正道，卜之，不吉，左右諫止，處羅曰：「我先人失國，賴隋以存，今忘之，不祥。卜不吉，神詎無知乎？我自決之。」會天雨血三日，國中犬夜羣號，求之不見，遂有疾，公主餌以五石，俄疽發死。主以子奧射設陋弱，棄不立，更取其弟咄苾嗣，是爲頡利可汗。

頡利始爲莫賀咄設，牙直五原北。薛舉陷平涼，與連和，帝患之，遣光祿卿宇文歆賂頡利，使與舉絕；隋五原太守張長遜以所部五城附虜，歆幷說還五原地。皆見聽，且發兵舉長遜所部會秦王軍。太子建成議廢豐州，幷割楡中地。於是處羅子郁射設以所部萬帳入處河南，以靈州爲塞。

頡利又妻義成，以始畢子什鉢苾爲突利可汗，使居東。義成，楊諧女也，其弟善經亦依突厥，與王世充使者王文素共說頡利曰：「往啓民兄弟爭國，賴隋得復位，子孫有國。今天子非文帝後，宜立正道以報隋厚德。」頡利然之，故歲入寇。然倚父兄餘資，兵銳馬多，謷然驕氣，直出百蠻上，視中國爲不足與，書辭悖嫚，多須求。帝方經略天下，故屈禮，多所舍貸，贈賚不貲，然而不厭無厓之求也。

四年，頡利率萬騎與苑君璋合寇鴈門，定襄王李大恩擊却之。頡利執我使者漢陽公瓌、太常卿鄭元璹、左驍衞大將軍長孫順德，帝亦囚其使與相當。由是寇代州，敗行軍總管王孝基〔二〕，略河東，犯原州，穿延州塞，諸將與戰，不能有所俘。

明年，還順德等，且請和，贄魚膠，紿云：「固二國之好也。」帝雖未情，釋其使特勒熱寒等，厚與金還之。大恩上言：「突厥飢，馬邑可圖也。」詔殿中少監獨孤晟共擊之。晟後約，大恩不敢進，屯新城。頡利自將數萬騎與劉黑闥合圍之，大恩沒，士死者數千人。進擊忻州，爲李高遷所破。黑闥以突厥萬人擾山東，又殘定州。頡利未得志，乃率十五萬騎入鴈門，圍并州，深鈔汾、潞，取男女五千，分數千騎轉掠原、靈間。於是太子建成將兵出豳州道，秦王將兵出蒲州道擊之；李子和以兵趨雲中，掩可汗後；段德操出夏州，狙其歸。并州總管襄邑王神符戰汾東，斬虜五百首，取馬二千；汾州刺史蕭顗獻俘五千。虜陷大震關，縱兵掠弘州，總管宇文歆、靈州楊師道拒之，獲馬、橐它數千。頡利聞秦王且至，引出塞，王師還。

又明年，與黑闥、君璋等小小入寇定、匡、原、朔等州，與屯將相勝負。帝遣太子建成復屯北邊、秦王屯幷州備虜，久乃罷。俄又破代地一屯，進擊渭、豳二州，取馬邑，不有也，復請和，歸我馬邑。

七年，攻原、朔二州，入代地，不勝，更與君璋合攻隴州及陰槃城，分擊幷地，秦王與齊王元吉屯豳州道以備胡。君璋與虜出入原、朔、忻、幷地，剽係騷然，數爲諸將驅逐。其八月，頡利與突利兵悉起，自原州連營而南，所在震恐，秦王、齊王拒之。

初，關中霖潦，饟道絕，軍次豳州，可汗萬騎奄至，陣五龍坂，以數百騎挑戰，舉軍失色。秦王馳百騎掠陣，大言曰：「國家於突厥無負，何爲深入？我，秦王也，故來自與可汗決，若固戰，我纔百騎耳，徒廣殺傷，無益也。」頡利笑不答。又馳騎語突利曰：「爾往與我盟，急難相助，今無香火情邪？能一決乎？」突利亦不對。王將絕水前，頡利見兵少，又聞與突利語，陰相忌，卽遣使者來曰：「王毋苦，我固不戰，將與王議事耳。」於是引却。秦王縱反間，突利乃歸心，不欲戰，頡利亦無以彊之，乃遣突利及夾畢特勒思摩請和，帝許之。突利遂自託於王爲昆弟。帝見思摩，引升御榻，思摩頓首辭，帝曰：「我見若猶頡利也。」乃聽命。

突厥既歲盜邊，或說帝曰：「虜數內寇者，以府庫子女所在，我能去長安，則戎心止矣。」

帝使中書侍郎宇文士及踰南山，按行樊、鄧，將徙都焉。羣臣贊遷，秦王獨曰：「夷狄自古爲中國患，未聞周、漢爲遷也。願假數年，請取可汗以報。」帝乃止。頡利已和，亦會甚雨，弓矢皆弛惡，遂解而還。帝會羣臣問所以備邊者，將作大匠于筠請五原、靈武置舟師於河，扼其入。中書侍郎溫彥博曰：「魏爲長塹遏匈奴，今可用。」帝使桑顯和塹邊大道，召江南船工大發卒治戰艦。頡利遣使來，願款北樓關請互市，帝不能拒。帝始兼天下，罷十二軍，尚文治，至是以虜患方張，乃復置之，以練卒蒐騎。

八年，頡利攻靈、朔，與代州都督藺謩戰新城，謩敗績。於是張瑾兵屯石嶺，李高遷屯大谷，秦王屯蒲州道。初，帝待突厥用敵國禮，及是，怒曰：「往吾以天下未定，厚於虜以紓吾邊。今卒敗約，朕將擊滅之，毋須姑息。」命有司更所與書爲詔若敕。瑾未至屯，虜已踰石嶺，圍并州，攻靈州，轉擾潞、沁。李靖以兵出潞州道，行軍總管任瓌屯太行。瑾戰大谷，敗績，中書侍郎溫彥博陷于賊，鄆州都督張德政死之。遂攻廣武，爲任城王道宗破。其欲谷設掠綏州，請和去。敗并州數縣，入蘭、鄯、彭州諸屯，或小勝，不能制。俄寇原州，折威將軍楊屯擊之，且發士屯大谷。

九年，攻原、靈，又圍涼州，進犯涇、原，李靖與戰靈州，虜引去。寇西會州，圍烏城，翔徉隴、渭間，平道將軍柴紹破之於秦州，斬一特勒、三大將，虜千級。大抵虜得志則深入，負則請和，不恥也。其七月，頡利自將十萬騎襲武功，京師戒嚴。攻高陵，尉遲敬德與戰涇陽，獲俟斤烏沒啜，斬首千餘級。頡利遣謀臣執失思力入朝以覘我，因夸說曰：「二可汗兵百萬，今至矣！」太宗曰：「我與可汗嘗面約和，爾則背之。且義師之初，爾父子身從我，遺賜玉帛多至不可計，何妄以兵入我都畿，自夸盛彊耶？今我當先戮爾矣！」思力懼，請命，蕭瑀、封德彝諫帝，不如禮遣之，帝不許，縶於門下省。乃與侍中高士廉、中書令房玄齡、將軍周範等馳六騎出玄武門，幸渭上，與可汗隔水語，且責其負約。羣酋見帝，皆驚，下馬拜。俄而衆軍至，旗鎧光明，部隊靜嚴，虜大駭。帝與頡利按轡，卽麾軍却而陣焉。蕭瑀以帝輕敵，叩馬諫，帝曰：「我思熟矣，非爾所知也。夫突厥掃地入寇，以我新有內難，謂不能師。我若闔城，彼且大掠吾境，故我獨出，示無所畏，又盛兵使知必戰，不意我能沮其始謀。彼入吾地既深，懼不能返，故與戰則克，和則固，制賊之命，在此舉矣！」是日，頡利果請和，許之。翌日，刑白馬，與頡利盟便橋上，突厥引還。蕭瑀曰：「頡利之來，諸將多請與戰，陛下不聽，既而虜自退，其策奈何？」帝曰：「突厥衆而不整，君臣惟利是視，可汗在水西，而酋帥皆來謁我，我醉而縛之，其勢易甚。又我敕長孫无忌、李靖潛師幽州以須〔三〕，若大軍躡其後，伏邀諸前，取之反覆掌耳。然我新卽位，爲國者要在安靜，一與虜校，殺傷必多，彼敗未及亡，懼而脩德，與我爲怨，其可當耶？今仆械卷鎧，啗以玉帛，虜志必驕，驕則亡之端也，故曰『將欲取之，必固與之』。」瑀再拜曰：「非臣愚所逮也！」乃詔殿中監豆盧寬、將軍趙綽護送突厥，頡利獻馬三千匹、羊萬頭，帝不納，詔歸所俘於我。

貞觀元年，薛延陀、回紇、拔野古諸部皆叛，使突利討之，不勝，輕騎走，頡利怒，囚之，突利由是怨望。是歲大雪，羊馬多凍死，人飢，懼王師乘其敝，即引兵入朔州地，聲言會獵。議者請責其敗約，因伐之，帝曰：「匹夫不可爲不信，況國乎？我既與之盟，豈利其災，邀險以取之耶？須其無禮於我，乃伐之。」

明年，突利自陳爲頡利所攻，求救。帝曰：「朕與頡利盟，又與突利有昆弟約，不可不救，奈何？」兵部尚書杜如晦曰：「夷狄無信，我雖如約，彼常負之，今亂而擊之，侮亡之道也。」乃詔將軍周範壓太原經略之，頡利亦擁兵窺邊。或請築古長城，發民乘塞。帝曰：「突厥盛夏而霜，五日並出，三月連明，赤氣滿野，彼見災而不務德，不畏天也。遷徙無常，六畜多死，不用地也。俗死則焚，今葬皆起墓，背父祖命，嫚鬼神也。與突利不睦，內相攻殘，不和於親也。有是四者，將亡矣，當爲公等取之，安在築障塞乎？」突厥俗素質略，頡利得華士趙德言，才其人，委信之，稍專國；又委政諸胡，斥遠宗族不用，興師歲入邊，下不堪苦。胡性冒沓，數翻覆不信，號令無常。歲大飢，裒斂苛重，諸部愈貳。

又明年，屬部薛延陀自稱可汗，以使來。詔兵部尚書李靖擊虜馬邑，頡利走，九俟斤以衆降，拔野古僕骨同羅諸部、霫奚渠長皆來朝。於是詔幷州都督李世勣出通漠道，李靖出定襄道，左武衞大將軍柴紹出金河道，靈州大都督任城王道宗出大同道，幽州都督衞孝節出恆安道，營州都督薛萬淑出暢武道，凡六總管，師十餘萬，皆授靖節度以討之。道宗戰靈州，俘人畜萬計，突利及郁射設、蔭奈特勒帥所部來奔，捷書日夜至，帝謂羣臣曰：「往國家初定，太上皇以百姓故，奉突厥，詭而臣之，朕常痛心病首，思一刷恥於天下，今天誘諸將，所向輒克，朕其遂有成功乎！」

四年正月，靖進屯惡陽嶺，夜襲頡利，頡利驚，退牙磧口，大酋康蘇蜜等以隋蕭皇后、楊正道降。或言中國人嘗密通書於后，中書舍人楊文瓘請劾治。帝曰：「天下未一，人或當思隋，今反側既安，何足治耶？」置勿劾。頡利窘，走保鐵山，兵猶數萬，令執失思力來，陽爲哀言謝罪，請內屬，帝詔鴻臚卿唐儉、將軍安脩仁等持節慰撫。靖知儉在虜所，虜必安，乃襲擊之，盡獲其衆，頡利得千里馬，獨奔沙鉢羅，行軍副總管張寶相禽之。沙鉢羅設蘇尼失以衆降，其國遂亡，復定襄、恆安地，斥境至大漠矣。

頡利至京師，告俘太廟，帝御順天樓，陳仗衞，士民縱觀，吏執可汗至，帝曰：「而罪有五：而父國破，賴隋以安，不以一鏃力助之，使其廟社不血食，一也；與我鄰而棄信擾邊，二也；恃兵不戢，部落攜怨，三也；賊華民，暴禾稼，四也；許和親而遷延自遁，五也。朕殺爾非無名，顧渭上盟未之忘，故不窮責也。」乃悉還其家屬，館于太僕，稟食之。

思結俟斤以四萬衆降，可汗弟欲谷設奔高昌，既而亦來降。伊吾城之長素臣突厥，舉七城以獻，因其地爲西伊州。制詔：突厥往逢癘疫，長城之南，暴骨如丘，有司其以酒脯祭，爲瘞藏之。又詔：隋亂，華民多沒于虜，遣使者以金帛贖男女八萬口，還爲平民。

頡利不室處，常設穹廬廷中，久鬱鬱不自憀，與家人悲歌相泣下，狀貌羸省。帝見憐之，以虢州負山多麕麋，有射獵之娛，乃拜爲刺史，辭不往，遂授右衞大將軍，賜美田宅。帝曰：「昔啓民失國，隋文帝不恡粟帛，興士衆，營護而存立之，至始畢稍彊，則以兵圍煬帝鴈門，今其滅者，殆背德忘義致然耶？」頡利子疊羅支，有至性，既舍京師，諸婦得品供，羅支預焉；其母最後至，不得給，羅支不敢嘗品肉。帝聞，歎曰：「天稟仁孝，詎限華夷哉！」厚賜之，遂給母肉。

八年，頡利死，贈歸義王，謚曰荒，詔國人葬之，從其禮，火尸，起冢灞東。其臣胡祿達官吐谷渾邪者，頡利母婆施之媵臣也，頡利始生，以授渾邪，至是哀慟，乃自殺。帝異之，贈中郎將，命葬頡利冢旁，詔中書侍郎岑文本刻其事于頡利、渾邪之墓碑。俄蘇尼失亦以死殉。尼失者，啓民可汗弟也。始畢以爲沙鉢羅設，帳部五萬，牙直靈州西北，姿雄遹，以仁惠御下，人多歸之；頡利政亂，其部獨不貳。突利降，頡利以爲小可汗。頡利已敗，乃舉衆來，漠南地遂空，授北寧州都督、右衞大將軍，封懷德王云。

頡利之亡，其下或走薛延陀，或入西域，而來降者尙十餘萬，詔議所宜，咸言：「突厥擾中國久，今天喪之，非慕義自歸，請悉籍降俘，內兗、豫閑處，使習耕織，百萬之虜，可化爲齊人，是中國有加戶，而漠北遂空也。」中書令溫彥博請：「如漢建武時，置降匈奴留五原塞，全其部落，以爲扞蔽，不革其俗，因而撫之，實空虛之地，且示無所猜。若內兗、豫，則乖本性，非函育之道。」祕書監魏徵建言：「突厥世爲中國仇，今其來降，不卽誅滅，當遣還河北。彼鳥獸野心，非我族類，弱則伏，彊則叛，其天性也。且秦、漢以銳師猛將擊取河南地爲郡縣者，以不欲使近中國也。陛下奈何以河南居之？且降者十萬，若令數年，孳息略倍，而近在畿甸，心腹疾也。」彥博曰：「不然，天子於四夷，若天地養萬物，覆載全安之，今突厥破滅，餘種歸命，不加哀憐而棄之，非天地蒙覆之義，而有阻四夷之嫌。臣謂處以河南，蓋死而生之，亡而存之，彼世將懷德，何叛之爲？」徵曰：「魏時有胡落分處近郡，晉已平吳，郭欽、江統勸武帝逐出之，不能用。劉、石之亂，卒傾中夏。陛下必欲引突厥居河南，所謂養虎自遺患者也。」彥博曰：「聖人之道無不通，故曰『有教無類』。彼創殘之餘，以窮歸我，我援護之，收處內地，將敎以禮法，職以耕農，又選酋良入宿衞，何患之卹？且光武置南單于，卒無叛亡。」

於是中書侍郎顏師古、給事中杜楚客、禮部侍郎李百藥等皆勸帝不如使處河北，樹首長，俾統部落，視地多少，令不相臣，國小權分，終不得亢衡中國，長轡遠馭之道也。帝主彥博語，卒度朔方地，自幽州屬靈州，建順、祐、化、長四州爲都督府，剖頡利故地，左置定襄都督、右置雲中都督二府統之。擢酋豪爲將軍、郎將者五百人，奉朝請者且百員，入長安自籍者數千戶。乃以突利可汗爲順州都督，令率其下就部。

突利初爲泥步設，得隋淮南公主以爲妻。頡利之立，用次弟爲延陀設，主延陀部，步利設主霫部，統特勒主胡部，斛特勒主斛薛部，以突利可汗主契丹、靺鞨部，樹牙南直幽州，東方之衆皆屬焉。突利斂取無法，下不附，故薛延陀、奚、霫等皆內屬，頡利遣擊之，又大敗，衆騷離，頡利囚捶之，久乃赦。突利嘗自結於太宗，及頡利衰，驟追兵於突利，不肯從，因起相攻。突利請入朝，帝謂左右曰：「古爲國者勞己以憂人，則系祚長；役人以奉己，則亡。今突厥喪亂，由可汗不君，突利雖至親，不自保而來。夷狄弱則邊境安，然觀彼亡，我不可以無懼，有不逮者，禍可紓乎！」突利至，禮見良厚，輟膳以賜之，拜右衞大將軍，封北平郡王，食戶七百。及爲都督，太宗敕曰：「而祖啓民破亡，隋則復之，棄德不報，而父始畢反爲隋敵。爾今窮來歸我，所以不立爾爲可汗，鑒前敗也。我欲中國安，爾宗族不亡，故授爾都督，毋相侵掠，長爲我北藩。」突利頓首聽命。後入朝，死并州道中，年二十九，帝爲舉哀，亦詔文本文其墓，子賀邏鶻嗣。

帝幸九成宮，突利弟結社率以郎將宿衞，陰結種人謀反，劫賀邏鶻北還，謂其黨曰：「我聞晉王丁夜得辟仗出，我乘間突進，可犯行在。」是夕，大風冥，王不出，結社率恐謀漏，卽射中營，譟而殺人，衞士等共擊之，乃走，殺廄人盜馬，欲度渭，徼邏禽斬之，赦賀邏鶻，投嶺外。於是羣臣更言處突厥中國非是，帝亦患之，乃立阿史那思摩爲乙彌泥孰俟利苾可汗，賜氏李，樹牙河北，悉徙突厥還故地。

思摩，頡利族人也，父曰咄六設。始，啓民奔隋，磧北諸部奉思摩爲可汗，啓民歸國，乃去可汗號。性開敏，善占對，始畢、處羅皆愛之。然以貌似胡，疑非阿史那種，故但爲夾畢特勒，而不得爲設。武德初，數以使者來，高祖嘉其誠，封和順郡王。及諸部納款，思摩獨留，與頡利俱禽，太宗以爲忠，授右武候大將軍、化州都督，統頡利故部居河南，徙懷化郡王。及是將徙，內畏薛延陀，不敢出塞。帝詔司農卿郭嗣本持節賜延陀書，言：「中國禮義，未始滅人國，以頡利暴殘，伐而取之，非貪其地與人也。故處降部於河南，薦草美泉，利其畜牧，衆日孳蕃，今復以思摩爲可汗，還其故疆。延陀受命在前，長於突厥，舉磧以北，延陀主之；其南，突厥保之。各守而境，無相鈔犯，有負約，我自以兵誅之。」思摩乃行，帝爲置酒，引思摩前曰：「蒔一草一木，見其滋廡以爲喜，況我養爾部人，息爾馬羊，不減昔乎！爾父母墳墓在河北，今復舊廷，故宴以慰行。」思摩泣下，奉觴上萬歲壽，且言：「破亡之餘，陛下使存骨舊鄉，願子孫世世事唐，以報厚德。」於是趙郡王孝恭、鴻臚卿劉善就思摩部〔三〕，築壇場河上，拜受册，賜鼓纛，又詔左屯衞將軍阿史那忠爲左賢王，左武衞將軍阿史那泥孰爲右賢王，相之〔四〕。

薛延陀聞突厥之北，恐其衆奔亡度磧，勒兵以待。及使者至，乃謝曰：「天子詔毋相侵，謹頓首奉詔。然突厥酣亂翻覆，其未亡時殺中國人如麻，陛下滅其國，謂宜收種落皆爲奴婢，以償唐人。乃養之如子，而結社率竟反，此不可信明甚。後有亂，請終爲陛下誅之。」十五年，思摩帥衆十餘萬、勝兵四萬、馬九萬匹始度河，牙於故定襄城，其地南大河，北白道，畜牧廣衍，龍荒之最壤，故突厥爭利之。思摩遣使謝曰：「蒙恩立爲落長，實望世世爲國一犬，守吠天子北門，有如延陀侵逼，願入保長城。」詔許之。

居三年，不能得其衆，下多攜背，思摩慚，因入朝願留宿衞，更拜右武衞將軍。從伐遼，中流矢，帝爲吮血，其顧厚類此。還，卒京師，贈兵部尚書、夏州都督，陪葬昭陵，築墳象白道山，爲刊其勞，碑於化州。

右賢王阿史那泥孰，蘇尼失子也。始歸國，妻以宗女，賜名忠。及從思摩出塞，思慕中國，見使者必流涕求入侍，許之。

思摩既不能國，殘衆稍稍南度河，分處勝、夏二州。帝伐遼，或言突厥處河南，邇京師，請帝無東。帝曰：「夫爲君者，豈有猜貳哉！湯、武化桀、紂之民，無不遷善，有隋無道，舉天下皆叛，非止夷狄也。朕閔突厥之亡，內河南以振贍之，彼不近走延陀而遠歸我，懷我深矣，朕策五十年中國無突厥患。」思摩衆既南，車鼻可汗乃盜有其地。

車鼻，亦阿史那族，而突利部人也，名斛勃，世爲小可汗。頡利敗，諸部欲共君長之，會薛延陀稱可汗，乃往歸焉。其爲人沈果有智數，衆頗便附，延陀畏逼，將殺之，乃率所部遯去，騎數千尾追，不勝。竄金山之北，三垂斗絕，惟一面可容車騎，壤土夷博，卽據之，勝兵三萬，自稱乙注車鼻可汗，距長安萬里，西葛邏祿，北結骨，皆幷統之，時時出掠延陀人畜。延陀後衰，車鼻勢益張。

二十一年，遣子沙鉢羅特勒獻方物，且請身入朝。帝遣雲麾將軍安調遮、右屯衞郎將韓華往迎之，至則車鼻偃然無入朝意，華謀與葛邏祿共劫之，車鼻覺，華與車鼻子陟苾特勒鬭死，調遮被殺。帝怒，遣右驍衞郞將高侃發回紇、僕骨兵擊之，其大酋長歌邏祿泥孰闕俟利發、處木昆莫賀咄俟斤等以次降。偘師攻阿息山，部落不肯戰，車鼻擕愛妾，從數百騎走；追至金山，獲之，獻京師。高宗責曰：「頡利敗，爾不輔，無親也；延陀破，爾遯亡，不忠也。而罪當死，然朕見先帝所獲酋長必宥之，今原而死。」乃釋縛，數俘社廟，又見昭陵。拜左武衞將軍，賜居第，處其衆鬱督軍山，詔建狼山都督府統之。初，其子羯漫陀泣諫車鼻，請歸國，不聽。乃遣子菴鑠入朝，後來降，拜左屯衞將軍，建新黎州，使領其衆。於是突厥盡爲封疆臣矣。始置單于都護府領狼山雲中桑乾三都督、蘇農等二十四州，瀚海都護府領金微新黎等七都督、仙萼賀蘭等八州。即擢領酋爲都督、刺史。麟德初，改燕然爲瀚海都護府，領回紇，徙故瀚海都護府於古雲中城，號雲中都護府，磧以北蕃州悉隸瀚海，南隸雲中。雲中者，義成公主所居也，頡利滅，李靖徙突厥羸破數百帳居之，以阿史德爲之長，衆稍盛，即建言願以諸王爲可汗，遙統之。帝曰：「今可汗，古單于也。」乃改雲中府爲單于大都護府，以殷王旭輪爲單于都護。帝封禪，都督葛邏祿叱利等三十餘人皆從至泰山下，已封，詔勒名於封禪碑云。凡三十年北方無戎馬警。

調露初，單于府大酋溫傅、奉職二部反，立阿史那泥孰匐爲可汗，二十四州酋長皆叛應之。乃以鴻臚卿單于大都護府長史蕭嗣業、左領軍衞將軍苑大智、右千牛衞將軍李景嘉討之，恃勝不設備，會雨雪，士皸寒，反爲虜襲，大敗，殺略萬餘人，大智等收餘卒，行且戰，乃免。於是嗣業流桂州，餘坐免官。更拜禮部尚書裴行儉爲定襄道行軍大總管，率太僕少卿李思文、營州都督周道務、西軍程務挺、東軍李文暕，士無慮三十萬，捕擊反者。詔右金吾將軍曹懷舜屯井陘，右武衞將軍崔獻屯絳、龍門。明年，行儉戰黑山，大破之，其下斬泥孰匐，以首降，禽溫傅、奉職以還，餘衆保狼山。始虜未叛，鳴鵽羣飛入塞，吏曰：「所謂突厥雀者，南飛，胡必至。」比春還，悉墮靈、夏間，率無首，泥孰果亡。狼山衆掠雲州，都督竇懷哲、右領軍中郎將程務挺逐出之。

永隆中，溫傅部又迎頡利族子伏念於夏州，走度河，立爲可汗，諸部響應。明年，遂寇原、慶二州。復詔行儉爲大總管，以右武衞將軍曹懷舜、幽州都督李文暕副之。諜者紿言伏念、溫傅保黑沙，飢甚，可輕騎取也。懷舜獨信之，輕兵倍道至黑沙，乃不見虜，得薛延陀餘部，降之；引還至長城，遇溫傅與戰，所殺相當。行儉兵壓代之陘口，縱反間，故伏念、溫傅相貳，因遣兵擊伏念，敗之。伏念走，與懷舜遇，行且戰一日，爲伏念所破，棄軍奔雲中，士爲虜所乘，死不可算，皆南首仆。懷舜殺牲與伏念盟，乃免。伏念益北，留輜重妻子保金牙山，以輕騎將襲懷舜，會行儉遣部將掩得其輜重，比還，無所歸，乃北走保細沙。行儉縱單于鎭兵躡之，伏念意王師不能遠，不設備，及兵至，惶駭不得戰，遂遣使間道詣行儉，執溫傅降，行儉虜之，送京師，斬東市。

永淳元年，骨咄祿又反。

骨咄祿，頡利族人也，雲中都督舍利元英之部酋，世襲吐屯。伏念敗，乃嘯亡散，保總材山，又治黑沙城，有衆五千，盜九姓畜馬，稍彊大，乃自立爲可汗，以弟默啜爲殺，咄悉匐爲葉護。時單于府檢校降戶部落阿史德元珍者，爲長史王本立所囚。會骨咄祿來寇，元珍請諭還諸部贖罪，許之。至卽降骨咄祿，與爲謀，遂以爲阿波達干，悉屬以兵。乃寇單于府北鄙，遂攻幷州，殺嵐州刺史王德茂，分掠定州，北平刺史霍王元軌擊卻之。又攻嬀州，圍單于都護府，殺司馬張行師，攻蔚州，殺刺史李思儉，執豐州都督崔知辯。詔右武衞將軍程務挺爲單于道安撫大使備邊。

嗣聖、垂拱間，連寇朔、代，掠吏士。左玉鈐衞中郎將淳于處平爲陽曲道總管，將擊賊總材山，至忻州與賊遇，鏖戰不利，死者五千人。更以天官尚書韋待價爲燕然道大總管討之。明年，入昌平，右鷹揚衞大將軍黑齒常之擊卻之。復入朔州地，常之與戰黃花堆，虜敗，追奔四十里，遯過磧。右監門衞中郎將爨寶璧當追，意虜卽破，欲幸取功，乃募諜出塞二千里，間虜無備，趨襲之。將至，漏言于軍，虜得整衆出，皆死戰，大敗，寶璧跳還，舉軍沒。武后怒，誅寶璧，改骨咄祿曰不卒祿。俄而元珍攻突騎施，戰死。天授初，骨咄祿死，其子幼，不得立。

默啜自立爲可汗，篡位數年，始攻靈州，多殺略士民。武后以薛懷義爲朔方道行軍大總管，內史李昭德爲行軍長史，鳳閣鸞臺平章事蘇味道爲司馬，率朔方道總管契苾明、鴈門道總管王孝傑、威化道總管李多祚、豐安道總管陳令英、瀚海道總管田揚名等凡十八將軍兵出塞，雜華蕃步騎擊之，不見虜，還。俄詔孝傑爲朔方道行軍總管備邊。

契丹李盡忠等反，默啜請擊賊自效，詔可。授左衞大將軍、歸國公，以左豹韜衞將軍閻知微即部册拜遷善可汗。默啜乃引兵擊契丹，會盡忠死，襲松漠部落，盡得孫萬榮妻子輜重〔五〕，酋長崩潰。后美其攻，復詔知微持節册默啜爲特進、頡跌利施大單于、立功報國可汗。未及命，俄攻靈、勝二州，縱殺略，爲屯將所敗。又遣使者謝，請爲后子，復言有女，願女諸王，且求六州降戶。初，突厥內屬者分處豐、勝、靈、夏、朔、代間，謂之河曲六州降人。默啜又請粟田種十萬斛，農器三千具，鐵數萬斤，后不許，宰相李嶠亦言不可。默啜怨，爲慢言，執使者司賓卿田歸道。於是納言姚璹等建請與之，乃歸粟、器、降人數千帳，繇是突厥遂彊。

詔淮陽王武延秀聘其女爲妃，詔知微攝春官尙書，與司賓卿楊鸞莊持節護送。默啜猥曰：「我以女嫁唐天子子，今乃后家子乎！且我世附唐，今聞其子孫獨二人在，我當立之。」即囚延秀等，妄號知微爲可汗，自將十萬騎南向擊靜難、平狄、淸夷等軍，靜難軍使慕容玄崱以兵五千降。虜入圍嬀、檀，后詔司屬卿武重規爲天兵中道大總管，右武威衞將軍沙吒忠義爲天兵西道總管，幽州都督張仁亶爲天兵東道總管，兵凡三十萬擊之；右羽林大將軍閻敬容、李多祚爲天兵西道後軍總管，兵亦十五萬。默啜破蔚州飛狐，進殘定州，殺刺史孫彥高，焚廬舍，鄉聚爲空。后怒，下詔購斬默啜者王之，更號曰斬啜。虜圍趙州，長史唐波若應之，入殺刺史高叡，進攻相州。詔沙吒忠義爲河北道前軍總管，李多祚爲後軍總管，將軍嵎夷公福富順爲奇兵總管，擊虜。時中宗還自房陵，爲皇太子，拜行軍大元帥，以納言狄仁傑爲副，文昌右丞宋玄爽爲長史，左肅政臺御史中丞霍獻可爲司馬，右肅政臺御史中丞吉頊爲監軍使，將軍扶餘文宣等六人爲子總管。未行，默啜聞之，取趙、定所掠男女八九萬悉阬之，出五回道去，所過人畜、金幣、子女盡剽有之，諸將皆顧望不敢戰，獨狄仁傑以兵追之，不及。

默啜負勝輕中國，有驕志，大抵兵與頡利時略等，地縱廣萬里，諸蕃悉往聽命。復立咄悉匐爲左察，骨咄祿子默矩爲右察，皆統兵二萬；子匐俱爲小可汗，位兩察上，典處木昆等十姓兵四萬，號拓西可汗。歲入邊，戍兵不得休，乃高選魏元忠檢校并州長史爲天兵軍大總管，婁師德副之，按屯以待。又徙元忠靈武道行軍大總管，備虜。

默啜剽隴右牧馬萬匹去，俄復盜邊，詔安北大都護相王爲天兵道大元帥，率幷州長史武攸宜、夏州都督薛訥與元忠擊虜，兵未出，默啜去。明年，寇鹽、夏，掠羊馬十萬，攻石嶺，遂圍幷州。以雍州長史薛季昶爲持節山東防禦大使，節度滄、瀛、幽、易、恆、定、嬀、檀、平等九州之軍，以瀛州都督張仁亶統諸州及淸夷、障塞軍之兵，與季昶掎角，又以相王爲安北道行軍元帥，監諸將，王留不行。虜入代、忻，仍殺略。

長安三年，遣使者莫賀達干請進女女皇太子子，后使平恩郡王重俊、義興郡王重明盛服立諸朝〔六〕。默啜更遣大酋移力貪汗獻馬千匹，謝許婚，后渥禮其使。中宗始卽位，入攻鳴沙，於是靈武軍大總管沙吒忠義與戰，不勝，死者幾萬人，虜遂入原、會，多取牧馬。帝詔絕昏，購斬默啜者王以國、官諸衞大將軍。默啜殺我行人鴻臚卿臧思言，詔左屯衞大將軍張仁亶爲朔方道大總管屯邊，明年，始築三受降城於河外，障絕寇路。久之，以唐休璟代屯。睿宗初立，又請和親，詔取宋王成器女爲金山公主下嫁。會左羽林大將軍孫佺等與奚戰冷陘，爲奚所執，獻諸默啜，默啜殺之，更以刑部尙書郭元振代休璟。

玄宗立，絕和親。默啜乃遣子楊我支特勒入宿衞，固求昏，以蜀王女南和縣主妻之，下書諭尉可汗。明年，使子移涅可汗引同俄特勒、火拔頡利發石失畢精騎攻北庭，都護郭虔瓘擊之，斬同俄城下，虜奔解。火拔不敢歸，攜妻子來奔，拜左武衞大將軍、燕山郡王，號其妻爲金山公主，賜賚優縟。楊我支死，詔宗親三等以上弔其家。是時突厥再上書求昏，帝未報。

初，景雲中，默啜西滅娑葛，遂役屬契丹、奚，因虐用其下。既年老，愈昏暴，部落怨畔，十姓左五咄陸、右五弩失畢俟斤皆請降，葛邏祿胡屋鼠尼施三姓、大漠都督特進朱斯、陰山都督謀落匐雞、玄池都督蹋實力胡鼻率衆内附，詔處其衆於金山。以右羽林軍大將軍薛訥爲涼州鎭軍大總管，節度赤水、建康、河源等軍，屯涼州，以都督楊執一副之；右衞大將軍郭虔瓘爲朔州鎭軍大總管，節度和戎、大武、并州之北等軍，屯并州，以長史王晙副之。撫新附，檢鈔暴。默啜屢擊葛邏祿等，詔在所都護、總管掎角應援。虜勢寖削。其婿高麗莫離支高文簡，與跌跌都督思太，吐谷渾大酋慕容道奴，郁射施大酋鶻屈頡斤、苾悉頡力，高麗大酋高拱毅，合萬餘帳相踵款邊，詔内之河南；引拜文簡左衞大將軍、遼西郡王，思太特進、右衞大將軍兼跌跌都督、樓煩郡公，道奴左武衞將軍兼刺史、雲中郡公，鶻屈頡斤左驍衞將軍兼刺史、陰山郡公，苾悉頡力左武衞將軍兼刺史、鴈門郡公，拱毅左領軍衞將軍兼刺史、平城郡公，將軍皆員外置，賜各有差。

默啜討九姓，戰磧北，九姓潰，人畜皆死，思結等部來降，帝悉官之。拜薛訥朔方道行軍大總管，太僕卿呂延祚、靈州刺史杜賓客佐之，備邊。詔金山、大漠、陰山、玄池都督等共圖取默啜，班賞格，賜物論之。默啜又討九姓拔野古，戰獨樂河，拔野古大敗，默啜輕歸不爲備，道大林中，拔曳固殘衆突出，擊默啜，斬之，乃與入蕃使郝靈佺傳首京師。

骨咄祿子闕特勒合故部，攻殺小可汗及宗族略盡，立其兄默棘連，是爲毗伽可汗。

校勘記

〔一〕敗行軍總管王孝基　各本「王孝基」上原有「永安」二字。按本書卷一高祖紀載：武德四年八月，「突厥寇代州，執行軍總管王孝基」。冊府卷三九三亦記此戰役，稱代州總管李大恩「遣刺史王孝基出戰，一軍皆沒」。突厥集史卷四謂隋、唐往往以刺史充行軍總管。今一曰行軍總管，一曰刺史，名異實同。考本書卷七八宗室傳，永安王孝基于武德二年戰劉武周被俘，謀亡歸，爲所殺。則此時不得更爲行軍總管，其爲王孝基之誤無疑。「永安」二字衍，今刪。

〔二〕李靖潛師幽州以須　「幽州」，舊書卷一九四上突厥傳同。舊書卷六七李靖傳及冊府卷九九一作「豳州」。按唐幽州治在今北京城西南，豳州治卽今陝西彬縣。是役突厥進軍至今陝西西安市北渭水附近，則李靖等不得遠至幽州以待，當以豳州爲是。

〔三〕鴻臚卿劉善就思摩部　通典卷一九九及舊書卷一九四下突厥傳載：貞觀七年遣鴻臚少卿劉善

因冊拜西突厥咄陸可汗。本書卷二一五下突厥傳合。突厥集史卷一三新唐書突厥傳校注又雜考諸碑，認爲「劉善」乃「劉善因」之奪。

〔四〕又詔左屯衞將軍阿史那忠爲左賢王左武衞將軍阿史那泥孰爲右賢王相之　按阿史那忠與阿史那泥孰本爲一人，據下文阿史那泥孰賜名忠可知。此承舊書突厥傳誤作二人，又於諸夷蕃將傳和突厥傳中各立一傳，更屬大謬。商榷卷九二有詳辨。

〔五〕盡得孫萬榮妻子輜重　「孫」，各本原作「李」。據舊書卷一九四上突厥傳、通典卷一九八、冊府卷九八六及通鑑卷二〇五改。

〔六〕后使平恩郡王重俊義興郡王重明盛服立諸朝　據本書卷八一三宗諸子傳、舊書卷八六高宗中宗諸子傳，平恩郡王爲重福，義興郡王爲重俊。

唐書卷二百一十五下

列傳第一百四十下

突厥下

毗伽可汗默棘連，本謂「小殺」者，性仁友，自以立非己功，讓於闕特勒，特勒不敢受，遂嗣位，實開元四年。以特勒爲左賢王，專制其兵。初，默啜死，闕特勒盡殺其用事臣，惟暾欲谷者以女婆匐爲默棘連可敦〔一〕，獨免，廢歸其部。後突騎施蘇祿自爲可汗，突厥部種多貳，默棘連乃召暾欲谷與謀國，年七十餘，衆尊畏之。

俄而跌跌思太等自河曲歸之。始，降戶之南也，單于副都護張知運盡歛其兵，戎人怨怒；及姜晦爲巡邊使，遮訴禁弓矢無以射獵爲生，晦悉還之。乃共擊張知運，禽之，將送突厥；朔方行軍總管薛訥、將軍郭知運追之，衆潰，釋知運去。思太等分爲二隊北走，王晙又破其左隊。

默棘連既得降胡，欲南盜塞，暾欲谷曰：「不可，天子英武，人和歲豐，未有間，且我兵新集，不可動也。」默棘連又欲城所都，起佛、老廟，暾欲谷曰：「突厥衆不敵唐百分一，所能與抗者，隨水草射獵，居處無常，習於武事，彊則進取，弱則遁伏，唐兵雖多，無所用也。若城而居，戰一敗，必爲彼禽。且佛、老教人仁弱，非武彊術。」默棘連當其策，卽遣使者請和。帝以不情，答而不許。俄下詔伐之，乃以拔悉蜜右驍衞大將軍金山道總管處木昆執米啜、堅昆都督右武衞大將軍骨篤祿毗伽可汗、契丹都督李失活、奚都督李大酺、突厥默啜子左賢王墨特勒、左威衞將軍右賢王阿史那毗伽特勒、燕山郡王火拔石失畢等蕃漢士悉發，凡三十萬，以御史大夫、朔方道大總管王晙統之，期八年秋並集稽落水上，使拔悉蜜、奚、契丹分道掩其牙，捕默棘連。默棘連大恐，暾欲谷曰：「拔悉蜜在北庭，與二蕃相距遠，必不合。晙與張嘉貞有隙，必相執異，亦必不能來。卽皆能來，我當前三日悉衆北徙，彼糧竭自去。拔悉蜜輕而好利，當先至，擊之可取也。」俄而拔悉蜜果引衆逼突厥牙，知晙等不至，乃引卻，突厥欲擊之，暾欲谷曰：「兵千里遠出，士殊死鬭，鋒不可當也。不如躡之，邀近而取之。」距北庭二百里，乃分兵由它道襲拔其城，卽急擊拔悉蜜，衆走趨北庭，無所歸，悉禽之。還出赤亭，掠涼州，都督楊敬述使官屬盧公利、元澄等勒兵討捕，暾欲谷曰：「敬述若城守，當與和。如兵出，吾且決戰，必有功。」澄令于軍曰：「贏臂持滿外注。」會大寒裂膚，士手不能張弓矢，由是大敗，元澄走，敬述坐以白衣檢校涼州事，突厥遂大振，盡有默啜餘衆。

明年，固乞和，請父事天子，許之。又連歲遣使獻方物求婚。是時天子東巡泰山，中書令張說謀益屯以備突厥，兵部郎中裴光庭曰：「封禪以告成功，若復調發，不可謂成功者。」說曰：「突厥雖請和，難以信結也。且其可汗仁而愛人，下爲之用，闕特勒善戰，暾欲谷沈雄，愈老而智，李靖、世勣流也，三虜方協，知我舉國東巡，有如乘間，何以禦之？」光庭卽請以使召其大臣入衞，乃遣鴻臚卿袁振往諭帝意。默棘連置酒與可敦、闕特勒、暾欲谷坐帳中，謂振曰：「吐蕃，犬出也，唐與爲昏；奚、契丹，我奴而役也，亦尚主；獨突厥前後請，不許，云何？」振曰：「可汗，天子子也，子而昏，可乎？」默棘連曰：「不然，二蕃皆賜姓，而得尚主，何不可云？且公主亦非帝女，我不敢有所擇，但屢請不得，爲諸國笑。」振許爲請，默棘連遣大臣阿史德頡利發入獻，遂從封禪。有詔四夷諸酋皆入仗佩弓矢，會兎起帝馬前，帝一發斃之，頡利發奉兎頓首賀曰：「陛下神武超絕，若天上則臣不知，人間無有也。」詔問：「飢欲食乎？」對曰：「仰覩弧矢之威，使十日不食猶爲飽。」因令仗內馳射。亹封畢，厚宴賜遣之，然卒不許和親。

自是比年遣大臣入朝，吐蕃以書約與連和鈔邊，默棘連不敢從，封上其書，天子嘉之，引使者梅錄啜宴紫宸殿，詔朔方西受降城許互市，歲賜帛數十萬。十九年，闕特勒死，使金吾將軍張去逸、都官郎中呂向奉璽詔弔祭，帝爲刻辭于碑，仍立廟像，四垣圖戰陣狀，詔高手工六人往，繪寫精肖，其國以爲未嘗有，默棘連視之，必悲梗。

默棘連請昏既勤，帝許可，於是遣哥解栗必來謝，請昏期。俄爲梅錄啜所毒，忍死殺梅錄啜，夷其種，乃卒。帝爲發哀，詔宗正卿李佺弔祭，因立廟，詔史官李融文其碑。國人共立其子爲伊然可汗。

伊然可汗立八年，卒。凡遣使三入朝。其弟嗣立，是爲苾伽骨咄祿可汗，使右金吾衞將軍李質持册爲登利可汗。明年，遣使伊難如朝正月，獻方物，曰「禮天可汗如禮天，今新歲獻月，願以萬壽獻天子」云。可汗幼，其母婆匐與小臣飫斯達干亂，遂預政，諸部不協。登利從父分掌東西兵，號左右殺，士之精勁皆屬。可汗與母誘斬西殺，奪其兵，左殺懼，即攻登利可汗，殺之。

左殺者，判闕特勒也，遂立毗伽可汗子，俄爲骨咄葉護所殺，立其弟，旋又殺之，葉護乃自爲可汗。天寶初，其大部回紇、葛邏祿、拔悉蜜並起攻葉護，殺之，尊拔悉蜜之長爲頡跌伊施可汗，於是回紇、葛邏祿自爲左右葉護，亦遣使者來告。國人奉判闕特勒子爲烏蘇米施可汗，以其子葛臘哆爲西殺。帝使使者諭令內附，烏蘇不聽，其下不與，拔悉蜜等三部共攻烏蘇米施，米施遁亡。其西葉護阿布思及葛臘哆率五千帳降，以葛臘哆爲懷恩王。

三載，拔悉蜜等殺烏蘇米施，傳首京師，獻太廟。其弟白眉特勒鶻隴匐立，是爲白眉可汗。於是突厥大亂，國人推拔悉蜜酋爲可汗，詔朔方節度使王忠嗣以兵乘其亂，抵薩河內山，擊其左阿波達干十一部，破之，獨其右未下，而回紇、葛邏祿殺拔悉蜜可汗，奉回紇骨力裴羅定其國，是爲骨咄祿毗伽闕可汗。明年，殺白眉可汗，傳首獻。毗伽可汗妻骨咄祿婆匐可敦率衆自歸，天子御花萼樓宴羣臣，賦詩美其事，封可敦爲賓國夫人，歲給粉直二十萬。始突厥國於後魏大統時，至是滅。後或朝貢，皆舊部九姓云，其地盡入回紇。始其族分國於西者，曰西突厥。

西突厥，其先訥都陸之孫吐務，號大葉護。長子曰土門伊利可汗，次子曰室點蜜，亦曰瑟帝米。瑟帝米之子曰達頭可汗，亦曰步迦可汗。始與東突厥分烏孫故地有之，東即突厥，西雷翥海，南疏勒，北瀚海，直京師北七千里，由焉耆西北七日行得南庭，北八日行得北庭，與都陸、弩失畢、歌邏祿、處月、處蜜、伊吾諸種雜。其風俗大抵突厥也，言語少異。

初，東突厥木杆可汗死，舍其子大邏便，而立弟佗鉢可汗。佗鉢死，先令戒其子菴羅必立大邏便，國人以其母賤，不肯立，而卒立菴羅。菴羅後以讓木杆兄子攝圖，是爲沙鉢略可汗。而大邏便別爲阿波可汗，自臣所部，沙鉢略襲擊之，殺其母，阿波西走達頭。當是時，達頭爲西面可汗，即授阿波兵十萬，使與東突厥戰。而阿波竟爲沙鉢略所禽。及啓民可汗時，達頭可汗歲以兵相加，而隋常助啓民，故達頭敗奔吐谷渾。

始，阿波既禽，國人立鞅素特勒子，是爲泥利可汗。達頭之奔，泥利亦敗，及死，其子達漫立，是爲泥橛處羅可汗，政苛察多忌。大業中，從煬帝征高麗，賜號曷薩那可汗，妻以宗女，留其弟闕達度設畜牧於會寧郡，即自稱闕可汗。江都亂，曷薩那從宇文化及至黎陽，遁歸長安，高祖降榻與共坐，封歸義王，以大珠獻帝，帝不受，曰：「朕所重者王之赤心，是無用也。」闕可汗有馬三千，武德元年內屬，賜號吐烏過拔闕可汗，與李軌連和。隋西戎使者曹瓊據甘州誘之，俄與瓊合，共擊軌，兵不勝，走達斗拔谷，與吐谷渾相輔車，爲軌所滅。

初，曷薩那朝隋，國人皆不欲，既被留不遣，乃共立達頭孫，號射匱可汗，建廷龜茲北之三彌山，玉門以西諸國多役屬，與東突厥亢。射匱死，其弟統葉護嗣，是爲統葉護可汗。

統葉護可汗勇而有謀，戰輒勝，因并鐵勒，下波斯、罽賓，控弦數十萬，徙廷石國北之千泉，遂霸西域諸國，悉授以頡利發，而命一吐屯監統，以督賦入。明年，射匱使使來〔三〕，以曷薩那有世憾，請殺之，帝不許。羣臣曰：「存一人，失一國，後且爲患。」秦王曰：「不然，人來歸我，我殺之不祥。」帝又不聽。宴禁中，酒酣，至中書省，縱使者戕之，不宣也。射匱亦連年係貢條支巨卵〔三〕、師子革等，帝厚申撫結，約與并力討東突厥。統葉護可汗請期，頡利大懼，乃與和，約毋相伐也。統葉護可汗來請昏，帝與羣臣謀：「西突厥去我遠，緩急不可杖，可與昏乎？」封德彝曰：「計今之便，莫若遠交而近攻，請聽昏以怖北狄，待我既定，而後圖之。」帝乃許昏，詔高平王道立至其國，統葉護可汗喜，遣眞珠統俟斤與道立還，獻萬釘寶鈿金帶、馬五千匹以藉約。會東突厥歲犯邊，西道梗澀，又頡利遣謂曰：「若迎唐公主，必假我道，我且留之。」統葉護可汗病之，未克昏。方負其彊，不以恩結下，衆怨，多叛去，其諸父莫賀咄殺之，帝欲齎玉帛焚祭其國，會亂，不果至。

莫賀咄立，是爲屈利俟毗可汗，遣使者來獻。俟毗可汗初分統突厥爲小可汗，既稱大可汗，國人不附。弩失畢部自推泥孰莫賀設爲可汗，泥孰辭不受。會統葉護可汗子咥力特勒避莫賀咄亂，亡在康居，泥孰迎立之，爲乙毗鉢羅肆葉護可汗，與俟毗可汗分王其國，挐鬭不解，各遣使朝獻。太宗追憐曷薩那死非罪，爲贈上柱國，具禮以葬。貞觀四年，俟毗可汗請昏，不許，詔曰：「突厥方亂，君臣未定，何遽昏爲？各敕其部毋相侵。」由是西域諸國悉叛之，國大虛耗，衆悉附肆葉護可汗，雖俟毗之部亦稍稍去，共以兵擊俟毗，俟毗走保金山，爲泥孰所殺，奉肆葉護爲大可汗。

肆葉護已立，即北討鐵勒、薛延陀，爲延陀所敗。性猜愎，狹於統下。小可汗乙利者，於國最有功，肆葉護聽讒，種夷之，衆皆沮駭。又忌泥孰，陰圖殺之，泥孰亡入焉耆。未幾，沒卑達干與弩失畢部諸豪謀執廢肆葉護，葉護輕騎走康居，憂死。國人迎泥孰於焉耆，立之，是爲咄陸可汗。可汗父莫賀設，本隸統葉護者，武德時來朝，太宗與之盟，約爲昆弟。死而泥孰代之，或曰伽那設。既立，遣使詣闕，不敢當可汗號。帝詔鴻臚少卿劉善因持節册號吞阿婁拔利邲咄陸可汗，賜鼓纛，段綵巨萬。泥孰遣使謝。它日，太上皇宴使者兩儀殿，謂長孫无忌曰：「今蠻夷率服，古亦有乎？」无忌上千萬歲壽，太上皇喜，以酒屬帝，帝頓首謝，亦奉觴上太上皇壽。

咄陸可汗死，弟同俄設立，是爲沙鉢羅咥利失可汗，歲三遣使奉方物，遂請昏，帝慰而不俞。可汗分其國爲十部，部以一人統之，人授一箭，號十設，亦曰十箭。爲左、右：左五咄陸部，置五大啜，居碎葉東；右五弩失畢部，置五大俟斤，居碎葉西。其下稱一箭曰一部落，號十姓部落云。然不爲衆悅賴，其部統吐屯以兵襲之，咥利失率左右戰，統吐屯不勝去。咥利失與其弟步利設奔焉耆。阿悉吉闕俟斤與統吐屯召國人謀立欲谷設爲大可汗，以咥利失爲小可汗。會統吐屯被殺，欲谷設又爲其俟斤所破，咥利失乃復得故地。後西部卒自立欲谷設爲乙毗咄陸可汗，而與咥利失交戰，殺傷不可計，乃因伊列河約諸部：河以西受令於咄陸，其東咥利失主之。自是西突厥又分二國矣。

咄陸可汗建廷鏃曷山西，謂之「北庭」，駮馬、結骨諸國悉附臣之，陰與咥利失部吐屯俟列發以兵攻咥利失。咥利失援窮，奔拔汗那而死。國人立其子，是爲乙屈利失乙毗可汗，踰年死。弩失畢大酋迎伽那設之子畢賀咄葉護立之，是爲乙毗沙鉢羅葉護可汗。太宗詔左領軍將軍張大師持節册命，賜鼓纛，建庭雖合水北，謂之「南庭」，東薄伊列河，龜茲、鄯善、且末、吐火羅、焉耆、石、史、何、穆、康等國皆隸屬。

是時咄陸兵寖盛，與沙鉢羅葉護數交戰。會二可汗使者皆來，帝敕以敦睦，令各罷兵，咄陸不肯聽，遣石國吐屯攻葉護可汗，殺之，并其國。弩失畢不服，叛去。咄陸又擊吐火羅，取之，乃入寇伊州。安西都護郭孝恪以輕騎二千，自烏骨狙擊，敗之。咄陸以處月、處蜜兵圍天山而不克，孝恪追北，拔處月俟斤之城，抵遏索山，斬千餘級，降處蜜部而歸。咄陸可汗性很傲，留使者元孝友等不遣，妄曰：「我聞唐天子才武，我今討康居，爾視我與天子等否？」遂與共攻康居，道米國，卽襲破之，係虜其人，取貲口不以與下，其將泥孰啜怒，奪取之，咄陸斬以徇。泥孰啜之將胡祿屋舉兵襲咄陸可汗，多殺士，國大亂〔四〕，將歸保吐火羅，大臣勸其返國，不從，率衆去，度葉水，及石國，左右亡去略盡，乃保可賀敦城。自輕出招叛亡，阿悉吉闕俟斤逆擊之，咄陸敗，襲取白水胡城以居。弩失畢不欲咄陸爲可汗，遣使者至闕下，請所立。帝遣通事舍人温無隱持璽詔與國大臣擇突厥可汗子孫賢者授之，乃立乙屈利失乙毗可汗之子，是爲乙毗射匱可汗。

乙毗射匱既立，改館使者，悉還之長安，使弩失畢將兵攻白水胡城。咄陸勒兵自城出，鳴鼓角薄鬬，弩失畢不能軍，殺獲甚多。咄陸因其勝招徠舊部，皆曰：「戰千人，存一人，我猶不從也。」咄陸自知衆怨，乃走吐火羅。乙毗射匱遣使貢方物，且請昏，帝令割龜茲、于闐、疏勒、朱俱波、葱嶺五國爲聘禮，不克昏。於是阿史那賀魯反，盡得可汗部落。

賀魯者，室點蜜可汗五世孫，曳步利設射匱特勒劫越子也。始，阿史那步眞來歸國，咄陸可汗以賀魯爲葉護，代步眞，居多邏斯川，直西州北千五百里，統處月、處蜜、姑蘇、歌邏祿、弩失畢五姓之衆。咄陸之走吐火羅也，乙毗射匱以兵迫逐，賀魯無常居，部多散亡。有執舍地、處木昆、婆鼻三種者，以賀魯無罪，往請可汗，可汗怒，欲誅執舍地等，三種乃舉所部數千帳，與賀魯皆內屬，帝優撫之。會討龜茲，請先驅爲向導，詔授崑丘道行軍總管，宴嘉壽殿，厚賜予，解衣衣之。擢累左驍衞將軍、瑤池都督，處其部於庭州莫賀城，密招攜散，廬幕益衆。

方帝崩，卽謀取西、庭二州，刺史駱弘義以聞，高宗遣通事舍人喬寶明馳撫，因令賀魯遣子咥運入宿衞。咥運中悔，劫於勢，不得去，拜右驍衞中郎將。帝遣還，咥運卽勸賀魯引而西，取咄陸可汗故地，建牙於千泉，自號沙鉢羅可汗，遂統咄陸、弩失畢十姓。咄陸有五啜，曰處木昆律啜、胡祿屋闕啜、攝舍提暾啜、突騎施賀邏施啜、鼠尼施處半啜。弩失畢有五俟斤，曰阿悉結闕俟斤、哥舒闕俟斤、拔塞幹暾沙鉢俟斤、阿悉結泥孰俟斤、哥舒處半俟斤。而胡祿啜闕〔五〕，賀魯婿也。阿悉結闕俟斤最盛彊，勝兵至數十萬。以咥運爲莫賀咄葉護。遂寇庭州，敗數縣，殺掠數千人去。詔左武衞大將軍梁建方、右驍衞大將軍契苾何力爲弓月道行軍總管，右驍衞將軍高德逸、右武衞將軍薩孤吳仁副之，發府兵三萬，合回紇騎五萬擊之。駱弘義獻計曰：「安中國以信，馭夷狄以權，理有變通也。賀魯保一城，方寒積雪，謂唐兵必不來，宜乘此一舉滅之。遷延及春，且生變，縱不率連諸國，必遠迹遁去。且兵本誅賀魯，而處蜜、處木昆等亦各欲自免，若留不進，彼與賀魯復合矣。今雖嚴冬風勁，兵苦皸墮，又不可久留費邊糧，使賊得堅黨附、賒死期也。請寬處月、處蜜等罪，專誅賀魯，除禍務本，不可先治枝葉也。願發射脾、處月、處蜜、契苾等兵，齎一月食，急趨之，大軍住憑洛水上爲之景助，此驅戎狄攻豺狼也。且戎人藉唐兵爲羽翼，今胡騎出前，唐兵躡後，賀魯窮矣。」天子然其奏，詔弘義佐建方等經略之。處月朱邪孤注者，引兵附賊，據牢山，建方等攻之，衆潰，追行五百里，斬孤注，上首九千級，虜其帥六十，不如弘義所計。

永徽四年，罷瑤池都督府，即處月置金滿州。又遣左屯衞大將軍程知節爲葱山道行軍大總管，率諸將進討。是歲，咄陸可汗死，其子眞珠葉護請討賀魯自效，爲賀魯所拒，不得前。明年，知節擊歌邏祿、處月，斬千級，收馬萬計。副將周智度擊處木昆城，拔之，斬馘三萬。前軍蘇定方擊賀魯別帳鼠尼施于鷹娑川，斬首虜獲馬甚衆，賊棄鎧仗彌野。會副總管王文度不肯戰，降怛篤城，取其財，屠之，知節不能制。

顯慶初，擢定方伊麗道行軍大總管，率燕然都護任雅相、副都護蕭嗣業、左驍衞大將軍瀚海都督回紇婆閏等窮討。詔右屯衞大將軍阿史那彌射、左屯衞大將軍阿史那步眞爲流沙道安撫大使，分出金山道，俟斤嬾獨祿等萬餘帳迎降。定方以精騎至曳咥河西，擊處木昆，破之。賀魯舉十姓兵十萬騎來拒，定方以萬人當之，虜見兵少，以騎繞唐軍。定方令步卒據原，攢矟外注，自以騎陣於北。賀魯先擊原上軍，三犯，軍不動。定方縱騎乘之，虜大潰，追奔數十里，俘斬三萬人，殺其大酋都搭達干等二百人。明日躡北，五弩失畢皆降。五咄陸聞賀魯敗，趨南道降步眞。定方命嗣業、婆閏趨邪羅斯川追虜，任雅相提降兵踵後。會大雪，軍中請須霽，定方曰：「今霧晦風冽，虜謂我不能師，掩其不虞可也，緩則遠矣，省日兼功，上策也。」於是晝夜進，收所過人畜，至雙河，與彌射、步眞會，軍飽氣張，距賀魯牙二百里，陣而行，抵金牙山。賀魯衆適獵，定方兵縱破其牙，俘數萬人，獲鼓纛器械，賀魯跳度伊麗水。嗣業次千泉，彌射至伊麗，處月、處蜜諸部皆下。次雙河，賀魯先以步失達干據柵戰，彌射攻之，潰，定方追賀魯至碎葉水，盡奪其衆。賀魯、咥運將奔鼠耨設，至石國蘇咄城，馬不進，衆飢，齎寶入城，且市馬，城主伊涅達干迎之，既入，拘送石國。會彌射子元爽與嗣業兵至，取之。乃悉散諸部兵，開道置驛，收露胔，問人疾苦，賀魯所掠悉還之民，西域平。

賀魯謂嗣業曰：「我，亡虜也，先帝厚我，我則背之，今天降怒罰，尙何道？且聞漢法殺人必都市，我願就死昭陵，謝罪於先帝也。」帝曰：「先帝賜賀魯二千帳主之，今罪人既得，獻昭陵其可乎？」許敬宗曰：「古者，軍凱還則飮至于廟。若諸侯獻馘天子，未聞獻于陵。然陛下奉園寢與宗廟等，可行不疑。」於是執而獻昭陵，赦不誅。

賀魯已滅，裂其地爲州縣，以處諸部。木昆部爲匐延都督府，突騎施索葛莫賀部爲嗢鹿都督府，突騎施阿利施部爲絜山都督府，胡祿屋闕部爲鹽泊都督府，攝舍提暾部爲雙河都督府，鼠尼施處半部爲鷹娑都督府，又置崑陵、濛池二都護府以統之。其所役屬諸國皆置州，西盡波斯，並隸安西都護府。以阿史那彌射爲興昔亡可汗，兼驃騎大將軍、崑陵都護，領五咄陸部，阿史那步眞爲繼往絕可汗，兼驃騎大將軍、濛池都護，領五弩失畢部，各賜帛十萬，以光祿卿盧承慶持册命之。賀魯死，詔葬頡利冢旁，紀其槩於石。

阿史那彌射，亦室點蜜可汗五世孫，世爲莫賀咄葉護。貞觀中，遣使者持節立彌射爲奚利邲咄陸可汗，賜鼓纛。族兄步眞謀殺彌射，欲自立，彌射不能國，卽舉所部處月、處蜜等入朝，拜右監門衞大將軍。而步眞遂自爲咄陸葉護，衆不厭，去之，亦與族人來朝，拜左屯衞大將軍。彌射從帝征高麗有功，封平壤縣伯〔七〕，遷右武衞大將軍。及平賀魯，乃與步眞皆爲可汗，得補所部刺史以下。是歲，彌射擊眞珠葉護於雙河，斬之，殺闕啜二人。

彌射、步眞無綏御材，下多怨，於是思結都曼率疏勒、朱俱波、喝槃陀三國叛，擊破于闐，詔左驍衞大將軍蘇定方討之，都曼兵保馬頭川。五年，定方傅其城，擊降之。龍朔二年，彌射、步眞以兵從䆹海道總管蘇海政討龜茲，步眞怨彌射，且欲幷其部，乃誣以謀反。海政不能察，卽集軍吏計議先發誅之，因稱詔發所齎賜可汗首領，彌射以麾下至，悉收斬之。其部鼠尼施、拔塞幹叛走，海政追平之。步眞死乾封時。

咸亨二年，以西突厥部酋阿史那都支爲左驍衞大將軍兼匐延都督，以安輯其衆。儀鳳中，都支自號十姓可汗，與吐蕃連和，寇安西，詔吏部侍郎裴行儉討之。行儉請毋發兵，可以計取。卽詔行儉册送波斯王子，幷安撫大食，若道兩蕃者。都支果不疑，率子弟上謁，遂禽之，召執諸部渠長，降別帥李遮匐以歸，調露元年也。

西姓自是益衰，其後二部人日離散。遂擢彌射子元慶爲左玉鈐衞將軍，步眞子步利設斛瑟羅爲右玉鈐衞將軍，盡襲父所領及可汗號。元慶累拜鎭國大將軍、行左威衞大將軍。武后擅命，率諸蕃長請賜睿宗氏曰武，更號斛瑟羅曰竭忠事主可汗。長壽中，元慶坐謁皇嗣，爲來俊臣所誣，要斬，流其子獻于振州。

其明年，西突厥部立阿史那俀子爲可汗，與吐蕃寇，武威道大總管王孝傑與戰冷泉、大領谷，破之；碎葉鎭守使韓思忠又破泥熟俟斤及突厥施質汗、胡祿等，因拔吐蕃泥熟沒斯城。聖曆二年，以斛瑟羅爲左衞大將軍兼平西軍大總管，令撫鎭國人。是時烏質勒兵張甚，斛瑟羅不敢歸，與其部人六七萬內遷，死長安，擢子懷道爲右武衞將軍。

長安中，以阿史那獻爲右驍衞大將軍，襲興昔亡可汗、安撫招慰十姓大使、北庭大都護。四年，以懷道爲十姓可汗兼濛池都護。未幾，擢獻磧西節度使。十姓部落都擔叛，獻擊斬之，傳首闕下，收碎葉以西帳落三萬內屬，璽書嘉慰。葛邏祿、胡屋、鼠尼施三姓已內屬，爲默啜侵掠，以獻爲定遠道大總管，與北庭都護湯嘉惠等掎角。於是突騎施陰幸邊隙，故獻乞益師，身入朝，玄宗不許。詔左武衞中郎將王惠持節安尉。方册拜突騎施都督車鼻施啜蘇祿爲順國公，而突騎施已圍撥換、大石城，將取四鎭。會嘉惠拜安西副大都護，卽發三姓葛邏祿兵與獻共擊之。帝將詔王惠與相經略，宰相臣璟、臣頲曰：「突騎施叛，葛邏祿攻之，此夷狄自相殘，非朝廷出也。大者傷，小者滅，皆我之利。方王惠往撫慰，不可參以兵事。」乃止。獻終以娑葛彊狠不能制，亦歸死長安。

突騎施吐火仙之敗，始以懷道子昕爲十姓可汗、開府儀同三司、濛池都護，册其妻涼國夫人李爲交河公主，遣兵護送。昕至碎葉西俱蘭城，爲突騎施莫賀達干所殺，交河公主與其子忠孝亡歸，授左領軍衞員外將軍，西突厥遂亡。

突騎施烏質勒，西突厥別部也。自賀魯破滅，二部可汗皆先入侍，虜無的君。烏質勒隸斛瑟羅，爲莫賀達干。斛瑟羅政殘，衆不悅，而烏質勒能撫下，有威信，諸胡順附，帳落寖盛，乃置二十都督，督兵各七千，屯碎葉西北。稍攻得碎葉，卽徙其牙居之，謂碎葉川爲大牙，弓月城、伊麗水爲小牙，其地東鄰北突厥，西諸胡，東直西、庭州，盡幷斛瑟羅地。

聖曆二年，遣子遮弩來朝，武后厚加尉撫。神龍中，封懷德郡王。是歲，烏質勒死，其子嗢鹿州都督娑葛爲左驍衞大將軍，襲封爵。是時勝兵三十萬，詔十姓可汗阿史那懷道持節册命，賜宮人四。景龍中，遣使者入謝，中宗爲御前殿，列萬騎羽林二仗，引見勞賜。俄與其將闕啜忠節交怨，兵相加暴。娑葛訟忠節罪，請內之京師。忠節以千金賂宰相宗楚客等，願無入朝，請導吐蕃擊娑葛以報。楚客方專國，卽以御史中丞馮嘉賓持節經制。嘉賓與忠節書疏反復，娑葛邏得之，遂殺嘉賓，使弟遮弩率兵盜塞。安西都護牛師奬與戰火燒城，師奬敗，死之，表索楚客頭以徇。大都護郭元振表娑葛狀直，當見赦，詔許，西土遂定。旣而與遮弩分治其部，遮弩恨衆少，叛歸默啜，請爲鄉導反攻其兄。默啜留遮弩，自以兵二萬擊娑葛，禽之。默啜歸語遮弩曰：「汝兄弟不相協，能盡心事我乎？」兩殺之。

突騎施別種車鼻施啜蘇祿者，裒拾餘衆，自爲可汗。蘇祿善撫循其下，部種稍合，衆至二十萬，於是復雄西域。開元五年，始來朝，授右武衞大將軍、突騎施都督，却所獻不受。以武衞中郎將王惠持節拜蘇祿左羽林大將軍、順國公，賜錦袍、鈿帶、魚袋七事，爲金方道經略大使。然詭猾，不純臣于唐，天子羈係之，進號忠順可汗。其後閱一二歲，使者納贄，帝以阿史那懷道女爲交河公主妻之。是歲，突騎施鬻馬於安西，使者致公主教於都護杜暹，暹怒曰：「阿史那女敢宣教邪？」笞其使，不報。蘇祿怒，陰結吐蕃舉兵掠四鎭，圍安西城。暹方入當國，而趙頤貞代爲都護，乘城久之，出戰又敗。蘇祿略人畜，發囷貯，徐聞暹已宰相，乃引去；卽遣首領葉支阿布思來朝，玄宗召見，饗之。會東突厥使者亦來，與爭長曰：「突騎施國小，且突厥臣，不宜居上。」蘇祿使者曰：「宴乃爲我，不可下。」遂設東西幄，而蘇祿使者西席，乃克宴。

始，蘇祿愛治其人，性勤約，每戰有所得，盡以予下，故諸族附悅之，爲盡力。又交通吐蕃、突厥，二國皆以女妻之，遂立三國女並爲可敦，以數子爲葉護。費日廣而無素儲，晚年愁窶不聊，故鹵獲稍留不分，下始貳矣；又病風，一支攣，不事事。於是大首領莫賀達干、都摩支二部方盛，而種人自謂娑葛後者爲「黃姓」，蘇祿部爲「黑姓」，更相猜讎。

俄而莫賀達干、都摩支夜攻蘇祿，殺之。都摩支又背達干立蘇祿子吐火仙骨啜爲可汗，居碎葉城，引黑姓可汗爾微特勒保怛邏斯城，共擊達干。帝使磧西節度使蓋嘉運和撫突騎施、拔汗那西方諸國。莫賀達干與嘉運率石王莫賀咄吐屯、史王斯謹提共擊蘇祿子，破之碎葉城。吐火仙棄旗走，禽之，并其弟葉護頓阿波。疏勒鎮守使夫蒙靈詧挾銳兵與拔汗那王掩怛邏斯城，斬黑姓可汗與其弟撥斯，入曳建城，收交河公主及蘇祿可敦、爾微可敦而還，又料西國散亡數萬人，悉與拔汗那王。諸國皆降。處木昆匐延闕律啜等諸部皆上書謝曰：「生於荒裔，國亂王薨，更相攻屠。賴天子遣嘉運將兵誅暴拯危，願得稽首聖顏，以部落附安西，永爲外臣。」許之。明年，擢闕律啜爲右驍衞大將軍，册石王爲順義王，加拜史王爲特進，顯疇其功。嘉運俘吐火仙骨啜獻太廟，天子赦以爲左金吾衞員外大將軍、脩義王，頓阿波爲右武衞員外將軍。以阿史那懷道子昕爲十姓可汗，領突騎施所部，莫賀達干怒曰：「平蘇祿，我功也。今立昕，謂何？」卽誘諸落叛。詔嘉運招諭，乃率妻子及纛官首領降，遂命統其衆。後數年，復以昕爲可汗，遣兵護送。昕至俱蘭城，爲莫賀咄所殺。莫賀咄自爲可汗，安西節度使夫蒙靈詧誅斬之，以大纛官都摩支闕頡斤爲三姓葉護。

天寶元年，突騎施部更以黑姓伊里底蜜施骨咄祿毗伽爲可汗，數通使貢。十二載，黑姓部立登里伊羅蜜施爲可汗，亦賜詔册。

至德後，突騎施衰，黄、黑姓皆立可汗相攻，中國方多故，不暇治也。乾元中，黑姓可汗阿多裴羅猶能遣使者入朝。大曆後，葛邏祿盛，徙居碎葉川，二姓微，至臣役於葛祿，斛瑟羅餘部附回鶻。及其破滅，有特厖勒居焉耆城，稱葉護，餘部保金莎領，衆至二十萬。

贊曰：隋季世，虚内以攻外，生者罷道路，死者暴原野，天下盜賊共攻而亡之。當此時，四夷侵，中國微，而突厥最彊，控弦者號百萬，華人之失職不逞皆往從之，惎之謀，導之入邊，故頡利自以爲彊大古無有也。高祖初即位，與和，因數出軍助討賊，故詭臣之，贈予不可計。虜見利而動，又與賊連和，殺掠吏民，於是掃國入寇，薄渭橋，騎壖蒙京師。太宗身勒兵，顯責而陰間之，戎始内阻。不三年，縛頡利獻北闕下，霆掃風除，其國遂墟。自詩、書以來，伐暴取亂，蔑如帝神且速也，秦、漢比之，陋矣。然帝數暴師不告勞，料敵無遁情，善任將，必其功，蓋黃帝之兵也。而突厥乃以失德抗有道，寖衰當始興，雖運之盛衰屬于天，而其亡信有由矣！

校勘記

〔一〕以女婆匐爲默棘連可敦　「婆匐」，金石萃編卷一〇〇王忠嗣碑、冊府卷九八六作「娑匐」。

〔二〕明年射匱使使來　「射匱」，舊書卷一九四下突厥傳及通典卷一九九作「始畢」，唐會要卷九四及通鑑卷一八七作「北突厥」。按本卷上文既云射匱已死，此當有誤。

〔三〕射匱亦連年係貢條支巨卵　舊書卷一九四下突厥傳及通典卷一九九俱承統葉護事蹟書「武德三年，遣使貢條支巨卵」。據本卷上文，射匱已死。此處「射匱」當爲「統葉護」之訛。

〔四〕泥孰啜之將胡祿屋舉兵襲咄陸可汗多殺士國大亂　按舊書卷一九四下突厥傳及通典卷一九九俱云：「（咄陸）尋爲泥孰啜部將胡祿屋所襲，衆多亡逸，其國大亂。」則「多殺士，國大亂」者乃咄陸而非胡祿屋。此處「咄陸可汗」下疑有省脫。

〔五〕胡祿啜闕　汲、局本同，殿本「啜」作「屋」。按通典卷一九九及本卷上下文均作「胡祿屋闕啜」，舊書卷一九四下突厥傳及寰宇記卷一九七作「胡祿居闕啜」。

〔六〕封平壤縣伯　「平壤」，舊書卷一九四下突厥傳、通典卷一九九、寰宇記卷一九七均作「平襄」。

唐書卷二百一十六上

列傳第一百四十一上

吐蕃上

吐蕃本西羌屬，蓋百有五十種，散處河、湟、江、岷間，有發羌、唐旄等，然未始與中國通。居析支水西。祖曰鶻提勃悉野，健武多智，稍并諸羌，據其地。蕃、發聲近，故其子孫曰吐蕃，而姓勃窣野。或曰南涼秃髮利鹿孤之後，二子，曰樊尼，曰傉檀。傉檀嗣，爲乞佛熾盤所滅。樊尼挈殘部臣沮渠蒙遜，以爲臨松太守。蒙遜滅，樊尼率兵西濟河，逾積石，遂撫有羣羌云。

其俗謂彊雄曰贊，丈夫曰普，故號君長曰贊普，贊普妻曰末蒙。其官有大相曰論茝，副相曰論茝扈莽，各一人，亦號大論、小論；都護一人，曰悉編掣逋；又有內大相曰曩論掣逋，亦曰論莽熱，副相曰曩論覓零逋，小相曰曩論充，各一人；又有整事大相曰喻寒波掣逋，副整事曰喻寒覓零逋，小整事曰喻寒波充：皆任國事，總號曰尙論掣逋突瞿。地直京師西八千里，距鄯善五百里，勝兵數十萬。國多霆、電、風、雹，積雪，盛夏如中國春時，山谷常冰。地有寒癘，中人輒痞促而不害。其贊普居跋布川，或邏娑川，有城郭廬舍不肯處，聯毳帳以居，號大拂廬，容數百人。其衞候嚴，而牙甚隘。部人處小拂廬，多老壽至百餘歲者。衣率氈韋，以赭塗面爲好。婦人辮髮而縈之。其器屈木而韋底，或氈爲槃，凝麨爲盌，實羹酪并食之，手捧酒漿以飲。其官之章飾，最上瑟瑟，金次之，金塗銀又次之，銀次之，最下至銅止，差大小，綴臂前以辨貴賤。屋皆平上，高至數丈。其稼有小麥、青稞麥、蕎麥、登豆。其獸，犛牛、名馬、犬、羊、彘，天鼠之皮可爲裘，獨峯駝日馳千里。其寶，金、銀、錫、銅。其死，葬爲冢，塈塗之。其吏治，無文字，結繩齒木爲約。其刑，雖小罪必抉目，或刖、劓，以皮爲鞭抶之，從喜怒，無常算。其獄，窟地深數丈，內囚于中，二三歲乃出。其宴大賓客，必驅犛牛，使客自射，乃敢饋。其俗，重鬼右巫，事羱羝爲大神。喜浮屠法，習呪詛，國之政事，必以桑門參決。多佩弓刀。飲酒不得及亂。婦人無及政。貴壯賤弱，母拜子，子倨父，出入前少而後老。重兵死，以累世戰沒爲甲門，敗懦者垂狐尾於首示辱，不得列于人。拜必手據地爲犬號，再揖身止。居父母喪，斷髮、黛面、墨衣，既葬而吉。其舉兵，以七寸金箭爲契。百里一驛，有急兵，驛人臆前加銀鶻，甚急，鶻益多。告寇舉烽。其畜牧，逐水草無常所。

其鎧冑精良，衣之周身，竅兩目，勁弓利刃不能甚傷。其兵法嚴，而師無饋糧，以鹵獲爲資。每戰，前隊盡死，後隊乃進。其四時，以麥熟爲歲首。其戲，棊、六博。其樂，吹螺、擊鼓。其君臣自爲友，五六人曰共命。君死，皆自殺以殉，所服玩乘馬皆瘞，起大屋冢顚，樹衆木爲祠所。贊普與其臣歲一小盟，用羊、犬、猴爲牲；三歲一大盟，夜肴諸壇，用人、馬、牛、閭爲牲。凡牲必折足裂腸陳于前，使巫告神曰：「渝盟者有如牲。」

其後有君長曰瘕悉董摩，董摩生佗土度，佗土生揭利失若，揭利生勃弄若，勃弄生詎素若，詎素生論贊索，論贊生棄宗弄贊，亦名棄蘇農，亦號弗夜氏。其爲人慷慨才雄，常驅野馬、犛牛，馳刺之以爲樂，西域諸國共臣之。

太宗貞觀八年，始遣使者來朝，帝遣行人馮德遐下書臨撫。弄贊聞突厥、吐谷渾並得尙公主，乃遣使齎幣求昏，帝不許。使者還，妄語曰：「天子遇我厚，幾得公主，會吐谷渾王入朝，遂不許，殆有以間我乎？」弄贊怒，率羊同共擊吐谷渾，吐谷渾不能亢，走青海之陰，盡取其貲畜。又攻党項、白蘭羌，破之。勒兵二十萬入寇松州，命使者貢金甲，且言迎公主，謂左右曰：「公主不至，我且深入。」都督韓威輕出覘賊，反爲所敗，屬羌大擾，皆叛以應賊。乃詔吏部尙書侯君集爲行軍大總管，出當彌道，右領軍大將軍執失思力出白蘭道，右武衞大將軍牛進達出闊水道，右領軍將軍劉蘭出洮河道，並爲行軍總管，率步騎五萬進討。進達自松州夜壓其營，斬首千級。

初東寇也，連歲不解，其大臣請返國，不聽，自殺者八人。至是弄贊始懼，引而去，以使者來謝罪，固請昏，許之。遣大論薛祿東贊獻黃金五千兩〔一〕，它寶稱是，以爲聘。

十五年，妻以宗女文成公主，詔江夏王道宗持節護送，築館河源王之國。弄贊率兵次柏海親迎，見道宗，執婿禮恭甚，見中國服飾之美，縮縮媿沮。歸國，自以其先未有昏帝女者，乃爲公主築一城以夸後世，遂立宮室以居。公主惡國人赭面，弄贊下令國中禁之。自褫氈罽，襲紈綃，爲華風。遣諸豪子弟入國學，習詩、書。又請儒者典書疏。

帝伐遼還，使祿東贊上書曰：「陛下平定四方，日月所照，並臣治之。高麗恃遠，弗率於禮，天子自將度遼，隳城陷陣，指日凱旋，雖鴈飛于天，無是之速。夫鵝猶鴈也，臣謹冶黃金爲鵝以獻。」其高七尺，中實酒三斛。二十二年，右衞率府長史王玄策使西域，爲中天竺所鈔，弄贊發精兵從玄策討破之，來獻俘。

高宗卽位，擢駙馬都尉、西海郡王。弄贊以書詒長孫无忌曰：「天子初卽位，下有不忠者，願勒兵赴國共討之。」并獻金琲十五種以薦昭陵。進封賨王，賜餉蕃渥。又請蠶種、酒人與碾磑等諸工，詔許。永徽初，死，遣使者弔祠。無子，立其孫，幼不事，故祿東贊相其國。

顯慶三年，獻金盎、金頗羅等，復請昏。未幾，吐谷渾內附，祿東贊怨忿，率銳兵擊之，而吐谷渾大臣素和貴奔吐蕃，惎以虛實，故吐蕃能破其國。慕容諾曷鉢與弘化公主引殘落走涼州，詔涼州都督鄭仁泰爲青海道行軍大總管，率將軍獨孤卿雲等屯涼、鄯，左武候大將軍蘇定方爲安集大使，爲諸將節度，以定其亂。吐蕃使論仲琮入朝，表吐谷渾罪，帝遣使者譙讓，乃使來請與吐谷渾平憾，求赤水地牧馬，不許。會祿東贊死。

東贊不知書而性明毅，用兵有節制，吐蕃倚之，遂爲彊國。始入朝，占對合旨，太宗擢拜右衞大將軍，以琅邪公主外孫妻之。祿東贊自言：「先臣爲聘婦，不敢奉詔。且贊普未謁公主，陪臣敢辭！」帝異其言，然欲懷以恩，不聽也。有子曰欽陵、曰贊婆、曰悉多于、曰勃論。祿東贊死，而兄弟並當國。自是歲入邊，盡破有諸羌羈縻十二州。

總章中，議徙吐谷渾部于涼州旁南山。帝刈吐蕃之入，召宰相姜恪、閻立本、將軍契苾何力等議先擊吐蕃。立本曰：「民飢未可以師。」何力曰：「吐蕃介在西極，臣恐師到，獸竄山伏，捕討無所得，至春復侵吐谷渾。臣請勿救，使疑吾力困而驕之，一舉可滅也。」恪曰：「不然，吐谷渾方衰，吐蕃負勝，以衰氣拒勝兵，戰必不亢，不救則滅。臣謂王師亟助之，使國幸存，後且徐圖可也。」議不決，亦不克徙。

咸亨元年，入殘羈縻十八州，率于闐取龜茲撥換城，於是安西四鎮並廢。詔右威衛大將軍薛仁貴爲邏娑道行軍大總管，左衞員外大將軍阿史那道眞、左衞將軍郭待封自副，出討吐蕃，并護吐谷渾還國。師凡十餘萬，至大非川，爲欽陵所拒，王師敗績，遂滅吐谷渾而盡有其地。詔司戎太常伯、同東西臺三品姜恪爲涼州道行軍大總管出討，會恪卒，班師。

吐蕃遣大臣仲琮入朝。仲琮少游太學，頗知書。帝召見問曰：「贊普孰與其祖賢？」對曰：「勇果善斷不逮也，然勤以治國，下無敢欺，令主也。且吐蕃居寒露之野，物產寡薄，烏海之陰，盛夏積雪，暑毼冬裘。隨水草以牧，寒則城處，施廬帳。器用不當中國萬分一。但上下一力，議事自下，因人所利而行，是能久而彊也。」帝曰：「吐谷渾與吐蕃本甥舅國，素和貴叛其主，吐蕃任之，奪其土地。薛仁貴等往定慕容氏，又伏擊之，而寇我涼州，何邪？」仲琮頓首曰：「臣奉命來獻，它非所聞。」帝韙其答。然以仲琮非用事臣，故殺其禮。

上元二年，遣大臣論吐渾彌來請和，且求與吐谷渾脩好，帝不聽。明年，攻鄯、廓、河、芳四州，殺略吏及馬牛萬計。乃詔周王顯爲洮州道行軍元帥，率工部尚書劉審禮等十二總管，以相王輪爲涼州道行軍元帥，率左衞大將軍契苾何力、鴻臚卿蕭嗣業等軍討之。二王不克行。　吐蕃進攻疊州，破密恭、丹嶺二縣，又攻扶州，敗守將。乃高選尚書左僕射劉仁軌爲洮河鎮守使，久之，無功。

吐蕃與西突厥連兵攻安西，復命中書令李敬玄爲洮河道行軍大總管、西河鎭撫大使、鄯州都督，代仁軌。下詔募猛士，毋限籍役痕負，帝自臨遣。又敕益州長史李孝逸、嶲州都督拓王奉益發劍南、山南士。先戰龍支，吐蕃敗。敬玄率劉審禮擊吐蕃青海上，審禮戰沒。敬玄頓承風嶺，礙險不得縱，吐蕃壓王師屯，左領軍將軍黑齒常之率死士五百，夜斧其營，虜驚，自相轥藉而死者甚衆，乃引去。敬玄僅脫。

帝既儒仁無遠略，見諸將數敗，乃博咨近臣，求所以禦之之術。帝曰：「朕未始擐甲履軍，往者滅高麗、百濟，比歲用師，中國騷然，朕至今悔之。今吐蕃內侵，盍爲我謀？」中書舍人劉禕之等具對，須家給人足可擊也。或言賊險黠不可與和，或言營田嚴守便。惟中書侍郎薛元超謂：「縱敵生患，不如料兵擊之。」帝顧黃門侍郎來恆曰：「自李勣亡，遂無善將。」恆卽言：「向洮河兵足以制敵，但諸將不用命，故無功。」帝殊不悟，因罷議。

儀鳳四年，贊普死，子器弩悉弄立，欽陵復擅政，使大臣來告喪，帝遣使者往會葬。明年，贊婆、素和貴率兵三萬攻河源，屯良非川，敬玄與戰湟川，敗績。左武衞將軍黑齒常之以精騎三千夜擣其營，贊婆懼，引去。遂擢常之爲河源軍經略大使。乃嚴烽邏，開屯田，虜謀稍折。

初，劍南度茂州之西築安戎城，以迮其鄙。俄爲生羌導虜取之以守，因幷西洱河諸蠻，盡臣羊同、党項諸羌。其地東與松、茂、嶲接，南極婆羅門，西取四鎮，北抵突厥，幅圓餘萬里，漢、魏諸戎所無也。

永隆元年，文成公主薨，遣使者弔祠，又歸我陳行焉之喪。初，行焉使虜，論欽陵欲拜己，臨以兵，不爲屈，留之十年。及是喪還，贈睦州刺史。贊婆復入良非川，常之擊走之。

武后時，與蠻夷同朝賀。永昌元年，詔文昌右相韋待價爲安息道大總管，安西大都護閻温古副之，以討吐蕃，兵逗留，坐死、徙。明年，復詔文昌右相岑長倩爲武威道行軍大總管討之，兵半道罷。

又明年，大首領曷蘇率貴川部與党項種三十萬降，后以右玉鈐衞將軍張玄遇爲安撫使，率兵二萬迎之，次大度水，吐蕃禽曷蘇去。而它酋昝插又率羌、蠻八千自來，玄遇即其部置葉州，用昝插爲刺史，刻石大度山以紀功。

是歲，又詔右鷹揚衞將軍王孝傑爲武威道行軍總管，率西州都督唐休璟、左武衞大將軍阿史那忠節擊吐蕃，大破其衆，復取四鎮，更置安西都護府於龜茲，以兵鎮守。議者請廢四鎮勿有也，右史崔融獻議曰：「戎狄爲中國患尙矣，五帝、三王所不臣。漢以百萬衆困平城，其後武帝赫然發憤，甘心四夷，張騫始通西域，列四郡，据兩關，斷匈奴右臂，稍稍度河、湟，築令居，以絕南羌。於是鄣候亭燧出長城數千里，傾府庫，殫士馬，行人使者歲月不絕，至作皮幣，算緡法，稅舟車，榷酒酤。夫豈不懷，爲長久計然也！匈奴於是孤特遠竄，遂開西域，置使者領護。光武中興，皆復內屬，至於延光，三絕三通。太宗文皇帝踐漢舊跡，並南山抵葱嶺，剖裂府鎭，煙火相望，吐蕃不敢內侮。高宗時，有司無狀，棄四鎭不能有，而吐蕃遂張，入焉耆之西，長鼓右驅，踰高昌，歷車師，鈔常樂，絕莫賀延磧，以臨燉煌。今孝傑一舉而取四鎭，還先帝舊封，若又棄之，是自毀成功而破完策也。夫四鎭無守，胡兵必臨西域，西域震則威憺南羌，南羌連衡，河西必危。且莫賀延磧袤二千里，無水草，若北接虜，唐兵不可度而北，則伊西、北庭、安西諸蕃悉亡。」議乃格。

於是首領勃論贊與突厥僞可汗阿史那俀子南侵，與孝傑戰冷泉，敗走。碎葉鎭守使韓思忠破泥熟沒斯城。證聖元年，欽陵、贊婆攻臨洮，孝傑以肅邊道大總管戰素羅汗山，虜敗還。又攻涼州〔三〕，殺都督。遣使者請和，約罷四鎭兵，求分十姓地。武后詔通泉尉郭元振往使，道與欽陵遇。元振曰：「東贊事朝廷，誓好無窮，今猥自絕，歲擾邊，父通之，子絕之，孝乎？父事之，子叛之，忠乎？」欽陵曰：「然！然天子許和，得罷二國戍，使十姓突厥、四鎭各建君長，俾其國自守若何？」元振曰：「唐以十姓、四鎭撫西土，爲列國主，道非有它，且諸部與吐蕃異，久爲唐編人矣。」欽陵曰：「使者意我規削諸部爲唐邊患邪？我若貪土地財賦，彼青海、湟川近矣，今捨不爭何哉？突厥諸部磧漠廣莽，去中國遠甚，安有爭地萬里外邪？

且四夷唐皆臣并之，雖海外地際，靡不磨滅，吐蕃適獨在者，徒以兄弟小心，得相保耳。十姓五咄陸近安西，於吐蕃遠，俟斤距我裁一磧，騎士騰突，不易旬至，是以爲憂也。烏海、黃河，關源阻奧，多癘毒，唐必不能入；則弱甲孱將易以爲蕃患，故我欲得之，非闚諸部也。甘、涼距積石道二千里，其廣不數百，狹纔百里，我若出張掖、玉門，使大國春不耕，秋不穫，不五六年，可斷其右。今棄不爲，亦無虞于我矣。青海之役，黃仁素約和，邊守不戒，崔知辯徑俟斤掠我牛羊萬計，是以求之。」使使者固請，元振固言不可許，后從之。

欽陵專國久，常居中制事，諸弟皆領方面兵，而贊婆專東境幾三十年，爲邊患。兄弟皆才略沈雄，衆憚之。器弩悉弄既長，欲自得國，漸不平，乃與大臣論巖等圖去之。欽陵方提兵居外，贊普託言獵，卽勒兵執其親黨二千餘人殺之，發使者召欽陵、贊婆，欽陵不受命，贊普自討之。未戰，欽陵兵潰，乃自殺，左右殉而死者百餘人。贊婆以所部及兄子莽布支等款塞，遣羽林飛騎迎勞，擢贊婆特進、輔國大將軍、歸德郡王，莽布支左羽林大將軍、安國公，皆賜鐵券，禮尉良厚。贊婆卽領部兵戍河源，死，贈安西大都護。

又遣左肅政臺御史大夫魏元忠爲隴右諸軍大總管，率隴右諸軍大使唐休璟出討。方虜攻涼州，休璟擊之，斬首二千級。於是論彌薩來朝請和。贊普自將萬騎攻悉州，都督陳大慈四戰皆克。明年，乃獻馬、黃金求昏。而虜南屬帳皆叛，贊普自討，死于軍。

諸子爭立，國人立棄隸蹜贊爲贊普，始七歲，使者來告喪，且求盟。又使大臣悉董熱固求昏，未報。會監察御史李知古建討姚州蠻，削吐蕃向導，詔發劍南募士擊之。蠻酋以情輸虜，殺知古，尸以祭天，進攻蜀漢。詔靈武監軍右臺御史唐九徵爲姚巂道討擊使，率兵擊之。虜以鐵絙梁漾、濞二水，通西洱蠻，築城戍之。九徵毀絙夷城，建鐵柱於滇池以勒功。

中宗景龍二年，還其昏使。或言彼來逆公主，且習聞華言，宜勿遣，帝以中國當以信結夷狄，不許。明年，吐蕃更遣使者納貢，祖母可敦又遣宗俄請昏。帝以雍王守禮女爲金城公主妻之，吐蕃遣尚贊咄名悉臘等逆公主。帝念主幼，賜錦繒別數萬，雜伎諸工悉從，給龜茲樂。詔左衞大將軍楊矩持節送。帝爲幸始平，帳飲，引羣臣及虜使者宴，酒所，帝悲涕歔欷，爲赦始平縣，罪死皆免，賜民繇賦一年，改縣爲金城，鄉曰鳳池，里曰愴別。公主至吐蕃，自築城以居。拜矩鄯州都督。吐蕃外雖和而陰銜怒，即厚餉矩，請河西九曲爲公主湯沐，矩表與其地。九曲者，水甘草良，宜畜牧，近與唐接。自是虜益張雄，易入寇。

玄宗開元二年，其相坌達延上書宰相，請載盟文，定境於河源，丐左散騎常侍解琬涖盟。帝令姚崇等報書，命琬持神龍誓往。吐蕃亦遣尚欽藏、御史名悉臘獻載辭。未及定，坌達延將兵十萬寇臨洮，入攻蘭、渭，掠監馬。楊矩懼，自殺。有詔薛訥爲隴右防禦使，與王晙等并力擊。帝怒，下詔自將討之。會晙等戰武階，斬首萬七千，獲馬羊無慮二十萬。又戰長子，豐安軍使王海賓戰死。乘之，虜大敗，衆奔突不能去，相枕藉死，洮水爲不流。帝乃罷行。詔紫微舍人倪若水臨按軍實戰功，且弔祭戰亡士，敕州縣并瘞吐蕃露胔。

宰相建言：「吐蕃本以河爲境，以公主故，乃橋河築城，置獨山、九曲二軍，距積石二百里。今既負約，請毀橋，復守河如約。」詔可。遣左驍衞郎將尉遲瓌使吐蕃，慰安公主。然小小入犯邊無閑歲，於是郭知運、王君㚟相繼節度隴右、河西，一以扞之。吐蕃遣宗俄因子到洮水祭戰死士，且請和。然恃盛彊，求與天子敵國，語悖傲。使者至臨洮，詔不內。金城公主上書求聽脩好，且言贊普君臣欲與天子共署誓刻。吐蕃又遣使者上書言：「孝和皇帝嘗賜盟，是時唐宰相豆盧欽望、魏元忠、李嶠、紀處訥等凡二十二人及吐蕃君臣同誓。孝和皇帝崩，太上皇嗣位，脩睦如舊。然唐宰相在誓刻者皆歿，今宰相不及前約，故須再盟。比使論乞力等前後七輩往，未蒙開許，且張玄表、李知古將兵侵暴甥國，故違誓而戰。今舅許湔貸前惡，歸於大和，甥既堅定，然不重盟爲未信，要待新誓也。甥自總國事，不牽于下，欲使百姓久安。舅雖及和，而意不專，於言何益？」又言：「舅責乞力徐集兵，且兵以新故相代，非集也。往者疆埸自白水皆爲閑壤，昨郭將軍屯兵而城之，故甥亦城。假令二國和，以迎送；有如不通，因以守境。又疑與突厥骨咄祿善者，舊與通聘，卽日舅甥如初，不與交矣。因奉寶瓶、杯以獻。」帝謂昔已和親，有成言，尋前盟可矣，不許復誓。禮其使而遣，且厚賜贊普，自是歲朝貢不犯邊。

十年，攻小勃律國，其王沒謹忙詒書北庭節度使張孝嵩曰：「勃律，唐西門。失之，則西方諸國皆墯吐蕃，都護圖之。」孝嵩聽許，遣疏勒副使張思禮以步騎四千晝夜馳，與謹忙兵夾擊吐蕃，死者數萬，多取鎧仗、馬羊，復九城故地。始勃律王來朝，父事帝。還國，置綏遠軍以扞吐蕃，故歲常戰。吐蕃每曰：「我非利若國，我假道攻四鎮爾。」及是，累歲不出兵。

於是隴右節度使王君㚟請深入取償。十二年，破吐蕃，獻俘。後二年，悉諾邏兵入大斗拔谷，遂攻甘州，火鄉聚。王君㚟勒兵避其鋭，不戰。會大雪，吐蕃皸凍如積，乃踰積石軍趨西道以歸。君㚟豫遣諜出塞，燒野草皆盡，悉諾邏頓大非川，無所牧，馬死過半。君㚟率秦州都督張景順約齎窮躡，出青海西，方冰合，師乘而度。于時虜已踰大非山，留輜重疲弱濱海，君㚟縱兵俘以旋。時中書令張說以吐蕃出入數十年，勝負略相當，甘、涼、河、鄯之人奉調發困甚，願聽其和。帝方寵君㚟，不聽。

未幾，悉諾邏恭祿、燭龍莽布支入陷瓜州，毀其城，執刺史田元獻及君㚟父，遂攻玉門軍，圍常樂，不能拔，回寇安西，副都護趙頤貞擊却之。會君㚟爲回紇所殺，功不遂。帝乃用蕭嵩爲河西節度使，左金吾將軍張守珪瓜州刺史，復城之。嵩縱反間，殺悉諾邏恭祿。明年，大將悉末朗攻瓜州，守珪擊走之；鄯州都督張志亮又戰靑海西，破大莫門城，焚橐它橋；隴右節度使杜賓客以彊弩四千射虜，破之祁連城下，斬副將一，上級五千首。虜敗，慟而走山。又明年，守珪率伊、沙等州兵破虜大同軍；又信安王禕出隴西，拔石堡城，即之置振武軍，獻俘於廟。帝以書賜將軍裴旻曰：「敢有掩戰功不及賞者，士自陳將吏皆斬。戰有逗留，舉隊如軍法。能禽其王者，授大將軍。」於是士益奮。

吐蕃令曩骨委書塞下，言：「論莽熱、論泣熱皆萬人將，以贊普命，謝都督刺史：二國有舅甥好，昨彌不弄羌、党項交構二國，故失懽，此不聽，唐亦不應聽。」都督遣腹心吏與曩骨還議盟事。曩骨，猶千牛官也。於是忠王友皇甫惟明並言約和便。帝曰：「贊普向上書悖慢，朕必滅之，毋議和！」惟明曰：「昔贊普幼，是必邊將好功之人爲之，以激怒陛下。且二國交惡必興師，師興則隱盜財利，詐功級，希陛下過賞，以甘心焉。今河西、隴右貲耗力窮，陛下幸詔金城公主許贊普約，以紓邊患，息民之上策也。」帝采其言，敕惟明及中人張元方往聘，以書賜公主。惟明見贊普言天子意，贊普大喜，因悉出貞觀以來書詔示惟明，厚饋獻。使名悉臘隨使者入朝，奉表言：「甥，先帝舅顯親也。曩爲張玄表、李知古交鬭，遂成大釁。甥以文成、金城公主，敢失禮乎？特以沖幼，枉爲邊將讒亂。如蒙澄亮，死且萬足，千萬歲不敢先負盟。」且獻怪寶。使者至，帝御前殿，列羽林仗內之。悉臘略通華文，旣宴與語，禮甚厚，賜紫服、金魚。悉臘受服辭魚，曰：「國無是，不敢當。」帝遣御史大夫崔琳報聘。

吐蕃又請交馬於赤嶺，互市於甘松嶺。宰相裴光庭曰：「甘松中國阻，不如許赤嶺。」乃聽以赤嶺爲界，表以大碑，刻約其上。又請五經，敕祕書寫賜，幷遣工部尚書李暠往聘，賜物萬計。吐蕃遣使謝，且言：「唐、吐蕃皆大國，今約和爲久長計，恐邊吏有妄意者，請以使人對相曉敕，令昭然具知。」帝又令金吾將軍李佺監赤嶺樹碑，詔張守珪與將軍李行褘、吐蕃使者莽布支分諭劍南、河西州縣曰：「自今二國和好，無相侵暴。」乃使悉諾勃海納貢，幷以幣器徧遺執政。明年，上寶器數百具，制冶詭殊，詔置提象門示羣臣。

其後吐蕃西擊勃律，勃律告急，帝諭令罷兵，不聽，卒殘其國。於是崔希逸爲河西節度使，鎭涼州，故時疆畔皆樹壁守捉，希逸謂虜戍將乞力徐曰：「兩國約好，而守備不廢，云何？請皆罷，以便人。」乞力徐曰：「公忠誠，無不可，恐朝廷未皆信，脫掩吾不備，其可悔？」希逸固邀，乃許。卽共刑白犬盟，而後悉徹障壁，虜畜牧被野。

明年，傔史孫誨奏事，妄言「虜無備，可取也」。帝采之，詔內豎趙惠琮共往按狀。小人欲徼幸，至涼州，因共矯詔，詔希逸發兵襲破吐蕃青海上，斬獲不貲，乞力徐遁走。吐蕃恚，不朝。二十六年，大入河西，希逸拒破之。鄯州都督杜希望又拔新城，更號威戎軍。希逸顧失信，悒悒悵恨，召拜河南尹。既而與惠琮俱見犬祟，疑而死，誨亦及它誅。

蕭炅代爲河西節度留後，杜希望隴右節度留後，王昱劍南節度使，分道經略，碎赤嶺碑。希望發鄯州兵奪虜河橋，並河築鹽泉城，號鎮西軍，破吐蕃兵三萬。昱以劍南兵入攻安戎城，築二少壘左右之，兵次蓬婆嶺，輸劍南粟餉軍。吐蕃悉鋭來救，昱大敗，少壘皆沒，士死凡數萬。昱貪妄，非將選，故敗，貶死高要。明年，吐蕃攻白草、安人軍〔三〕，詔臨洮、朔方分援。虜絕臨洮道，白水軍使高束于拒守，虜引去。炅遣將追尾，有雲出軍上，白兔舞，大破吐蕃。昱之敗，以張宥代節度劍南，以章仇兼瓊爲益州司馬。宥，文吏，不知兵，委事兼瓊。兼瓊因得入奏，天子果其議，拔兼瓊代宥節度。兼瓊諜誘吐蕃安戎城主爲應，導官軍入，盡殺虜戍，以監察御史許遠守之。吐蕃圍安戎，絕水泉，會石裂泉涌，虜驚引去。復攻維州，不得志。詔乃改安戎曰平戎云。

是歲，金城公主薨。明年，爲發哀，吐蕃使者朝，因請和，不許。虜乃悉衆四十萬攻承風堡，抵河源軍，西入長寧橋、安仁軍，渾崖烽騎將臧希液以鋭兵五千破之。吐蕃又襲廓州，敗一縣，屠吏人。攻振武軍石堡城，蓋嘉運不能守。

天寶元年，隴右節度使皇甫惟明破虜大嶺軍；戰青海，破莽布支，斬首三萬級。明年，破洪濟城，戰石堡，不克，副將諸葛詡死之。又明年，惟明破虜，獻俘京師。帝以哥舒翰節度隴右，翰攻拔石堡，更號神武軍。又禽其相兀論樣郭。

十載，安西節度使高仙芝俘大酋以獻。是時，吐蕃與蠻閤羅鳳聯兵攻瀘南，劍南節度使楊國忠方以姦罔上，自言：「破蠻衆六萬於雲南，拔故洪州等三城，獻俘口。」哥舒翰破洪濟、大莫門諸城，收九曲故地，列郡縣，實天寶十二載。於是置神策軍於臨洮西、澆河郡於積石西，及宛秀軍以實河曲。後二年，蘇毗子悉諾邏來降，封懷義王，賜李氏。蘇毗，彊部也。是歲，贊普乞黎蘇籠獵贊死，子娑悉籠獵贊嗣，遣使者脩好，詔京兆少尹崔光遠持節齎册弔祠。還而安祿山亂，哥舒翰悉河、隴兵東守潼關，而諸將各以所鎮兵討難，始號行營，邊候空虛，故吐蕃得乘隙暴掠。

至德初，取嶲州及威武等諸城，入屯石堡。其明年，使使來請討賊且脩好。肅宗遣給事中南巨川報聘。然歲內侵，取廓、霸、岷等州及河源、莫門軍。使數來請和，帝雖審其譎，姑務紓患，乃詔宰相郭子儀、蕭華、裴遵慶等與盟。

寶應元年，陷臨洮，取秦、成、渭等州。明年，使散騎常侍李之芳、太子左庶子崔倫往聘，吐蕃留不遣。破西山合水城。明年，入大震關，取蘭、河、鄯、洮等州，於是隴右地盡亡。進圍涇州，入之，降刺史高暉。又破邠州，入奉天，副元帥郭子儀禦之。吐蕃以吐谷渾、党項兵二十萬東略武功，渭北行營將呂日將戰盩厔西，破之。又戰終南，日將走。代宗幸陜，

子儀退趨商州。高暉導虜入長安，立廣武王承宏爲帝，改元，擅作赦令，署官吏。衣冠皆南

奔荊、襄，或逋棲山谷，亂兵因相攘鈔，道路梗閉。光祿卿殷仲卿率千人壓藍田，選二百騎

度滻，或紿虜曰：「郭令公軍且來！」吐蕃大震。會少將王甫與惡少年伐鼓譟苑中，虜驚，

夜引去。子儀入長安，高暉東奔至潼關，守將李日越殺之。吐蕃留京師十五日乃走，天子

還京。

吐蕃退圍鳳翔，節度使孫志直拒守，鎭西節度使馬璘以千騎戰卻之，吐蕃屯原、會、成、渭間，自如也。是歲，南入松、維、保等州及雲山新籠城。明年，還使人李之芳等。劍南嚴武破吐蕃南鄙兵七萬，拔當狗城。會僕固懷恩反，自靈武遣其將范志誠、任敷合吐蕃、吐谷渾兵攻邠州，白孝德、郭晞嬰壘守，乃入居奉天西。子儀入奉天，按軍不戰。郭晞以銳士夜擣其營，斬首數千級，奪馬五百，取四將，吐蕃引去。是時嚴武拔鹽州〔四〕，又戰西山，取其衆八萬。虜圍涼州，河西節度使楊志烈不能守，跳保甘州，而涼州亡。

永泰元年，吐蕃請和，詔宰相元載、杜鴻漸與虜使者同盟。懷恩不得志，導虜與回紇、党項羌、渾、奴剌犯邊，吐蕃大酋尙結息、贊摩、尙悉東贊等衆二十萬至醴泉、奉天，邠將白孝德不能亢，任敷以兵略鳳翔、盩厔，於是京師戒嚴。朔方兵馬使渾日進、孫守亮屯奉天，詔子儀以河中兵屯涇陽，李忠臣屯東渭橋，李光進屯雲陽，馬璘、郝廷玉屯便橋，駱奉先、李

日越屯盩厔，李抱玉屯鳳翔，周智光屯同州，杜冕屯坊州，天子自率六軍屯于苑。吐蕃逼奉天，日進以單騎馳之，士二百踵進，左右擊刺，射皆應弦仆，虜大驚辟易。日進挾虜一將躍出，舉軍望而譟，士還，無一矢著身者。明日，虜薄城，日進發機石勁弩，故兵多死。凡三日，虜斂軍入壁，日進知虜曲折，卽夜斫其營，斬千餘級，生禽五百。又戰馬嵬，凡七日，破賊萬人，斬首五千，獲馬、橐它、幟械甚衆。帝欲自討賊，下詔大搜馬，京師始置團練，都人震擾，鑿垣亡去者十八，詔中人戶都門，不能止。吐蕃游騎四百略武功，鎭西節度使馬璘使健士五十擊之，殲，士氣益奮。虜徙營九嵕之陰，掠醴泉居人數萬，焚室廬，田皆赤地。周智光與虜戰澄城，破之。吐蕃至邠北，復與回紇合，還攻奉天，抵馬嵬。任敷以兵五千掠白水，殘同州。於是城中渭橋、鄠以屯兵。

會懷恩死，虜謀無主，遂與回紇爭長。回紇怒，詣子儀請擊吐蕃自效，子儀許之，使白元光合兵攻吐蕃於靈臺西，大破之，降僕固名臣，帝乃班師。

校勘記

〔一〕薛祿東贊　通典卷一九〇同。舊書卷一九六上吐蕃傳謂「祿東，姓薮氏」，唐會要卷九七「薮」作「篥」。張森楷校勘記疑「薛」爲「薮」之誤，但字書無「薮」字，未知孰是。

〔二〕孝傑以肅邊道大總管戰素羅汗山虜敗還又攻涼州　按本書卷四則天紀及舊書卷一九六上吐蕃傳均謂唐軍敗績，與兩書王孝傑傳及婁師德傳相合。「虜」字疑衍，或當移至「又攻」上。

〔三〕吐蕃攻白草安人軍　「白草」，舊書卷一九六上吐蕃傳及通鑑卷二一四同。通鑑胡注：白草軍在原州蕭關縣蔚茹水之西，其時吐蕃兵不能至。今考本書卷四〇地理志、通典卷一七二及元和志卷三九，鄯州有白水軍與安人軍，位河源軍西，覩本卷及舊書吐蕃傳下文接敍白水軍使高東宇拒守，則「白草」當是「白水」之訛。

〔四〕是時嚴武拔鹽州　「鹽州」，本書卷一二九嚴武傳作「鹽川」，卷六代宗紀及舊書卷一一七嚴武傳、通鑑卷二二三均作「鹽川城」。通鑑胡注：「鹽川城在當狗城西北。」按當狗城與鹽川城俱在劍南維州。嚴武傳謂武「破吐蕃七萬衆于當狗城，遂收鹽川」，明鹽川與當狗密近；而鹽州相距千里，豈所易及？「鹽州」當爲「鹽川」之訛。

唐書卷二百一十六下

列傳第一百四十一下

吐蕃下

永泰、大曆間，再遣使者來聘，於是戶部尚書薛景仙往報。詔宰相與吐蕃使者盟。俄寇靈州，掠宜祿，郭子儀精甲三萬戍涇陽，入屯奉天。靈州兵破虜二萬，上級五百首。景仙與倫泣陵偕來，請境鳳林關，而路悉等十五人又來。三年，虜引衆十萬復攻靈州，略邠州。先是，尚悉結自寶應後數入邊，以功高請老，而贊磨代之，爲東面節度使，專河、隴。邠寧馬璘、朔方將白元光再破其衆，獲馬羊數千，劍南亦破虜萬人。尚悉摩復來朝。天子以虜數入塞，詔治守障，徙當、悉、柘、靜、恭五州，皆據險以守。

八年，虜六萬騎侵靈州，敗民稼，進寇涇、邠，渾瑊與戰不利，副將死，略數千戶。瑊整卒夜襲其營；涇原馬璘以兵掩之潘原，射豹皮將死，軍中哭，乃遁去。璘收所俘士及男女而還。郭子儀又破其衆十萬。

九年，帝遣諫議大夫吳損脩好，虜亦使使者入朝。於是子儀屯邠州，李抱玉屯高壁，馬璘屯原州，李忠臣屯涇州，李忠誠屯鳳翔，臧希讓屯渭北，備虜之入。明年，西川節度使崔寧破虜於西山。虜攻臨涇、隴州，次普潤，焚掠人畜；與抱玉戰義寧，破之；道涇州，璘尾追，敗之於百里。又明年，崔寧破虜故洪節度、氐、蠻、党項等兵，斬首萬級，禽酋領千人，牛羊廩鎧甚衆，獻之朝。吐蕃不得志，入掠黎、雅，於是劍南兵合南詔與戰，破之，禽大籠官論器然。又侵坊州，取党項牧馬。崔寧攻望漢城，破之。山南西道節度使張獻恭戰岷州，吐蕃走。寧破西山三路及邛南兵，斬首八千級。十三年，虜大酋馬重英以四萬騎寇靈州，塞漢、御史、尚書三渠以擾屯田，爲朔方留後常謙光所逐，重英殘鹽、慶而去。乃南合南詔衆二十萬攻茂州，略扶、文，遂侵黎、雅。時天子已發幽州兵馳拒，虜大奔破。

初，虜使數至，留不遣，所俘虜口，悉部送江南。德宗卽位，先內靖方鎮，顧歲與虜确，其亡獲相償，欲以德綏懷之，遣太常少卿韋倫持節歸其俘五百，厚給衣褚，切敕邊吏護亭障，無輒侵虜地。吐蕃始聞未信，使者入境，乃皆感畏。

是時，乞立贊爲贊普，姓戶盧提氏，曰：「我乃有三恨：不知天子喪，不及弔，一也；山陵不及賻，二也；不知舅卽位，而發兵攻靈州，入扶、文，侵灌口，三也。」卽發使者隨倫入朝。

帝又遣倫還蜀俘。虜以倫再至，歡甚，授館，作聲樂，九日留，以論欽明思等五十人從獻方物。

明年，殿中少監崔漢衡往使，贊普猥曰：「我與唐舅甥國，詔書乃用臣禮卑我。」又請雲州西盡賀蘭山爲吐蕃境，邀漢衡奏天子。乃遣入蕃使判官常魯與論悉諾羅入朝，道贊普語，且引景龍詔書曰「唐使至，甥先與盟，蕃使至，舅亦將親盟」；贊普曰「其禮本均。」帝許之，以「獻」爲「進」，「賜」爲「寄」，「領取」爲「領之」。以前宰相楊炎不通故事爲解，并約地於賀蘭。其大相尙悉結嗜殺人，以劍南之敗未報，不助和議，次相尙結贊有謀，固請休息邊人，贊普卒用結贊爲大相，乃講好。

漢衡與其使區頰贊偕來，約盟境上。拜漢衡鴻臚卿，以都官員外郎樊澤爲計會使，與結贊約；且告隴右節度使張鎰同盟。澤與結贊約盟淸水，以牛馬爲牲。鎰欲末其禮，乃紿結贊曰：「唐非牛不田，蕃非馬不戰，請用犬、豕、羊。」結贊聽諾。將盟，乃除地爲壇，約二國各以二千士列壝外，冗從立壇下。鎰與幕府齊映齊抗、鴻臚漢衡、計會使于頔及澤、魯皆朝服，結贊與論悉頰藏、論臧熱、論利陀、論力徐等對升壇，刑牲壇北，雜其血以進，約：「唐地涇州右盡彈箏峽，隴州右極淸水，鳳州西盡同谷，劍南盡西山、大度水。吐蕃守鎭蘭、渭、原、會，西臨洮，東成州，抵劍南西磨些諸蠻、大度水之西南。盡大河北自新泉軍抵大磧，南極賀蘭橐它嶺，其間爲閑田。二國所棄戍地毋增兵，毋創城堡，毋耕邊田。」既盟，請鎰詣壇西南隅浮屠幄爲誓。於是升壇大享，獻酬乃還。

帝命宰相、尚書與虜使者盟長安，而清水之約，疆場不定，復令漢衡決於贊普，乃克盟。於是宰相李忠臣盧杞關播崔寧、工部尚書喬琳、御史大夫于頎、太府卿張獻恭、司農卿段秀實、少府監李昌夔、京兆尹王翃、金吾衞大將軍渾瑊與區頰贊等同盟京城之右郊，禮如清水。前二月告廟，齊，三日，關播跪讀載書〔一〕，已盟乃大享。詔左僕射李揆爲入蕃會盟使，還區頰贊等。

朱泚之亂，吐蕃請助討賊，詔右散騎常侍于頎持節慰撫，太常少卿沈房爲安西、北庭宣慰使以報之。渾瑊用論莽羅兵破泚將韓旻於武亭川。初，與虜約，得長安，以涇、靈四州畀之。會大疫，虜輒引去。及泚平，責先約求地。天子薄其勞，第賜詔書，償結贊、莽羅等帛萬匹，於是虜以爲怨。

貞元二年，詔倉部郎中趙建往使〔二〕，而虜已犯涇、隴、邠、寧，掠人畜，敗田稼，內州皆閉壁。游騎至好畤，左金吾將軍張獻甫、神策將李昇曇等屯咸陽，河中渾瑊、華州駱元光援之。以左監門將軍康成使焉。尚結贊屯上砦原，亦令使論乞陀來請盟。鳳翔李晟遣部將王佖以銳兵三千夜入汧陽，明日，薄其中軍，虜驚潰走，結贊僅自脫。虜衆二萬侵鳳翔，李晟擊卻之，因襲破摧沙堡，燒儲廥，斬守者。吐蕃攻鹽、夏，刺史杜彥光、拓拔乾暉不能守，悉其衆南奔，虜遂有其地。天子以邊人殘沒，下詔避正殿，痛自咎。詔駱元光經略鹽、夏。

三年，命左庶子崔澣、李銛踵使。結贊得鹽、夏，皆戍以兵，乃自屯鳴沙，然饋餉數困。於是駱元光、韓游瓌濱塞而屯，馬燧次石州，跨河相犄角。結贊大懼，屢請盟，天子不許。即以貴將論頰熱厚賂乞和於燧，燧以爲情，身入見天子，諸將以燧入，皆守壁不戰。結贊遽還走，馬多死，士不能步，有飢色。澣始至鳴沙，傳詔讓結贊破約陷鹽、夏，對曰：「本以武亭功未償乃來，又候碑仆，疆場不明，故行境上。涇州乘城自保，鳳翔李令不納吾使，雖康成等來，皆不能致委曲。我日望大臣而卒無至者，我故引還。鹽、夏守將懼吾衆，以城丐我，非我敢攻也。若天子復許盟，虜之願也，唯所命，當以鹽、夏還唐。」又言清水盟，大臣少，故約易壞，請悉遣宰相元帥二十一人會盟。幷言靈鹽節度使杜希全、涇原節度使李觀，外蕃所信，請主盟。帝復使澣報結贊曰：「希全守靈州，有分地，不可以越境；觀既徙官，以渾瑊爲盟會使。」約五月盟清水，使先效二州，以驗虜信。結贊辭清水非吉地，請會原州之土梨樹，乃歸二州。天子從之。

瑊來受命，拜漢衡兵部尚書以副瑊。瑊率師二萬待期，詔駱元光助之。宰相議所盟地，左神策將馬有鄰建言：「土梨樹林薈巖阻，兵易詭伏，不如平涼夷漫坦直，且近涇，緩急可保也。」乃定盟平涼。瑊約結贊，主客均以兵三千至壇外，誕從四百叩壇，以游軍交邏相入。將盟，結贊伏精騎三萬于西，縱邏騎出入瑊軍，瑊將梁奉貞亦駷馬入虜軍營，陰執之，而瑊不知也。客請瑊等具冠劍，皆就幄更衣，從容胖肆。虜忽三伐鼓，衆譟而興，瑊不知所出，走幄後，得馬不銜而馳，十里始得銜。虜追，矢若雨不傷也，至元光營乃脫。裨將辛榮兵數百據北阜與虜戰，矢盡乃降。判官韓弇、監軍宋鳳朝死之。漢衡與判官鄭叔矩路泌、掌書記袁同直、列將扶餘準馬寧孟日華李至言樂演明范澄馬弇、中人劉延邕俱文珍李朝淸等六十人皆被執，士死者五百，生獲者千餘人。漢衡語虜曰：「我，崔尙書也，結贊與我善。若殺我，結贊亦殺若。」乃不死。人負一木，以繩三約之，係其髮驅之；夜則杙地縶而仆，蒙以罽，守者寢其上。始結贊將劫希全、觀，急以銳兵直趣京師，既不克，又欲禽瑊等，擣虛入寇，其謀本然。既引去，至故原州，坐帳中見漢衡等，慢言：「渾瑊戰武功，我力也。許裂地償我，而自食其言。吾既作金枷，將必得瑊以見贊普，乃今失之，徒致公等，無益也。當使人歸報。」

初，漢衡遇亂，從史呂溫身蔽兵，溫傷而漢衡脫，虜人嘉其義，厚給養之。結贊屯石門，以俱文珍、馬寧、馬弇歸唐，而囚漢衡、叔矩河州，辛榮廓州，扶餘準鄯州。帝猶使中人齎詔書賜結贊，拒不受。虜戍鹽、夏，涉春疫大興，皆思歸。結贊以騎三千迎之，火二州廬舍，頹郛堞而去，杜希全分兵保之。帝哀漢衡等陷辱，下詔賜其子七品官，叔矩、泌、弇、日華、榮、至言〔三〕、澄、良賁、演明一子八品官，袁同直而下一子九品官。以決勝軍使唐良臣屯潘原，神策將蘇太平屯隴州。結贊召漢衡、日華、延邕至石門，以五騎送境上，遣使者奉表來。李觀曰：「有詔不內吐蕃使者。」受漢衡等，放其使。

結贊以羌、渾衆屯潘口，傍青石嶺，三分其兵趣隴、汧陽間，連營數十里，中軍距鳳翔一舍，詭漢服，號邢君牙兵，入吳山、寶雞，焚聚落，略畜牧、丁壯，殺老孺，斷手劓目，乃去。李晟嘗鑿大木塞安化隘處，虜過，悉焚之。詔神策將石季章壁武功，良臣移師百里城。虜又剽汧陽、華亭男女萬人以畀羌、渾，將出塞，令東向辭國，衆慟哭，投塹谷死者千數。吐蕃又入豐義，圍華亭，絕汲道。守將王仙鶴請救於隴州，刺史蘇清沔合太平兵赴之，虜逆戰，太平不勝，引還。虜日千騎四掠，隴兵不敢出。虜積薪將焚華亭，仙鶴以衆降。清沔潛兵大象龕，夜半，約城中舉火燭天，虜衆驚，因襲其營，乃去。更攻連雲堡，飛石投中，井皆滿。爲虛梁絕塹而升，守將張明遠降于虜。虜分捕山間亡人及牛羊率萬計，涇、隴、邠之民蕩然盡矣。諸將曾不能得一俘，但賀賊出塞而已。連雲堡，涇要地也，三垂峭絕，北據高，虜所進退，候火易通。既失之，城下即虜境，每藝稼，必陳兵于野，故多失時。是歲，三州不宿麥。虜數千騎犯長武城，城使韓全義拒之。韓游瓌兵不出，於是虜安行邠、涇間，諸屯西門皆閉，虜治故原州保之。帝取所獲吐蕃生口不二百，徇諸市以安京師。

四年五月，虜三萬騎略涇、邠、寧、慶、鄜五州之鄙，焚吏舍民閭，係執數萬。韓全義以陳許兵戰長武，無功。初，吐蕃盜塞，畏春夏疾疫，常以盛秋。及是得唐俘，多厚給產，質其孥，故盛夏入邊。尙悉董星、論莽羅等又寇寧州，張獻甫拒斬裁百級，轉剽鄜、坊乃去。

五年，韋皋以劍南兵戰臺登，殺虜將乞臧遮遮、悉多楊朱，西南少安。不三年，盡得嶲州地。久之，北庭沙陀別部叛，吐蕃因是陷北庭都護府，安西道絕。獨西州人尙爲唐守。

八年，寇靈州，陷水口，塞營田渠。發河東、振武兵，合神策軍擊之，虜引還。又寇涇州，掠田軍千人，守捉使唐朝臣戰不利。山南西道節度使嚴震破虜于芳州，取黑水壘，焚積聚。自虜得鹽州，塞防無以障遏，而靈武單露，鄜、坊侵迫，寇日以驕，數入爲邊患。帝復詔城之，使涇原、劍南、山南深入窮討，分其兵，毋令專向東方。詔朔方河中晉絳邠寧兵馬副元帥渾瑊、朔方靈鹽豐夏綏銀節度都統杜希全、邠寧節度使張獻甫、右神策軍行營節度使邢君牙、夏綏銀節度使韓潭、鄜坊丹延節度使王栖曜、振武麟勝節度使范希朝合兵三萬，以左神策將軍胡堅、右神策將軍張昌爲鹽州行營節度使，板築之，役者六千人，餘皆陣城下。九年始栽，閱二旬訖功，而虜兵不出，遂以兼御史大夫紇干遂與兼中丞杜彥光戍之。當是時，韋皐功最多，破堡壁五十餘所，敗其南道元帥論莽熱沒籠乞悉蓖；又與南詔破之于神川，于鐵橋，皋俘馘三萬，降首領論乞髯湯没藏悉諾律。

十二年，寇慶州及華池，殺略吏人。是歲，尙結贊死。明年，贊普死，其子足之煎立。邢君牙築永信城于隴州以備虜，虜使者農桑昔來請脩好，朝廷以其無信，不受。韋皋取新城，虜治劍山、馬嶺，進寇臺登，嶲州刺史曹高仕擊卻之，禽籠官，斬級三百，獲馬、糧、械數千。

十四年，韓全義破虜于鹽州。十六年，靈州破虜于烏蘭橋，韋皋拔末恭、顒二城。十七年，寇鹽州，陷麟州，殺刺史郭鋒，湮隍墮陴，係居人，掠党項諸部，屯橫槽烽。虜將徐舍人者，語俘道人延素曰：「我乃司空英公裔孫也。武后時，家祖以兵尊王室不克，子孫奔播絕域，今三世矣。我雖握兵，心未嘗忘歸也，顧不能自拔耳。」陰使延素夜逸。又言：「吾按邊求資糧，至麟而守者無備，遂入之。知郭使君勳臣家，欲全安之，不幸死亂兵。」語方已，會飛鳥使至，召其軍還，遂引去。飛鳥，猶傳騎也。

韋皋出西山與虜戰，破之雅州。籠官馬定德本虜之知兵有策慮者，周知山川險易，每用兵，常馳驛計議，授諸將以行。比年寇黎、嶲，皋常折其兵，定德畏得罪，遂來降，因定昆明諸蠻。吐蕃以下屢叛，大侵靈州。時皋圍維州，贊普使論莽熱没籠乞悉蓖兼松州五道節度兵馬都統、羣牧大使，引兵十萬援維州。皋率南詔兵薄險設伏以待，纔使千人嘗敵。

乞悉蓖見兵寡，悉衆追，墮伏中，兵四合急擊，遂禽之，獻京師。明年，吐蕃使者論頰熱復來，右龍武大將軍薛伾往報。

二十年，贊普死，遣工部侍郎張薦弔祠，其弟嗣立，再使使者入朝。順宗立，以左金吾衞將軍田景度、庫部員外郎熊執易持節往使。永貞元年，論乞縷勃藏歸金幣、馬牛助崇陵，有詔陳太極廷中。

憲宗初，遣使者脩好，且還其俘。又以使告順宗喪，吐蕃亦以論勃藏來。後比年來朝，然以五萬騎入振武拂鵜泉，萬騎至豐州大石谷，鈔回鶻還國者。

五年，以祠部郎中徐復往使，并賜鉢闡布書。鉢闡布者，虜浮屠豫國事者也，亦曰「鉢掣逋」。復至鄯州擅還，其副李逢致命贊普，復坐貶。虜以論思邪熱入謝，且歸鄭叔矩、路泌之柩，因言願歸秦、原、安樂州。詔宰相杜佑等與議中書，論思邪熱拜于廷，佑答拜堂上，復以鴻臚少卿李銛、丹王府長史吳暈報之。自是朝貢歲入。又款隴州塞，丐互市，詔可。

十二年，贊普死，使者論乞髯來，以右衞將軍烏重玘、殿中侍御史段鈞弔祭之。可黎可足立爲贊普，重玘以扶餘準、李驂偕歸。準，東明人，本朔方騎將；驂，隴西人，貞元初戰沒于虜者。使者知不死，求之，乃得還。詔以準爲澧王府司馬，驂嘉王友。

吐蕃使論矩立藏來朝，未出境，吐蕃寇宥州，與靈州兵戰定遠城，虜不勝，斬首二千級。平涼鎮遏使郝玼又破虜兵二萬，夏州節度使田縉破其衆三千，詔留矩立藏等不遣。劍南兵拔峨和、栖雞城。十四年，乃歸矩立藏等。吐蕃節度論三摩、宰相尚塔藏、中書令尚綺心兒總兵十五萬圍鹽州，爲飛梯、鵝車攻城，刺史李文悅拒之，城壞輒補，夜襲其營，晝出戰，破虜萬人，積三旬不能拔。朔方將史敬奉以奇兵繞出虜背，大破之，解圍去。

始，沙州刺史周鼎爲唐固守，贊普徙帳南山，使尚綺心兒攻之。鼎請救回鶻，踰年不至，議焚城郭，引衆東奔，皆以爲不可。鼎遣都知兵馬使閻朝領壯士行視水草，晨入謁辭行，與鼎親吏周沙奴共射，彀弓揖讓，射沙奴即死，執鼎而縊殺之，自領州事。城守者八年，出綾一端募麥一斗，應者甚衆。朝喜曰：「民且有食，可以死守也。」又二歲，糧械皆竭，登城而譟曰：「苟毋徙佗境，請以城降。」綺心兒許諾，於是出降。自攻城至是凡十一年。贊普以綺心兒代守。後疑朝謀變，置毒鞾中而死。州人皆胡服臣虜，每歲時祀父祖，衣中國之服，號慟而藏之。

穆宗即位，遣祕書少監田洎往告，使者亦來。虜引兵入屯靈武，靈州兵擊却之。又犯靑塞烽，進寇涇州，瀕水而營，緜五十里。始洎至牙，虜欲會盟長武，洎含糊應之。至是顯言：「洎許我盟，我是以來。」逼涇一舍止。詔右軍中尉梁守謙爲左右神策軍、京西北行營都監，發卒合八鎭兵援涇州，貶洎郴州司戶參軍，以太府少卿邵同持節爲和好使。初，夏州田緒裒沓，党項怨之，導虜入鈔，郝玼與戰，多殺其衆。李光顏又以邠兵至，乃引去。復遣使者來。南略雅州，詔方鎭與虜接者謹備邊。

長慶元年，聞回鶻和親，犯靑塞堡，爲李文悅所逐。乃遣使者尙綺力陀思來朝，且乞盟，詔許之。崔植、杜元穎、王播輔政，議欲告廟。禮官謂：「肅宗、代宗皆嘗與吐蕃盟，不告廟。德宗建中之盟，將重其約，始詔告廟。至會平涼，不復告，殺之也。」乃止。以大理卿劉元鼎爲盟會使，右司郎中劉師老副之，詔宰相與尙書右僕射韓皋、御史中丞牛僧孺、吏部尙書李絳、兵部尙書蕭俛、戶部尙書楊於陵、禮部尙書韋綬、太常卿趙宗儒、司農卿裴武、京兆尹柳公綽、右金吾將軍郭鏦及吐蕃使者論訥羅盟京師西郊。贊普以盟言約：「二國無相寇讎，有禽生問事，給服糧歸之。」詔可。大臣豫盟者悉載名於策。方盟時，吐蕃以壯騎屯魯州，靈州節度使李進誠與戰大石山，破之。虜遣使者趙國章來，且致宰相信幣。

明年，請定疆候，元鼎與論訥羅就盟其國，敕虜大臣亦列名于策。元鼎踰成紀、武川，抵河廣武梁，故時城郭未隳，蘭州地皆秔稻，桃李楡柳岑蔚，戶皆唐人，見使者麾蓋，夾道觀。至龍支城，耋老千人拜且泣，問天子安否，言：「頃從軍沒于此，今子孫未忍忘唐服，朝廷尙念之乎？兵何日來？」言已皆嗚咽。密問之，豐州人也。過石堡城，崖壁峭豎，道回屈，虜曰鐵刀城。右行數十里，土石皆赤，虜曰赤嶺。而信安王禕、張守珪所定封石皆仆，獨虜所立石猶存。赤嶺距長安三千里而贏，蓋隴右故地也。曰悶怛盧川，直邏娑川之南百里，臧河所流也。河之西南，地如砥，原野秀沃，夾河多檉柳。山多柏，坡皆丘墓，旁作屋，赬塗之，繪白虎，皆虜貴人有戰功者，生衣其皮，死以旌勇，徇死者瘞其旁。度悉結羅嶺，鑿石通車，逆金城公主道也。至麋谷，就館。臧河之北川，贊普之夏牙也。周以槍壘，率十步植百長槊，中剟大幟爲三門，相距皆百步。甲士持門，巫祝鳥冠虎帶擊鼓，凡入者搜索乃進。中有高臺，環以寶楯，贊普坐帳中，以黃金飾蛟螭虎豹，身被素褐，結朝霞冒首，佩金鏤劍。鉢掣逋立于右，宰相列臺下。唐使者始至，給事中論悉答熱來議盟，大享於牙右，飯舉酒行，與華制略等，樂奏秦王破陣曲，又奏涼州、胡渭、錄要、雜曲，百伎皆中國人。盟壇廣十步，高二尺。使者與虜大臣十餘對位，酋長百餘坐壇下，上設巨榻，鉢掣逋升，告盟，一人自旁譯授于下。已歃血，鉢掣逋不歃。盟畢，以浮屠重爲誓，引鬱金水以飲，與使者交慶，乃降。

元鼎還，虜元帥尙塔藏館客大夏川，集東方節度諸將百餘，置盟策臺上，徧曉之，且戒各保境，毋相暴犯。策署彝泰七年。尙塔藏語元鼎曰：「回鶻小國，我嘗討之，距城三日危破，會國有喪乃還，非我敵也。唐何所畏，乃厚之？」元鼎曰：「回鶻有功，且如約，未始妄以兵取尺寸地，是以厚之。」塔藏默然。元鼎踰湟水，至龍泉谷，西北望殺胡川，哥舒翰故壁多在。湟水出蒙谷，抵龍泉與河合。河之上流，繇洪濟梁西南行二千里，水益狹，春可涉，秋夏乃勝舟。其南三百里三山，中高而四下，曰紫山，直大羊同國，古所謂崑崙者也，虜曰悶摩黎山，東距長安五千里，河源其間，流澄緩下，稍合衆流，色赤，行益遠，它水幷注則濁，故世舉謂西戎地曰河湟。河源東北直莫賀延磧尾殆五百里，磧廣五十里，北自沙州，西南入吐谷渾寖狹，故號磧尾。隱測其地，蓋劍南之西。元鼎所經見，大略如此。

虜遣論悉諾息等入謝，天子命左衞大將軍令狐通、太僕少卿杜載答之。是歲，尙綺心兒以兵擊回鶻、党項，小相尙設塔率衆三萬牧馬木蘭梁。比歲，使者獻金盎、銀冶犀、鹿，貢犛牛。

寶曆至大和，再遣使者朝。五年，維州守將悉怛謀挈城以降，劍南西川節度使李德裕受之，收符章仗鎧，更遣將虞藏儉據之。州南抵江陽岷山，西北望隴山，一面崖，三涯江，虜號無憂城，爲西南要扞。會牛僧孺當國，議還悉怛謀，歸其城。吐蕃夷誅無遺種，以怖諸戎。自是比五年虜使來，必報。所貢有玉帶、金皿、獺褐、犛牛尾、霞氈、馬、羊、橐它。

贊普立幾三十年，病不事，委任大臣，故不能抗中國，邊候晏然。死，以弟達磨嗣。達磨嗜酒，好畋獵，喜內，且凶愎少恩，政益亂。開成四年，遣太子詹事李景儒往使，吐蕃以論集熱來朝，獻玉器羊馬。自是國中地震裂，水泉湧，岷山崩；洮水逆流三日，鼠食稼，人飢疫，死者相枕藉。鄯、廓間夜聞鼙鼓聲，人相驚。

會昌二年，贊普死，論贊熱等來告，天子命將作監李璟弔祠。無子，以妃綝兄尚延力子乞離胡爲贊普，始三歲，妃共治其國。大相結都那見乞離胡不肯拜，曰：「贊普支屬尚多，何至立綝氏子邪？」哭而出，用事者共殺之。

別將尚恐熱爲落門川討擊使，姓末，名農力，「熱」猶中國號「郎」也，譎詭善幻，約三部得萬騎，擊鄯州節度使尚婢婢，略地至渭州，與宰相尚與思羅戰薄寒山。思羅敗走松州，合蘇毗、吐渾、羊同兵八萬保洮河自守，恐熱謂蘇毗等曰：「宰相兄弟殺贊普，天神使我舉義兵誅不道，爾屬乃助逆背國耶？」蘇毗等疑而不戰，恐熱麾輕騎涉河，諸部先降，并其衆至十餘萬，禽思羅縊殺之。

婢婢，姓沒盧，名贊心牙，羊同國人，世爲吐蕃貴相，寬厚，略通書記，不喜仕，贊普彊官之。三年，國人以贊普立非是，皆叛去。恐熱自號宰相，以兵二十萬擊婢婢，鼓鞞、牛馬、橐它聯千餘里，至鎭西軍，大風雷電，部將震死者十餘人，羊、馬、橐它亦數百。恐熱惡之，按軍不進。婢婢聞之，厚幣詒書約驩，恐熱大喜曰：「婢婢，書生，焉知軍事。我爲贊普，當以家居宰相處之。」於是退營大夏川。婢婢遣將厖結心、莽羅薛呂擊恐熱於河州之南，伏兵四萬，結心據山射書極罵，恐熱怒甚，盛兵出鬬。結心僞北，恐熱追至數十里，莽羅薛呂以伏兵衷擊，大風雨，河溢，溺死甚衆，恐熱單騎而逃。既不得志，尤猜忍殺戮，部將岌藏、豐贇皆降，婢婢厚遇之。明年，恐熱復攻鄯州，婢婢分兵五道拒守，恐熱保東谷山，堅壁不出。岌藏繚以重栅，斷汲道，旬日，恐熱走薄寒山，募散卒稍至，得數千人，復戰鶻鷄山，再戰南谷，皆大敗。兵拏仍歲不解。

大中三年，婢婢屯兵河源，聞恐熱謀度河，急擊之，爲恐熱所敗。婢婢統鋭兵扼橋，亦不勝，焚橋而還。恐熱間出鷄項嶺關，馮硤爲梁攻婢婢，至白土嶺，敗其將尙鐸羅榻藏，進戰犛牛硤。婢婢將燭盧鞏力欲負硤自固以困恐熱，大將磨離羆子不從，乃辭疾先歸。羆子急擊恐熱，一戰而死。婢婢糧盡，引衆趨甘州西境，以拓拔懷光居守，恐熱麾下多歸之。

恐熱大略鄯、廓、瓜、肅、伊、西等州，所過捕戮，積尸狼藉，麾下內怨，皆欲圖之。乃揚聲將請唐兵五十萬共定其亂，保渭州，求册爲贊普，奉表歸唐。宣宗詔太僕卿陸耽持節慰勞，命涇原、靈武、鳳翔、邠寧、振武等兵迎援。恐熱既至，詔尙書左丞李景讓就問所欲。恐熱倨夸自大，且求河渭節度使，帝不許。還過咸陽橋，咄歎曰：「我舉大事，覬得濟此河與唐分境。」於是復趨落門川收散卒，將寇邊，會久雨糧絕，恐熱還奔廓州。

於是鳳翔節度使李玭復淸水；涇原節度使康季榮復原州，取石門等六關，得人畜幾萬；靈武節度使李欽取安樂州，詔爲威州；邠寧節度使張欽緖復蕭關；鳳翔收秦州；山南西道節度使鄭涯得扶州。鳳翔兵與吐蕃戰隴州，斬首五百級。是歲，河、隴高年千餘見闕下，天子爲御延喜樓，賜冠帶，皆爭解辮易服。因詔差賜四道兵，錄有勞者；三州七關地腴衍者，聽民墾藝，貸五歲賦；温池委度支榷其鹽，以贍邊；四道兵能營田者爲給牛種，戍者倍其資饟，再歲一代；商賈往來於邊者，關鎭毋何留；兵欲墾田，與民同。

初，太宗平薛仁杲，得隴上地；虜李軌，得涼州；破吐谷渾、高昌，開四鎭。玄宗繼收黃河積石、宛秀等軍〔四〕，中國無斥候警者幾四十年。輪臺、伊吾屯田，禾菽彌望。開遠門揭候署曰「西極道九千九百里」，示戍人無萬里行也。乾元後，隴右、劍南西山三州七關軍鎭監牧三百所皆失之。憲宗常覽天下圖，見河湟舊封，赫然思經略之，未暇也。至是羣臣奏言：「王者建功立業，必有以光表於世者。今不勤一卒，血一刃，而河湟自歸，請上天子尊號。」帝曰：「憲宗嘗念河湟，業未就而殂落。今當述祖宗之烈，其議上順、憲二廟謚號，夸顯後世。」又詔：「朕姑息民，其山外諸州，須後經營之。」

明年，沙州首領張義潮奉瓜、沙、伊、肅、甘等十一州地圖以獻。始義潮陰結豪英歸唐，一日，衆擐甲譟州門，漢人皆助之，虜守者驚走，遂攝州事。繕甲兵，耕且戰，悉復餘州。以部校十輩皆操挺，內表其中，東北走天德城，防禦使李丕以聞。帝嘉其忠，命使者齎詔收慰，擢義潮沙州防禦使，俄號歸義軍，遂爲節度使。其後河、渭州虜將尚延心以國破亡，亦獻款。秦州刺史高駢誘降延心及渾末部萬帳，遂收二州，拜延心武衞將軍。駢收鳳林關，以延心爲河、渭等州都游弈使。

咸通二年，義潮奉涼州來歸。七年，北庭回鶻僕固俊擊取西州，收諸部。鄯州城使張季顒與尚恐熱戰，破之，收器鎧以獻。吐番餘衆犯邠、寧，節度使薛弘宗卻之。會僕固俊與吐蕃大戰，斬恐熱首，傳京師。

八年，義潮入朝，爲右神武統軍，賜第及田，命族子淮深守歸義。十三年卒。沙州以長史曹義金領州務，遂授歸義節度使。後中原多故，王命不及，甘州爲回鶻所幷，歸義諸城多沒。

渾末，亦曰嗢末，吐蕃奴部也。虜法，出師必發豪室，皆以奴從，平居散處耕牧。及恐熱亂，無所歸，共相嘯合數千人，以嗢末自號，居甘、肅、瓜、沙、河、渭、岷、廓、疊、宕間，其近蕃牙者最勇，而馬尤良云。

贊曰：唐興，四夷有弗率者，皆利兵移之，蹷其牙，犂其廷而後已。惟吐蕃、回鶻號彊雄，爲中國患最久。贊普遂盡盜河湟，薄王畿爲東境，犯京師，掠近輔，殘馘華人。謀夫虓帥，圜視共計，卒不得要領。晚節二姓自亡，而唐亦衰焉。夫外撫內寧，惟聖人不讓。玄宗有逸德，而拓地太大，務遠功，忽近虞，逆賊一奮，中原封裂，訖二百年不得復完，而至陵夷。然則內先自治，釋四夷爲外懼，守成之良資也。

校勘記

〔一〕前二月告廟齋三日闕播跪讀載書　舊書卷一九六下吐蕃傳云：「先盟二日，命有司告太廟，監官致齋。三日，朝服陞壇。」冊府卷九八一同，惟「監官」作「盟官」。按「二日」「三日」，時序甚明。「二月」疑是「二日」之訛。

〔二〕詔倉部郎中趙建往使　「趙建」，舊書卷一九六下吐蕃傳、陸宣公翰苑集卷一〇及文苑英華卷四六九賜吐蕃宰相尚結贊三書均作「趙聿」。

〔三〕至言　各本原作「志信」，據舊書卷一九六下吐蕃傳、冊府卷一三一及本卷上文改。

〔四〕玄宗繼收黃河積石宛秀等軍　「積石」，各本原作「磧石」。按唐無磧石軍。考本書卷四〇及舊書卷三八地理志、通典卷一七二、元和志卷三九，隴右道有積石軍，在廓州。又據唐會要卷七八，宛秀軍在澆河郡（廓州舊稱），本書地理志廓州有宛秀城，當卽其地。「磧石」爲「積石」之訛甚明，今改。

唐書卷二百一十七上

列傳第一百四十二上

回鶻上

回紇，其先匈奴也，俗多乘高輪車，元魏時亦號高車部，或曰敕勒，訛爲鐵勒。其部落曰袁紇、薛延陀、契苾羽、都播、骨利幹、多覽葛、僕骨、拔野古、同羅、渾、思結、斛薛、奚結、阿跌、白霫，凡十有五種，皆散處磧北。

袁紇者，亦曰烏護，曰烏紇，至隋曰韋紇。其人驍彊，初無酋長，逐水草轉徙，善騎射，喜盜鈔，臣于突厥，突厥資其財力雄北荒。大業中，處羅可汗攻脅鐵勒部，裒責其財，既又恐其怨，則集渠豪數百悉阬之，韋紇乃幷僕骨、同羅、拔野古叛去，自爲俟斤，稱回紇。

回紇姓藥羅葛氏，居薛延陀北娑陵水上，距京師七千里。衆十萬，勝兵半之。地磧鹵，畜多大足羊。有時健俟斤者，衆始推爲君長。子曰菩薩，材勇有謀，嗜獵射，戰必身先，所向輒摧破，故下皆畏附，爲時健所逐。時健死，部人賢菩薩，立之。母曰烏羅渾，性嚴明，能決平部事。回紇繇是寖盛。與薛延陀共攻突厥北邊，頡利遣欲谷設領騎十萬討之，菩薩身將五千騎破之馬鬣山，追北至天山，大俘其部人，聲震北方。繇是附薛延陀，相脣齒，號活頡利發，樹牙獨樂水上。

貞觀三年，始來朝，獻方物。突厥已亡，惟回紇與薛延陀爲最雄彊。菩薩死，其酋胡祿俟利發吐迷度與諸部攻薛延陀，殘之，并有其地，遂南踰賀蘭山，境諸河。遣使者獻款，太宗爲幸靈州，次涇陽，受其功。於是鐵勒十一部皆來言：「延陀不事大國，以自取亡，其下麕駭鳥散，不知所之。今各有分地，願歸命天子，請置唐官。」有詔張飲高會，引見渠長等，以唐官官之，凡數千人。

明年復入朝。乃以回紇部爲瀚海，多覽葛部爲燕然，僕骨部爲金微，拔野古部爲幽陵，同羅部爲龜林，思結部爲盧山，皆號都督府；以渾爲皋蘭州，斛薛爲高闕州，阿跌爲雞田州，契苾羽爲榆溪州，奚結爲雞鹿州，思結別部爲蹛林州〔一〕，白霫爲窴顏州；其西北結骨部爲堅昆府，北骨利幹爲玄闕州，東北俱羅勃爲燭龍州；皆以酋領爲都督、刺史、長史、司馬，即故單于臺置燕然都護府統之，六都督、七州皆隸屬，以李素立爲燕然都護。其都督、刺史給玄金魚符，黃金爲文，天子方招寵遠夷，作絳黃瑞錦文袍、寶刀、珍器賜之。帝坐祕殿，陳十部樂，殿前設高坫，置朱提瓶其上，潛泉浮酒，自左閤通坫趾注之瓶，轉受百斛鐐盎，回紇數千人飲畢，尚不能半。又詔文武五品官以上祖飲尚書省中。渠領共言：「生荒陋地，歸身聖化，天至尊賜官爵，與爲百姓，依唐若父母然。請於回紇、突厥部治大涂，號『參天至尊道』，世爲唐臣。」乃詔磧南鸊鵜泉之陽置過郵六十八所，具羣馬、湩、肉待使客，歲內貂皮爲賦。乃拜吐迷度爲懷化大將軍、瀚海都督；然私自號可汗，署官吏，壹似突厥，有外宰相六、內宰相三，又有都督、將軍、司馬之號。帝更詔時健俟斤它部爲祁連州，隸靈州都督，白霫它部爲居延州。

吐迷度兄子烏紇烝吐迷度之妻，遂與俱陸莫賀達干俱羅勃謀亂而歸車鼻可汗，二人者皆車鼻婿，故烏紇領騎夜劫吐迷度殺之。燕然副都護元禮臣遣使紿烏紇，許白爲都督，烏紇不疑，即往謝，因斬以徇。帝恐諸部攜解，命兵部尚書崔敦禮持節臨撫，贈吐迷度左衞大將軍，賻祭備厚，擢其子婆閏左驍衞大將軍，襲父所領。俱羅勃既入朝，帝不遣。阿史那賀魯之盜北庭，婆閏以騎五萬助契苾何力等破賀魯，收北庭；又從伊麗道行軍總管任雅相等再破賀魯金牙山，遷右衞大將軍，從討高麗有功。

婆閏死，子比粟嗣。龍朔中，以燕然都護府領回紇〔三〕，更號瀚海都護府，以磧爲限，大抵北諸蕃悉隸之。比粟死，子獨解支嗣。武后時，突厥默啜方彊，取鐵勒故地，故回紇與契苾、思結、渾三部度磧，徙甘、涼間，然唐常取其壯騎佐赤水軍云。獨解支死，子伏帝匐立。明年，助唐攻殺默啜，於是別部移健頡利發與同羅、霫等皆來，詔置其部於大武軍北。伏帝匐死，子承宗立，涼州都督王君㚟誣暴其罪，流死瀼州。當此時，回紇稍不循，族子瀚海府司馬護輸乘衆怨，共殺君㚟，梗絕安西諸國朝貢道。久之，奔突厥，死。

子骨力裴羅立。會突厥亂，天寶初，裴羅與葛邏祿自稱左右葉護，助拔悉蜜擊走烏蘇可汗。後三年，襲破拔悉蜜，斬頡跌伊施可汗，遣使上狀，自稱骨咄祿毗伽闕可汗，天子以爲奉義王，南居突厥故地，徙牙烏德鞬山、昆河之間〔三〕，南距西城千七百里，西城，漢高闕塞也，北盡磧口三百里，悉有九姓地。九姓者，曰藥羅葛，曰胡咄葛，曰啒羅勿，曰貊歌息訖，曰阿勿嘀，曰葛薩，曰斛嗢素，曰藥勿葛，曰奚邪勿。藥羅葛，回紇姓也，與僕骨、渾、拔野古、同羅、思結、契苾六種相等夷，不列於數，後破有拔悉蜜、葛邏祿，總十一姓，並置都督，號十一部落。自是，戰常以二客部爲先鋒。有詔拜爲骨咄祿毗伽闕懷仁可汗，前殿列仗，中書令內案授册使者，使者出門升輅，至皇城門，降乘馬，幡節導以行。凡册可汗，率用此禮。明年，裴羅又攻殺突厥白眉可汗，遣頓啜羅達干來上功，拜裴羅左驍衞員外大將軍，斥地愈廣，東極室韋，西金山，南控大漠，盡得古匈奴地。裴羅死，子磨延啜立，號葛勒可汗，剽悍善用兵，歲遣使者入朝。

肅宗即位，使者來請助討祿山，帝詔燉煌郡王承寀與約，而令僕固懷恩送王，因召其兵。可汗喜，以可敦妹爲女，妻承寀，遣渠領來請和親，帝欲固其心，即封虜女爲毗伽公主。於是可汗自將，與朔方節度使郭子儀合討同羅諸蕃，破之河上。與子儀會呼延谷，可汗恃其彊，陳兵引子儀拜狼纛而後見。帝駐彭原，使者葛羅支見，恥班下，帝不欲使鞅鞅，引升殿，慰而遣。俄以大將軍多攬等造朝，及太子葉護身將四千騎來，惟所命。帝因册毗伽公主爲王妃，擢承寀宗正卿；可汗亦封承寀爲葉護，給四節，令與其葉護共將。帝命廣平王見葉護，約爲昆弟，葉護大喜，使首領達干等先到扶風見子儀，子儀犒飲三日。葉護辭曰：「國多難，我助討逆，何敢食！」固命，乃留。旣行，日賜牛四十角、羊八百蹄、米四十斛。

香積之戰，陣灃上，賊詭伏騎於王師左，將襲我，僕固懷恩麾回紇馳之，盡翦其伏，乃出賊背，與鎭西、北庭節度使李嗣業夾廖之，賊大敗，進收長安。懷恩率回紇、南蠻、大食衆繚都而南，壁滻東，進攻陝西，戰新店。初，回紇至曲沃，葉護使將軍鼻施吐撥裴羅旁南山東出，搜賊伏谷中，殲之，營山陰。子儀等與賊戰，傾軍逐北，亂而卻，回紇望見，卽踰西嶺，曳旗趨賊，出其後，賊反顧，遂大潰，追奔數十里，人馬相騰蹂，死者不可計，收仗械如丘。嚴莊挾安慶緒棄東京北度河，回紇大掠東都三日，姦人導之，府庫窮殫，廣平王欲止不可，而耆老以繒錦萬匹賂回紇，止不剽。葉護還京師，帝遣羣臣勞之長樂，帝坐前殿，召葉護升階，席酋領於下，宴且勞之，人人賜錦繡繒器。葉護頓首言：「留兵沙苑，臣歸料馬，以收范陽，訖除殘盜。」帝曰：「爲朕竭義勇，成大事，卿等力也。」詔進司空，爵忠義王，歲給絹二萬匹，使至朔方軍受賜。

乾元元年，回紇使者多彥阿波與黑衣大食酋閣之等俱朝，爭長，有司使異門並進。又使請昏，許之。帝以幼女寧國公主下嫁，卽册磨延啜爲英武威遠毗伽可汗，詔漢中郡王瑀攝御史大夫爲册命使，以宗子右司郎中巽兼御史中丞爲禮會使，并以副瑀，尙書右僕射裴冕送諸境。帝餞公主，因幸咸陽，數尉勉，主泣曰：「國方多事，死不恨。」瑀至虜，而可汗胡帽赭袍坐帳中，儀衞光嚴，引瑀立帳外，問曰：「王，天可汗何屬？」瑀曰：「從昆弟也。」時中人雷靈俊立瑀上，又問：「立王上者爲誰？」瑀曰：「中人也。」可汗曰：「中人奴爾，顧立郎上乎？」靈俊趨下。於是引瑀入，瑀不拜，可汗曰：「見國君，禮無不拜。」瑀曰：「天子顧可汗有功，以愛女結好。比中國與夷狄婚，皆宗室子。今寧國乃帝玉女，有德容，萬里來降，可汗天子婿，當以禮見，安踞受詔邪？」可汗慚，乃起奉詔，拜受册。翌日，尊主爲可敦。瑀所齎賜物，可汗盡與其牙下酋領。瑀還，獻馬五百匹、貂裘、白氎等。乃使王子骨啜特勒、宰相帝德等率騎三千助討賊，帝因命僕固懷恩總之。又遣大首領蓋將軍與三女子謝婚，幷告破堅昆功。明年，骨啜與九節度戰相州，王師潰，帝德等奔京師，帝厚賜尉其意，乃還。俄而可汗死，國人欲以公主殉，主曰：「中國人婿死，朝夕臨，喪期三年，此終禮也。回紇萬里結昏，本慕中國，吾不可以殉。」乃止，然剺面哭，亦從其俗云。後以無子，得還。

始葉護太子前得罪死，故次子移地健立，號牟羽可汗，其妻，僕固懷恩女也。始可汗爲少子請昏，帝以妻之，至是爲可敦。明年，使大臣俱錄莫賀達干等入朝，幷問公主起居，使人通謁於延英殿。

代宗卽位，以史朝義未滅，復遣中人劉清潭往結好，且發其兵。比使者至，回紇已爲朝義所訹，曰：「唐荐有喪，國無主，且亂，請回紇入收府庫，其富不貲。」可汗卽引兵南，寶應元年八月也。清潭齎詔至其帳，可汗曰：「人言唐已亡，安得有使邪？」清潭爲言：「先帝雖棄天下，廣平王已卽天子位，其仁聖英武類先帝，故與葉護收二京、破安慶緒者，是與可汗素厚，且唐歲給回紇繒絹，豈忘之邪？」是時，回紇已踰三城，見州縣榛萊，烽障無守，有輕唐色。乃遣使北收單于府兵、倉庫，數以語凌靳清潭。清潭密白帝：「回紇兵十萬向塞。」朝廷震驚，遣殿中監藥子昂迎勞，且視軍，遇于太原，密識其兵裁四千，孺弱萬餘，馬四萬，與可敦偕來。帝令懷恩與回紇會。因遣使上書，請助天子討賊。回紇欲入蒲關，徑沙苑而東，子昂說曰：「自寇亂來，州縣殘虛，供億無所資，且賊在東京，若入井陘，以取邢、洺、衞、懷，收賊財帑，乃鼓而南，上策也。」不聽。子昂曰：「然則趨懷太行道，南據河陽，扼賊喉衿。」又不聽。曰：「食太原倉粟，右攻陝，與澤潞、河南、懷鄭兵合。」回紇從之。

詔以雍王爲天下兵馬元帥，進子昂兼御史中丞，與右羽林衞將軍魏琚爲左右廂兵馬使，中書舍人韋少華爲元帥判官，御史中丞李進爲行軍司馬，東會回紇。敕元帥爲諸軍先鋒，與諸節度會陝州。時可汗壁陝州北，王往見之，可汗責王不蹈舞。子昂辭曰：「王，嫡皇孫，二宮在殯，禮不可以蹈舞。」回紇廷詰曰：「可汗爲唐天子弟，於王，叔父行也，容有不蹈舞乎？」子昂固拒，卽言：「元帥，唐太子也，將君中國，而可舞蹈見可汗哉？」回紇君臣度不能屈，卽引子昂、進、少華、琚搒之百，少華、琚一夕死，王還營。官軍以王見辱，將合誅回紇，王以賊未滅止之。

於是，懷恩與虜左殺爲先驅。朝義使反間，左殺執以獻，與諸將同擊賊，戰橫水，走之，進收東都。可汗使拔賀那賀天子，獻朝義旗物。雍王還靈寶，可汗屯河陽，留三月，屯旁人困於剽辱。僕固瑒率回紇兵與朝義挐戰，蹀血二千里，梟其首，河北悉平。懷恩道相州西山崞口還屯，可汗出澤、潞，與懷恩會，道太原去。

初，回紇至東京，放兵攘剽，人皆遁保聖善、白馬二祠浮屠避之，回紇怒，火浮屠，殺萬餘人，及是益横，詬折官吏，至以兵夜斫含光門，入鴻臚寺。方其時，陝州節度使郭英乂留守東都，與魚朝恩及朔方軍驕肆，因回紇爲暴，亦掠汝、鄭間，鄉不完廬，皆蔽紙爲裳，虐于賊矣。

帝念少華等死，故贈少華左散騎常侍，瑶揚州大都督，賜一子六品官。於是册可汗曰頡咄登里骨啜蜜施合俱錄英義建功毗伽可汗，可敦曰娑墨光親麗華毗伽可敦，以左散騎常侍王翊使，即其牙命之，自可汗至宰相共賜實封二萬戶。又以左殺爲雄朔王，右殺寧朔王，胡祿都督金河王，拔覽將軍靜漠王，十都督皆國公。

永泰初，懷恩反，誘回紇、吐蕃入寇。俄而懷恩死，二虜爭長，回紇首領潛詣涇陽見郭子儀，請改事。子儀率麾下叩回紇營。回紇曰：「願見令公。」子儀出旗門，回紇曰：「請釋甲。」子儀易服。酋長相顧曰：「眞是公矣！」時李光進、路嗣恭介馬在側，子儀示酋長曰：「此渭北節度使某，朔方軍糧使某。」酋長下馬拜，子儀亦下見之。虜數百環視，子儀麾下亦至，子儀麾左右使却，且命酒與飲，遺以纏頭綵三千，召可汗弟合胡祿等持手，因讓曰：「上念回紇功，報爾固厚，何負而來？今即與汝戰，何遽降也？我將獨入爾營，雖殺我，吾將士能擊汝。」酋長讋服曰：「懷恩詭我曰『唐天子南走，公見廢』，是以來。今天可汗在，公無恙，吾等願還擊吐蕃以報厚恩。然懷恩子，可敦弟也，願赦死。」於是子儀持酒，胡祿請盟而飲，子儀曰：「唐天子萬歲，回紇可汗亦萬歲，二國將相如之。有如負約，身死行陣，家屠戮。」方時，虜宰相磨咄莫賀達干、頓莫賀達干等聞言皆奪氣〔四〕，酒至其所，輒曰：「無易公誓。」始，虜有二巫，言「此行必不戰，當見大人而還」；及是相顧笑曰：「巫不吾紿也。」朔方先鋒兵馬使白元光合回紇兵於靈臺，會雪雺晝晦，吐蕃閉營撤備，乃縱擊之，斬首五萬級，生禽萬人，獲馬、橐它、牛、羊，收所俘唐戶五千。僕固名臣降，合胡祿都督等二百人皆來朝，賜與不可計。子儀以名臣見。名臣，懷恩兄子，銳將也。

大曆三年，光親可敦卒，帝遣右散騎常侍蕭昕持節弔祠。明年，以懷恩幼女爲崇徽公主繼室，兵部侍郎李涵持節册拜可敦，賜繒綵二萬。是時，財用屈，税公卿騾、橐它給行，宰相餞中渭橋。

回紇之留京師者，曹輩掠女子於市，引騎犯含光門，皇城皆闔，詔劉清潭慰止。復出暴市物，奪長安令邵說馬，有司不敢何詰。自乾元後，益負功，每納一馬，取直四十縑，歲以數萬求售，使者相躡，留舍鴻臚，駘弱不可用，帝厚賜欲以愧之，不知也。復以萬馬來，帝不忍重煩民，爲償六千。十年，回紇殺人横道，京兆尹黎幹捕之，詔貸勿劾。又刺人東市，縛送萬年獄，首領劫取囚，殘獄吏去，都人厭苦。

十三年，回紇襲振武，攻東陘，入寇太原。河東節度使鮑防與戰陽曲，防敗績，殘殺萬人。代州都督張光晟又戰羊虎谷，破之，虜乃去。

德宗立，使中人告喪，且脩好。時九姓胡勸可汗入寇，可汗欲悉師向塞，見使者不爲禮。宰相頓莫賀達干曰：「唐，大國，無負於我。前日入太原，取羊馬數萬，比及國，亡耗略盡。今舉國遠鬬，有如不捷，將安歸？」可汗不聽，頓莫賀怒，因擊殺之，并屠其支黨及九姓胡幾二千人，卽自立爲合骨咄祿毗伽可汗，使長建達干從使者入朝。建中元年，詔京兆少尹源休持節册頓莫賀爲武義成功可汗。

始回紇至中國，常參以九姓胡，往往留京師，至千人，居貲殖產甚厚。會酋長突董、翳蜜施、大小梅錄等還國，裝橐係道，留振武三月，供擬珍豐，費不貲。軍使張光晟陰伺之，皆盛女子以橐，光晟使驛吏刺以長錐，然後知之。已而聞頓莫賀新立，多殺九姓胡人，懼不敢歸，往往亡去，突董察視嚴亟。羣胡獻計於光晟，請悉斬回紇，光晟許之，卽上言：「回紇非素彊，助之者九胡爾。今其國亂，兵方相加，而虜利則往，財則合，無財與利，一亂不振。不以此時乘之，復歸人與幣，是謂借賊兵，資盜糧也。」乃使裨校陽不禮，突董果怒，鞭之。光晟因勒兵盡殺回紇羣胡，收橐它、馬數千，繒錦十萬，且告曰：「回紇抶大將，謀取振武，謹先誅之。」部送女子還長安。帝召光晟還，以彭令方代之，遣中人與回紇使聿達干往言其端，因欲與虜絕。敕源休俟命太原。明年，乃行，因歸突董等四喪。突董，可汗諸父也。源休至，可汗令大臣具車馬出迎，其大相頡干迦斯踞坐責休等殺突董事，休言：「彼自與張光晟鬬死，非天子命。」又曰：「使者皆負死罪，唐不自戮，何假手于我邪？」良久罷去，休等幾死。留五旬，卒不見可汗。可汗傳謂休曰：「國人皆欲爾死，我獨不然。突董等已亡，今又殺爾，猶以血濯血，徒益汙。吾以水濯血，不亦善乎？爲我言有司，所負馬直一百八十萬，可速償我。」遣散支將軍康赤心等隨休來朝。帝隱忍，賜以金繒。

後三年，使使者獻方物，請和親。帝蓄前恚未平，謂宰相李泌曰：「和親待子孫圖之，朕不能已。」泌曰：「陛下豈以陝州故憾乎？」帝曰：「然。朕方天下多難，未能報，且毋議和。」泌曰：「辱少華等乃牟羽可汗也，知陛下卽位必償怨，乃謀先苦邊，然兵未出，爲今可汗所殺矣。今可汗初立，遣使來告，垂髮不翦，待天子命。而張光晟殺突董等。雖幽止使人，然卒完歸，則爲無罪矣。」帝曰：「卿言則然，顧朕不可負少華等，奈何？」泌曰：「臣謂陛下不負少華，少華負陛下。且北虜君長身赴難，陛下在藩，春秋未壯，而輕度河入其營，所謂冒豺虎之場也。爲少華等計，當先定會見禮，臣猶危之，奈何孑然赴哉？臣昔爲先帝行軍司馬，方葉護來，先帝祗使宴於府。及議征討，則不見也。葉護邀臣至營，帝不許，使好謂曰：『主嘗勞客，客返勞主邪？』東收京師，約曰：『土地、人衆歸我，玉帛、子女予回紇。』戰勝，葉護欲大掠，代宗下馬拜之，回紇乃東向洛。臣猶恨以元帥拜葉護於馬前，爲左右過，然先帝曰：『王仁孝，足辦朕事。』下詔慰勉。葉護乃牟羽諸父也，牟羽之來，陛下以元子不拜於帳下，而可汗不敢少有失於陛下，則陛下未嘗屈矣。先帝拜葉護，全京城，陛下乃不拜可汗，固伸威於虜，何恨焉？然計香積、陝州事，以屈己爲是乎？伸威爲是乎？藉令少華等以陛下見可汗，閉壁五日，與陛下張飲，天下豈不寒心哉？而天助威神，使豺狼馴服，牟羽母捧陛下以貂裘，叱左右促命騎，躬送出營。此少華等負陛下也。假令牟羽爲有罪，則今可汗已殺之，立者乃牟羽從父兄，是爲有功，渠可忘之邪？且回紇可汗銘石立國門曰：『唐使來，當使知我前後功』云。今請和，必舉部南望，陛下不之荅，其怨必深。願聽昏而約用開元故事，如突厥可汗稱臣，使來者不過二百，市馬不過千，不以唐人出塞，亦無不可者。」帝曰：「善。」乃許降公主，回紇亦請如約。詔咸安公主下嫁，又詔使者合闕達干見公主於麟德殿，使中謁者齎公主畫圖賜可汗。

明年，可汗遣宰相䟫跌都督等衆千餘，并遣其妹骨咄祿毗伽公主率大酋之妻五十人逆主，且納聘。跌跌至振武，爲室韋所鈔，戰死。有詔其下七百，皆聽入朝，舍鴻臚，帝御延喜門見使者。是時，可汗上書恭甚，言：「昔爲兄弟，今婿，半子也。陛下若患西戎，子請以兵除之。」又請易回紇曰回鶻，言捷鷙猶鶻然。帝欲饗回鶻公主，問禮於李泌，對曰：「肅宗於燉煌王爲從祖兄，回鶻妻以女，見帝於彭原，獨拜廷下，帝呼曰『婦』而不名『嫂』也。當艱虞時，方藉其用，猶以臣之，況今日乎？」於是引回鶻公主入銀臺門，長公主三人候諸內，譯史傳導，拜必答，揖與進。帝御祕殿，長公主先入侍，回鶻公主入拜謁已，內司賓導至長公主所，又譯史傳問，乃與俱入。至宴所，賢妃降階俟，回鶻公主拜，賢妃答拜。又拜召已，由西階升，乃坐。有賜則降拜，非帝賜則避席拜，妃、公主皆答拜。訖歸，凡再饗。帝又盡建咸安公主官屬，視王府。以嗣滕王湛然爲昏禮使，右僕射關播護送，且將册書拜可汗爲汨咄祿長壽天親毗伽可汗，公主爲智惠端正長壽孝順可敦。

貞元五年，可汗死，子多邏斯立，國人號「泮官特勒」，以鴻臚卿郭鋒持節册拜愛登里邏汨沒蜜施俱錄毗伽忠貞可汗。

初，安西、北庭自天寶末失關、隴，朝貢道隔。伊西北庭節度使李元忠、四鎮節度留後郭昕數遣使奉表，皆不至。貞元二年，元忠等所遣假道回鶻，乃得至長安。帝進元忠爲北庭大都護，昕爲安西大都護。自是，道雖通，而虜求取無涘。沙陀別部六千帳，與北庭相依，亦厭虜裒索，至三葛祿、白眼突厥素臣回鶻者尤怨苦〔五〕，皆密附吐蕃，故吐蕃因沙陀共寇北庭，頡干迦斯與戰，不勝，北庭陷。於是都護楊襲古引兵奔西州。回鶻以壯卒數萬召襲古，將還取北庭，爲吐蕃所擊，大敗，士死太半，迦斯奔還。襲古挈餘衆將入西州，迦斯紿曰：「弟與我俱歸，當使公還唐。」襲古至帳，殺之。葛祿又取深圖川〔六〕，回鶻大恐，稍南其部落以避之。

是歲，可汗爲少可敦葉公主所毒死，可敦亦僕固懷恩之孫，懷恩子爲回鶻葉護，故女號葉公主云。可汗之弟乃自立。迦斯方攻吐蕃，其大臣率國人共殺篡者，以可汗幼子阿啜嗣。迦斯還，可汗等出勞，皆俯伏言廢立狀，惟大相生死之。悉發郭鋒所賜器幣餉迦斯。可汗拜且泣曰：「今幸得繼絕，仰食於父也。」迦斯以其柔屈，乃相持哭，遂臣事之，以器幣悉給將士，無所私，其國遂安。遣達北特勒梅錄將軍來告，且聽命。詔鴻臚少卿庾鋋册阿啜爲奉誠可汗。俄以律支達干來告少寧國公主之喪。主，榮王女也。始寧國下嫁，又以媵之。寧國後歸，因留回鶻中爲可敦，號「少寧國」，歷配英武、英義二可汗。至天親可汗時，始居外。其配英義生二子，皆爲天親所殺。是歲，回鶻擊吐蕃、葛祿於北庭，勝之，且獻俘。明年，使藥羅葛炅來朝，炅本唐人呂氏，爲可汗養子，遂從可汗姓。帝以其用事，賜賚殊優，拜檢校尙書右僕射。

十一年，可汗死，無子，國人立其相骨咄祿爲可汗，以使者來，詔祕書監張薦持節册拜愛滕里邏羽錄沒蜜施合胡祿毗伽懷信可汗。骨咄祿本䟫跌氏，少孤，爲大首領所養，辯敏材武，當天親時數主兵，諸酋尊畏。至是，以藥羅葛氏世有功，不敢自名其族，而盡取可汗子孫內之朝廷。

永貞元年，可汗死，詔鴻臚少卿孫杲臨弔，册所嗣爲滕里野合俱錄毗伽可汗。

元和初，再朝獻，始以摩尼至。其法日晏食，飲水茹葷，屏湩酪，可汗常與共國者也。摩尼至京師，歲往來西市，商賈頗與囊橐爲姦。三年，來告咸安公主喪。主歷四可汗，居回鶻凡二十一歲。無幾，可汗亦死，憲宗使宗正少卿李孝誠册拜愛登里羅汩蜜施合毗伽保義可汗。閱三歲，使者再朝，遣伊難珠再請昏，未報。可汗以三千騎至鸊鵜泉，於是振武以兵屯黑山，治天德城備虜。禮部尙書李絳奏言：

回鶻盛彊，北邊空虛，一爲風塵，則弱卒非抗敵之夫，孤城爲不守之地。儻陛下懷此，增甲兵，飭城壘，中夏長策，生人大幸也。臣觀今日處置，未得其要。

夫邊憂有五，請歷言之。北狄貪沒，唯利是視，比進馬規直，再歲不至，豈厭繒帛利哉？殆欲風高馬肥，而肆侵軼。故外攘內備，必煩朝廷。一可憂。兵力未完，斥候未明，戈甲未備，城池未固，飭天德則虜必疑，虛西城則磧道無倚。二可憂。夫城保要害，攻守險易，當謀之邊將。今乃規河塞之外，裁廟堂之上，虜猝犯塞，應接失便。三可憂。自脩好以來，山川形勝，兵戍滿虛，虜皆悉之。賊掠諸州，調發在旬朔外，其係纍人畜在旦夕內，比王師至則虜已歸，寇能久留，役亦轉廣。四可憂。北狄西戎，素相攻討，故邊無虞。今回鶻不市馬，若與吐蕃結約解仇，則將臣閉壁憚戰，邊人拱手受禍。五可憂。又淮西吳少陽垂死，可乘其變，諸道興發，役且十倍。臣謂宜聽其婚，使守蕃禮，所謂三利也。和親則烽燧不驚，城堞可治，盛兵以畜力，積粟以固軍，一也。既無北顧憂，可南事淮右，申令於垂盡之寇，二也。北虜恃我戚，則西戎怨愈深，內不得寧，國家坐受其安，寇掠長息，三也。今捨三利，取五憂，甚非計。

或曰降主費多，臣謂不然。我三分天下賦，以一事邊。今東南大縣賦歲二十萬緡，以一縣賦爲婚貲，非損寡得大乎？今惜婚費不與，假如王師北征，兵非三萬、騎五千不能扞且馳也。又如保十全之勝，一歲輒罷，其饋餉供儗，豈止一縣賦哉？

帝不聽。

校勘記

〔一〕思結別部爲蹛林州　各本原無「別部」二字。按唐會要卷七三及通鑑卷一九八俱云：貞觀二十一年正月，以思結置盧山都督府，以思結別部爲蹛林州。與本書卷四三下地理志及舊書卷一九九下鐵勒傳合。本卷上文亦謂「思結部爲盧山」。此當是「思結別部」，據補。

〔二〕燕然都護府　「護」，各本原作「督」。按燕然都護府置於貞觀中。元和志卷四、唐會要卷七三、通鑑卷二〇一、寰宇記卷一九九俱載：龍朔三年，徙燕然都護府於回紇本部，改瀚海都護府。舊書卷四高宗紀略同。此處「護」訛爲「督」，據改。

〔三〕昆河　本書卷四三下地理志作「嗢昆河」。突厥集史卷一四新唐書回鶻傳校注謂「昆」上脫「嗢」字。

〔四〕頓莫賀達干　各本原無「莫賀達干」四字。據舊書卷一九五迴紇傳、册府卷九八一及本卷下文補。

〔五〕白眼突厥　「眼」，舊書卷一九五迴紇傳、唐會要卷七三及通鑑卷二一三均作「服」。突厥集史卷一〇云：「按今土耳其有所謂黑眼族，余以爲作『白眼』者是也。」

〔六〕深圖川　「深」，舊書卷一九五迴紇傳及通鑑卷二一三均作「浮」。

唐書卷二百一十七下

列傳第一百四十二下

回鶻下

回鶻之請昏，有司度費當五百萬，帝方内討彊節度，故遣宗正少卿李誠、太常博士殷侑往諭不可。穆宗立，回鶻又使合達干等來固求昏，許之。俄而可汗死，使者臨册所嗣爲登囉羽錄沒蜜施句主毗伽崇德可汗。可汗已立，遣伊難珠、句錄、都督思結等以葉護公主來逆女，部渠二千人，納馬二萬，橐它千。四夷之使中國，其衆未嘗多此。詔許五百人至長安，餘留太原。詔以太和公主下降。主，憲宗女也。帝爲主建府，以左金吾衞大將軍胡証、光祿卿李憲持節護送，太府卿李說爲昏禮使，册拜主爲仁孝端麗明智上壽可敦，告于廟，天子御通化門餞主，羣臣班辭于道。公主出塞，距回鶻牙百里，可汗欲先與主由間道私見，胡証不可，虜人曰：「昔咸安公主行之。」証曰：「天子詔我送公主授可汗，今未見，不可先也。」乃止。

於是可汗升樓坐，東向，下設毳幔以居公主，請襲胡衣，以一姆侍出，西向拜已，退即次，被可敦服，絳通裾大襦，冠金冠，前後銳，復出拜已，乃升曲輿，九相分負，右旋于廷者九，降輿升樓，與可汗聯坐，東向，羣臣以次謁。可敦亦自建牙，以二相出入帳中。詎等歸，可敦大宴，悲啼眷慕。可汗厚贈使者。

是時，裴度方伐幽、鎭，回鶻使渠將李義節以兵三千佐天子平河北，議者懲艾前患，不聽，兵已及豐州，使者厚賜乃去。

敬宗卽位之年，可汗死，其弟曷薩特勒立，遣使者册爲愛登里囉汨沒蜜施合毗伽昭禮可汗，賜幣十二車。文宗初，又賜馬直絹五十萬。大和六年，可汗爲其下所殺，從子胡特勒立，使者來告。明年，遣左驍衞將軍唐弘實與嗣澤王溶持節册爲愛登里囉汨沒蜜施合句錄毗伽彰信可汗。開成四年，其相掘羅勿作難，引沙陀共攻可汗，可汗自殺，國人立盍馺特勒爲可汗。方歲飢，遂疫，又大雪，羊、馬多死，未及命。

武宗卽位，以嗣澤王溶臨告，乃知其國亂。

俄而渠長句錄莫賀與黠戛斯合騎十萬攻回鶻城，殺可汗，誅掘羅勿，焚其牙，諸部潰其相馭職與厖特勒十五部奔葛邏祿，殘衆入吐蕃、安西。於是，可汗牙部十三姓奉烏介特勒爲可汗，南保錯子山。黠戛斯已破回鶻，得太和公主；又自以李陵後，與唐同宗，故遣使者達干奉主來歸。烏介怒，追擊達干殺之，劫主南度磧，邊人大恐。進攻天德城，振武節度使劉沔屯雲伽關拒卻之。宰相李德裕建言：「回鶻曩有功，今飢且亂，可汗無歸，不可擊，宜遣使者贍安之。」帝用兵部郎中李拭行邊刺狀。於是，其相赤心與王子嗢沒斯、特勒那頡啜將其部欲自歸，而公主亦遣使者來言烏介已立，因請命。又大臣頡干伽思等表假振武居公主、可汗。帝乃詔右金吾衞大將軍王會持節慰撫其衆，輸糧二萬斛，不許借振武，令中人好語開諭；又詔使者持册往，潛稽其行，須變。

明年，回鶻奉主至漠南，入雲、朔，剽橫水，殺掠甚衆，轉側天德、振武間，盜畜牧自如。乃召諸道兵合討。嗢沒斯以赤心奸桀，難得要領，卽密約天德戍將田牟，誘赤心斬帳下。那頡啜收赤心衆七千帳東走振武、大同，因室韋、黑沙南闚幽州，節度使張仲武破之，悉得其衆。那頡啜走，烏介執而殺之。然烏介兵尚彊，號十萬，駐牙大同北閭門山。而特勒厖俱遮、阿敦寧等凡四部，及將軍曹磨你衆三萬，因仲武降，嗢沒斯亦附使者送款。帝欲使助可汗復國，而可汗已攻雲州，劉沔與戰，敗績。嗢沒斯率三部及特勒、大酋二千騎詣振武降。詔拜嗢沒斯爲右金吾衞大將軍，爵懷化郡王，以天德爲歸義軍，卽拜歸義軍使；阿歷支寧邊郡公，習勿啜昌化郡公，烏羅思寧朔郡公，並爲冠軍大將軍、左威衞大將軍；愛邪勿寧塞郡公，爲右領軍大將軍。加賜嗢沒斯牙旗、豹尾、刀器諸物，給其屬冠帶。詔宰相德裕采秦、漢以來興殊俗、忠效卓異者凡三十人，爲異域歸忠傳寵賜之。嗢沒斯請留族太原，率昆弟爲天子扞邊，帝命劉沔爲列舍雲、朔間處其家。

可汗遣使者藉兵欲還故廷，且假天德城，帝不許。可汗恚，進略大同川，轉戰攻雲州，刺史嬰壁不敢出。詔益發諸鎮兵屯太原以北。

嗢沒斯等既朝，皆賜李氏，名嗢沒斯曰思忠，阿歷支曰思貞，習勿啜曰思義，烏羅思曰思禮；愛邪勿曰弘順，卽拜歸義軍副使。於是，詔劉沔爲回鶻南面招撫使，張仲武東面招撫使，思忠爲河西党項都將〔二〕、西南面招討使，沔營鴈門。又詔銀州刺史何清朝、蔚州刺史契苾通，以蕃、渾兵出振武，與沔、仲武合，稍逼回鶻。思忠數深入諭降其下。沔分沙陀兵益思忠，河中軍以騎五百益弘順。沔進次雲州，思忠屯保大栅，率河中、陳許兵與回鶻戰，敗之。明年，又爲弘順所破。沔與天德行營副使石雄料勁騎及沙陀、契苾等雜虜，夜出雲州，走馬邑，抵安衆塞逢虜，與戰破之。烏介方薄振武，雄馳入，夜穴壘出鏖兵，烏介驚，引去，雄追北至殺胡山，烏介被創走。雄遇公主，奉主還，降特勒以下衆數萬，盡收輜帑及所賜詔書。可汗收所餘往依黑車子，詔弘順、淸朝窮躡。弘順厚啗黑車子以利，募殺烏介。

初，從可汗亡者既不能軍，往往詣幽州降，留者皆飢寒痍夷，裁數千。黑車子幸其殘，即殺烏介。其下又奉其弟遏捻特勒爲可汗。帝詔德裕紀功銘石于幽州，以夸後世。

思忠等以國亡，皆願入朝，見聽，遂罷歸義軍，擢思忠左監門衞上將軍兼撫王傅，兩稟其奉，賜第永樂坊，分其兵賜諸節度。虜人憚隸食諸道，據滹沱河叛，劉沔阬殺三千人。詔回鶻營功德使在二京者，悉冠帶之。有司收摩尼書若象燒于道，產貲入之官。

遏捻可汗哀殘部五千，仰食於奚大酋碩舍朗。大中初，仲武討奚，破之，回鶻寖耗滅，所存名王貴臣五百餘，轉依室韋。仲武諭令羈致可汗等，遏捻懼，挾妻葛祿、子特勒毒斯馳九騎夜委衆西走，部人皆慟哭。室韋七姓析回鶻隸之。黠戛斯怒，與其相阿播將兵七萬擊室韋，悉收回鶻還磧北。遺帳伏山林間，狙盜諸蕃自給，稍歸厖特勒。

是時，特勒已自稱可汗，居甘州，有磧西諸城。宣宗務綏柔荒遠，遣使者抵靈州省其酋長，回鶻因遣人隨使者來京師，帝即册拜嗢祿登里邏汨沒蜜施合俱錄毗伽懷建可汗。後十餘年，一再獻方物。

懿宗時，大酋僕固俊自北庭擊吐蕃，斬論尚熱盡取西州、輪臺等城，使達干米懷玉朝且獻俘，因請命，詔可。其後王室亂，貢會不常，史亡其傳。

昭宗幸鳳翔，靈州節度使韓遜表回鶻請率兵赴難，翰林學士韓偓曰：「虜爲國仇舊矣。自會昌時伺邊，羽翼未成，不得逞。今乘我危以冀幸，不可開也。」遂格不報。然其國卒不振，時時以玉、馬與邊州相市云。

薛延陀者，先與薛種雜居，後滅延陀部有之，號薛延陀，姓一利咥氏。在鐵勒諸部最雄張，風俗大抵與突厥同。

西突厥處羅可汗之殺鐵勒諸酋也，其下往往相率叛去，推契苾哥楞爲易勿眞莫賀可汗，據貪汗山，奉薛延陀乙失鉢爲野咥可汗，保燕末山。而突厥射匱可汗復彊，二部黜可汗號往臣之。回紇、拔野古、阿跌、同羅、僕骨、白霫在鬱督軍山者，東附始畢可汗；乙失鉢在金山者，西役葉護可汗。

貞觀二年，葉護死，其國亂，乙失鉢孫曰夷男，率部帳七萬附頡利可汗。後突厥衰，夷男反攻頡利，弱之，於是諸姓多叛頡利，歸之者共推爲主，夷男不敢當。明年，太宗方圖頡利，遣游擊將軍喬師望僞路齎詔書、鼓纛，册拜夷男爲眞珠毗伽可汗。夷男已受命，遣使謝，歸方物，乃樹牙鬱督軍山，直京師西北六千里，東靺鞨，西葉護突厥，南沙磧，北俱倫水，地大衆附，於是回紇等諸部莫不伏屬。其弟統特勒入朝，帝以精刀、寶鞭賜之曰：「下有大過者，以吾鞭鞭之。」夷男以爲寵。頡利可汗之滅，塞隧空荒，夷男率其部稍東，保都尉犍山獨邏水之陰，遠京師纔三千里而贏，東室韋，西金山，南突厥，北瀚海，蓋古匈奴地也。勝兵二十萬，以二子大度設、突利失分將之，號南、北部。七年間，使者八朝。帝恐後彊大爲患，欲彥其禍，乃下詔拜其二子皆爲小可汗。

十五年，帝以李思摩爲可汗，始度河，牙於漠南。夷男惡之，未發。方帝幸洛陽，將遂封泰山，夷男與其下謀曰：「天子封泰山，萬國皆助兵，悉會行在，邊鄣空單，思摩可取也。」乃使大度設勒兵二十萬，南絕漠，壓白道川，率一兵得四馬，擊思摩。思摩走朔州，言狀，且請師。於是詔營州都督張儉統所部與奚、霫、契丹乘其東，朔州道行軍總管李勣衆六萬、騎三千，營朔州，靈州道行軍總管李大亮衆四萬、騎五千，屯靈武，慶州道行軍總管張士貴衆萬七千出雲中，涼州道行軍總管李襲譽經略之。帝敕諸將曰：「延陀度漠，馬已疲。夫用兵者，見利疾進，不利亟去。今虜不急擊思摩，又不速還，勢必敗，卿等勿與戰，須其歸，可擊也。」既而延陀使者來，求與突厥平。帝曰：「我約漠以北，延陀制之，漠以南，突厥專之，有輒相掠，誅不赦。延陀父事我而首違詔，得非亂邪？而曰與突厥和，乃故約也，尙何請？」不報。

大度設次長城，思摩已南走，大度設度不可得，乃遣人乘長城罵之。適會勣兵至，行壒屬天，遽率衆走赤柯，度靑山，然道回遠，勣選敢死士與突騎徑臘河，趣白道，及大度設；尾之不置。大度設顧不脫，度諾眞水，陣以待。先是，延陀擊沙鉢羅及阿史那社尒，皆以徒戰勝，至是却騎不用，率五人爲伍，一執馬，四前鬬，令曰：「勝則騎而逐，負者死，沒其家以償戰士。」及戰，突厥兵迮，延陀騰逐，勣救之，延陀縱射，馬輒死。勣乃以步士百人爲隊，擣其罅，虜潰，部將薛萬徹率勁騎先收執馬者，故延陀不能去，斬首數千級，獲馬萬五千。大度設亡去，萬徹追弗及。殘卒奔漠北，會雪甚，衆皸踣死者十八。始延陀能以術禬神致雪，冀困勣師，及是反自斃云。

勣還入定襄，天子遣使者齎璽書勞問，賞功卹死。延陀之使留待命者，帝悉還之，曰：「歸語爾可汗，爾自負其彊，以突厥爲弱，厚誅斂之，又取首領以爲質，且我爲天下主，渠嘗賦發於爾邪？後有利害，當謹思，毋遽也。」延陀乃遣使謝罪，又遣其仲父沙鉢羅獻馬三千，因請昏。帝曰：「延陀本一俟斤，我則立之，度其力孰與頡利比，而敢橈邊乎？」不許昏。

明年，以使來益獻馬、牛、羊、槖它，固求昏。帝與大臣計曰：「延陀屈彊，朕策顧有二，選士十萬擊之，使無遺種，百年計也；絕昏羈縻，使無邊憂，三十年計也。然則孰利？」房玄齡曰：「今大亂餘氓，痍破未完，戰雖勝，猶危道也。不如和親。」帝曰：「善。」許以新興公主下嫁，召突利失大享，羣臣侍，陳寶器，奏慶善、破陣盛樂及十部伎，突利失頓首上千萬歲壽。詔夷男親迎，帝將幸靈州以成昏事。夷男大喜，詫曰：「我鐵勒部人耳，上以我爲可汗，公主以女我，乘輿爲我幸邊，誰與我榮？」乃搜賦諸下羊馬爲貲。或說夷男曰：「可汗與唐，皆一國主，奈何往朝？有如見款，尙可悔？」夷男曰：「不然。吾聞唐天子有德，四方共臣之，藉獨留我，磧北亦須有主，然捨我而求它，非計也。」下乃不敢言。

時帝詔有司受所獻，延陀無府庫，調斂於下，不亟集，又度磧，水草乏，馬羊多死，納貢後期，帝亦止行。畜口耗死僅半，議者謂：「夷狄嘗爲中國私，今禮不具而與昏，恐後有輕中國心。」乃下詔絕昏，謝其使。或曰：「旣許之，信不可失。」帝曰：「公等計非也。昔漢匈奴彊，中國不抗，故飾子女嫁單于。今北狄弱，我能制之，而延陀方謹事我者，顧新立，倚我以服衆。彼同羅、僕骨力足制延陀而不發，懼我也。我又妻之，固中國婿，名重而援堅，諸部將歸之，戎狄野心，能自立則叛矣。今絕昏，使諸姓聞之，將爭擊延陀，亡可待也。」李思摩果侵掠之。延陀遣突利失寇定襄，詔李勣逐出塞。俄遣使請率師助伐高麗，以刺帝意，帝引使者謂曰：「歸語爾可汗，我父子東征，能寇邊者可卽來。」夷男沮縮，不敢謀，以使謝，固請助軍。帝嘉答。高麗莫離支令靺鞨以厚利啗夷男，欲與連和，夷男氣素索，不發，亦會病死，帝爲祭于行。

始延陀請以庶子曳莽爲突利失可汗，統東方；嫡子拔灼爲肆葉護可汗，統西方。白道之役，曳莽實爲之謀，國人多怨。及會葬，曳莽亟還部，拔灼分兵襲殺之，自立爲頡利俱利失薛沙多彌可汗。方是時，王師猶在遼，因卽寇邊。帝遣江夏王道宗屯朔州，代州都督薛萬徹與左驍衞大將軍阿史那社尒屯勝州，左武候大將軍薩孤吳仁屯靈州，執失思力與突厥掎角塞下，虜知有備，乃去。

拔灼性卞克，多殺父時貴臣而任所親昵，國人不安，而阿波設與唐使者遇於靺鞨東鄙，小戰不利，還怖國人曰：「唐兵至矣！」衆大擾，諸部遂潰。多彌可汗以十餘騎遁去，依阿史那時健，俄爲回紇所殺，盡屠其宗，衆五六萬奔西域〔三〕，立眞珠毗伽可汗昆弟子咄摩支，號伊特勿失可汗，遣使者上言：「願保鬱督軍山。」帝詔兵部尚書崔敦禮與李勣尉安之，俾定其國。

鐵勒諸部素伏延陀，而咄摩支雖衰孑，尙臣畏之。帝恐卒爲患，詔勣等曰：「降則撫之，叛則擊之。」勣至，咄摩支大駭，陰欲拒戰，外好言乞降。勣知之，縱兵擊，斬五千餘級，係老孺三萬，遂滅其國。咄摩支聞天子使者蕭嗣業在回紇，身詣嗣業丐降，入朝，拜右武衞將軍，賜田宅。

初，延陀將滅，有丐食於其部者，延客帳中，妻視客人而狼首，主不覺，客已食，妻語部人共追之，至鬱督軍山，見二人焉，曰：「我神也，薛延陀且滅。」追者懼，却走，遂失之。至是果敗此山下。

帝以延陀滅，欲幷契苾等降之，復遣道宗率阿史那社尒等分部窮討，帝幸靈州，節度諸將。於是鐵勒十一部皆歸命天子，請吏內屬。道宗等俓磧擊延陀餘衆阿波達干，斬首千餘級，逐北二百里。萬徹抵北道，諭降回紇諸酋。虜所遣使踵及帝行在，凡數千人，上言：「天至尊爲可汗，世世以奴事，死不恨。」帝剖其地爲州縣，北荒遂平。諸姓有來朝者，帝勞曰：「爾來，若鼠得穴、魚得泉，我爲爾深廣之。」又曰：「我在，天下四夷有不安安之，不樂樂之，如驥尾受蒼蠅，可使日千里也。」於是告功太廟，賜民三日酺。

後三年，餘部叛，以右領軍大將軍執失思力討平之。至永徽時，延陀部亡散者悉還，高宗爲置嵠彈州處安之。

拔野古一曰拔野固，或爲拔曳固，漫散磧北，地千里，直僕骨東，鄰于靺鞨。帳戶六萬，兵萬人。地有薦草，產良馬、精鐵。有川曰康干河，斷松投之，三年輒化爲石，色蒼緻，然節理猶在，世謂康干石者。俗嗜獵射，少耕穫，乘木逐鹿冰上。風俗大抵鐵勒也，言語少異。

貞觀三年，與僕骨、同羅、奚、霫同入朝。二十一年，大俟利發屈利失舉部內屬，置幽陵都督府，拜屈利失右武衞大將軍，即爲都督。顯慶時，與思結、僕固、同羅叛，以左武衞大將軍鄭仁泰擊之，斬其渠首。至天寶間，能自來朝。

僕骨亦曰僕固，在多覽葛之東。帳戶三萬，兵萬人。地最北，俗梗驁，難召率。始臣突厥，後附薛延陀。延陀滅，其酋婆匐俟利發歌濫拔延始內屬〔三〕，以其地爲金微州，拜歌濫拔延爲右武衞大將軍、州都督。開元初，爲首領僕固所殺，詣朔方降，有司誅之。子曰懷恩，至德時以功至朔方節度使，自有傳。

同羅在薛延陀北，多覽葛之東，距京師七千里而贏，勝兵三萬。貞觀二年、遣使者入朝。久之，請內屬，置龜林都督府，拜酋俟利發時健啜爲左領軍大將軍，即授都督。安祿山反，劫其兵用之，號「曳落河」者也。曳落河，猶言健兒云。

渾在諸部最南者。突厥頡利敗時，有俟利發阿貪支款塞。薛延陀之滅，大俟利發渾汪舉部內向，以其地爲皋蘭都督府，後分東、西州。太宗以阿貪支於汪屬尊，遣譯者諷汪，汪欣然避位。帝嘉其讓，以阿貪支爲右領軍衞大將軍、皋蘭州刺史，汪雲麾將軍兼俟利發爲之副。阿貪支死，子回貴嗣。回貴死，子大壽嗣。大壽死，子釋之嗣。釋之驁勇不凡，從哥舒翰拔石堡城，遷右武衞大將軍，封汝南郡公。

李光弼保河陽，釋之以朔方都知兵馬使爲裨將，進寧朔郡王，知朔方節度留後。僕固懷恩之走，聲爲歸鎭。釋之曰：「是必衆潰。」將拒之，其甥張韶曰：「彼如悔禍還鎭，渠可不納？」釋之信之，乃納懷恩。懷恩已入，使韶殺釋之，收其軍。已而惡韶，罵曰：「若負舅，肯忠於我？」折其脛，囚死彌峩城。釋之子瑊，建中功臣也，自有傳。

契苾亦曰契苾羽，在焉耆西北鷹娑川，多覽葛之南。其酋哥楞自號易勿眞莫賀可汗，弟莫賀咄特勒，皆有勇。莫賀咄死，子何力尙紐，率其部來歸，時貞觀六年也。詔處之甘、涼間，以其地爲楡溪州。永徽四年，以其部爲賀蘭都督府，隸燕然都護。何力有戰功，忠節臣也。大和中，其種帳附於振武云。

多覽葛亦曰多濫，在薛延陀東，濱同羅水，勝兵萬人。延陀已滅，其酋俟斤多濫葛末與回紇皆朝，以其地爲燕然都督府，授右衞大將軍，卽爲府都督。死，以多濫葛塞匐爲大俟利發，繼爲都督。

阿跌，亦曰訶咥，或爲跌跌。始與拔野古等皆朝，以其地爲雞田州。開元中，跌跌思泰自突厥默啜所來降。其後，光進、光顏皆以戰功至大官，賜李氏，附屬籍，自有傳。

葛邏祿本突厥諸族，在北庭西北、金山之西，跨僕固振水，包多怛嶺，與車鼻部接。有三族：一謀落，或爲謀刺；二熾俟，或爲婆匐；三踏實力。永徽初，高偘之伐車鼻可汗，三族皆內屬。顯慶二年，以謀落部爲陰山都督府，熾俟部爲大漠都督府，踏實力部爲玄池都督府，卽用其酋長爲都督。後分熾俟部置金附州。三族當東、西突厥間，常視其興衰，附叛不常也。後稍南徙，自號「三姓葉護」，兵彊，甘於鬬，廷州以西諸突厥皆畏之。開元初，再來朝。天寶時，與回紇、拔悉蜜共攻殺烏蘇米施可汗，又與回紇擊拔悉蜜，走其可汗阿史那施於北庭，奔京師。葛祿與九姓復立回紇葉護，所謂懷仁可汗者也。於是葛祿之處烏德犍山者臣回紇，在金山、北庭者自立葉護，歲來朝。久之，葉護頓毗伽縛突厥叛酋阿布思，進封金山郡王。天寶間，凡五朝。至德後，葛邏祿寖盛，與回紇爭彊，徙十姓可汗故地，盡有碎葉、怛邏斯諸城。然限回紇，故朝會不能自達于朝。

拔悉蜜，貞觀二十三年始來朝。天寶初，與回紇葉護擊殺突厥可汗，立拔悉蜜大酋阿史那施爲賀臘毗伽可汗，遣使者入謝，玄宗賜紫文袍、金鈿帶、魚袋。不三歲，爲葛邏祿、回紇所破，奔北庭。後朝京師，拜左武衞將軍，地與衆歸回紇。

都播，亦曰都波，其地北瀕小海，西堅昆，南回紇，分三部，皆自統制。其俗無歲時。結草爲廬。無畜牧，不知稼穡，土多百合草，掇其根以飯，捕魚、鳥、獸食之。衣貂鹿皮，貧者緝鳥羽爲服。其昏姻，富者納馬，貧者效鹿皮草根。死以木匱斂置山中，或系于樹，送葬哭泣，與突厥同。無刑罰，盜者倍輸其臧。貞觀二十一年，因骨利幹入朝，亦以使通中國。

骨利幹處瀚海北，勝兵五千。草多百合。產良馬，首似槖它，筋骼壯大，日中馳數百里。其地北距海，去京師最遠，又北度海則晝長夜短，日入亨羊胛，熟，東方已明，蓋近日出處也。

既入朝，詔遣雲麾將軍康蘇蜜勞答，以其地爲玄闕州。其大酋俟斤因使者獻馬，帝取其異者號十驥，皆爲美名：曰「騰霜白」，曰「皎雪驄」，曰「凝露驄」，曰「縣光驄」，曰「決波騟」，曰「飛霞驃」，曰「發電赤」，曰「流金騧」，曰「翔麟紫」，曰「奔虹赤」，厚禮其使。龍朔中，以玄闕州更爲余吾州，隸瀚海都督府。延載初，亦來朝。

白霫居鮮卑故地，直京師東北五千里，與同羅、僕骨接。避薛延陀，保奧支水、冷陘山，南契丹，北烏羅渾，東靺鞨，西拔野古，地圓袤二千里，山繚其外，勝兵萬人。業射獵，以赤皮緣衣，婦貫銅釧，以子鈴綴襟。其部有三：曰居延，曰無若沒，曰潢水。其君長臣突厥頡利可汗爲俟斤。

貞觀中再來朝，後列其地爲寘顏州，以別部爲居延州，即用俟斤爲刺史。顯慶五年，授酋長李含珠爲居延都督。含珠死，弟厥都繼之。後無聞焉。

斛薛處多濫葛北，勝兵萬人。奚結處同羅北，思結在延陀故牙，二部合兵凡二萬。既來朝，列其地州縣之。

太宗時，北狄能自通者，又有烏羅渾，或曰烏洛侯，曰烏羅護，直京師東北六千里而贏，東靺鞨，西突厥，南契丹，北烏丸，大抵風俗皆靺鞨也。烏丸或曰古丸。

又有鞠，或曰祴，居拔野古東北，有木無草，地多苔。無羊馬，人豢鹿若牛馬，惟食苔，俗以駕車。又以鹿皮爲衣，聚木作屋，尊卑共居。

又有俞折者，地差大，俗與拔野古相埒。少羊馬，多貂鼠。

又有駮馬者，或曰弊剌，曰遏羅支，直突厥之北，距京師萬四千里。隨水草，然喜居山，勝兵三萬。地常積雪，木不彫。以馬耕田，馬色皆駮，因以名國云。北極於海，雖畜馬而不乘，資湩酪以食。好與結骨戰，人貌多似結骨，而語不相通。皆劗髮，樺皮帽。構木類井幹，覆樺爲室。各有小君長，不能相臣也。

大漢者，處鞠之北，饒羊馬，人物頎大，故以自名。與鞠俱鄰於黠戛斯劍海之瀕。

此皆古所未賓者，當貞觀逮永徽，奉貂馬入朝，或一再至。

黠戛斯，古堅昆國也。地當伊吾之西，焉耆北，白山之旁。或曰居勿，曰結骨。其種雜丁零，乃匈奴西鄙也。匈奴封漢降將李陵爲右賢王，衞律爲丁零王。後郅支單于破堅昆，于時東距單于廷七千里，南車師五千里，郅支留都之。故後世得其地者訛爲結骨，稍號紇骨，亦曰紇扢斯云。

衆數十萬，勝兵八萬，直回紇西北三千里，南依貪漫山。地夏沮洳，冬積雪。人皆長大，赤髮、晳面、綠瞳，以黑髮爲不祥。黑瞳者，必曰陵苗裔也。男少女多，以環貫耳，俗趫伉，男子有勇黥其手，女已嫁黥項。雜居多淫佚。

謂歲首爲茂師哀，以三哀爲一時〔四〕，以十二物紀年，如歲在寅則曰虎年。氣多寒，雖大河亦半冰。稼有禾、粟、大小麥、青稞，步磑以爲麪糜。穄以三月種，九月穫，以飯，以釀酒，而無果蔬。畜，馬至壯大，以善鬬者爲頭馬，有橐它、牛、羊，牛爲多，富農至數千。其獸有野馬、骨咄、黃羊、羱羝、鹿、黑尾，黑尾者似麞，尾大而黑。魚，有蔑者長七八尺，莫痕者無骨，口出頤下。鳥，鴈、鶩、烏鵲、鷹、隼。木，松、樺、楡、柳、蒲。松高者仰射不能及顚，而樺尤多。有金、鐵、錫，每雨，俗必得鐵，號迦沙，爲兵絕犀利，常以輸突厥。其戰有弓矢、旗幟，其騎士析木爲盾，蔽股足，又以圓盾傅肩，而捍矢刃。

其君曰「阿熱」，遂姓阿熱氏，建一纛，下皆尙赤，餘以部落爲之號。服貴貂、豽，阿熱冬帽貂，夏帽金釦，銳頂而卷末，諸下皆帽白氈，喜佩刀礪，賤者衣皮不帽，女衣毳毼、錦、罽、綾，蓋安西、北庭、大食所貿售也。阿熱駐牙青山，周柵代垣，聯氈爲帳，號「密的支」，它首領居小帳。凡調兵，諸部役屬者悉行。內貂鼠、青鼠爲賦。其官，宰相、都督、職使、長史、將軍、達干六等。宰相七，都督三，職使十，皆典兵；長史十五，將軍、達干無員。諸部食肉及馬酪，惟阿熱設餠餌。樂有笛、鼓、笙、觱篥、盤鈴。戲有弄駝、師子、馬伎、繩伎。祠神惟主水草，祭無時，呼巫爲「甘」。昏嫁納羊馬以聘，富者或百千計。喪不剺面，三環尸哭，乃火之，收其骨，歲而乃墓，然後哭泣有節。冬處室，木皮爲覆。其文字言語，與回鶻正同。法最嚴，臨陣橈、奉使不稱、妄議國若盜者皆斷首；子爲盜，以首着父頸，非死不脫。

阿熱牙至回鶻牙所，槖它四十日行。使者道出天德右二百里許抵西受降城，北三百里許至鸊鵜泉，泉西北至回鶻牙千五百里許，而有東、西二道，泉之北，東道也。回鶻牙北六百里得仙娥河，河東北曰雪山，地多水泉。青山之東，有水曰劍河，偶艇以度，水悉東北流，經其國，合而北入于海。

東至木馬突厥三部落，曰都播、彌列、哥餓支，其酋長皆爲頡斤。樺皮覆室，多善馬，俗乘木馬馳冰上，以板藉足，屈木支腋，蹴輒百步，勢迅激。夜鈔盜，晝伏匿，堅昆之人得以役屬之。

堅昆，本彊國也，地與突厥等，突厥以女妻其酋豪，東至骨利幹，南吐蕃，西南葛邏祿。始隸薛延陀，延陀以頡利發一人監國。其酋長三人，曰訖悉輩，曰居沙波輩，曰阿米輩，共治其國，未始與中國通。貞觀二十二年，聞鐵勒等已入臣，卽遣使者獻方物，其酋長俟利發失鉢屈阿棧身入朝，太宗勞享之，謂羣臣曰：「往渭橋斬三突厥，自謂功多，今俟利發在席，更覺過之。」俟利發酒酣，奏願得持笏，帝以其地爲堅昆府，拜俟利發左屯衞大將軍，卽爲都督，隸燕然都護。高宗世，再來朝。景龍中，獻方物，中宗引使者勞之曰：「而國與我同宗，非它蕃比。」屬以酒，使者頓首。玄宗世，四朝獻。

乾元中，爲回紇所破，自是不能通中國。後狄語訛爲黠戛斯，蓋回鶻謂之，若曰黃赤面云，又訛爲戛戛斯。然常與大食、吐蕃、葛祿相依杖，吐蕃之往來者畏回鶻剽鈔，必住葛祿，以待黠戛斯護送。大食有重錦，其載二十橐它乃勝，旣不可兼負，故裁爲二十匹，每三歲一餉黠戛斯。而回鶻授其君長阿熱官爲「毗伽頓頡斤」。

回鶻稍衰，阿熱卽自稱可汗。其母，突騎施女也，爲母可敦；妻葛祿葉護女，爲可敦。回鶻遣宰相伐之，不勝，挐鬭二十年不解。阿熱恃勝，乃肆詈曰：「爾運盡矣！我將收爾金帳，於爾帳前馳我馬，植我旗，爾能抗，亟來，卽不能，當疾去。」回鶻不能討，其將句錄莫賀導阿熱破殺回鶻可汗，諸特勒皆潰。阿熱身自將，焚其牙及公主所廬金帳者，回鶻可汗常坐也。乃悉收其寶貲，幷得太和公主，遂徙牙牢山之南。牢山亦曰賭滿，距回鶻舊牙度馬行十五日。阿熱以公主唐貴女，遣使者衞送公主還朝，爲回鶻烏介可汗邀取之，幷殺使者。

會昌中，阿熱以使者見殺，無以通于朝，復遣注吾合素上書言狀。注吾，虜姓也；合，言猛；素者，左也，謂武猛善左射者。行三歲至京師，武宗大悅，班渤海使者上，以其處窮遠，能脩職貢，命太僕卿趙蕃持節臨慰其國，詔宰相卽鴻臚寺見使者，使譯官考山川國風。宰相德裕上言：「貞觀時，遠國皆來，中書侍郎顏師古請如周史臣集四夷朝事爲王會篇。今黠戛斯大通中國，宜爲王會圖以示後世。」有詔以鴻臚所得繢著之。又詔阿熱著宗正屬籍。

是時，烏介可汗餘衆託黑車子，阿熱願乘秋馬肥擊取之，表天子請師。帝令給事中劉濛爲巡邊使，朝廷亦以河、隴四鎭十八州久淪戎狄，幸回鶻破弱，吐蕃亂，相殘齧，可乘其衰。乃以右散騎常侍李拭使黠戛斯，册君長爲宗英雄武誠明可汗。未行，而武宗崩。宣宗嗣位，欲如先帝意，或謂黠戛斯小種，不足與唐抗，詔宰相與臺省四品以上官議，皆曰：「回鶻盛時有册號，今幸衰亡，又加黠戛斯，後且生患。」乃止。至大中元年，卒詔鴻臚卿李業持節册黠戛斯爲英武誠明可汗。逮咸通間，三來朝。然卒不能取回鶻。後之朝聘册命，史臣失傳。

贊曰：夷狄資悍貪，人外而獸內，惟剽奪是視。故湯、武之興，未嘗與共功，蓋疏而不戚也。太宗初興，嘗用突厥矣，不勝其暴，卒縛而臣之。肅宗用回紇矣，至略華人，辱太子，笞殺近臣，求索無倪。德宗又用吐蕃矣，劫平涼，敗上將，空破西陲。所謂引外禍平內亂者也。夫用之以權，制之以謀，惟太宗能之。若二主懦昏，狃而狎之，烏勝其弊哉！彼親之則責償也多，慊而不滿則滋怨，化以仁義則頑，示以法則忿，孰我險易則爲患也博而慘，療餒以冶葛，何時可哉？故春秋許夷狄者，不一而足，信矣。

校勘記

〔一〕思忠爲河西党項都將　各本原無「河」字。按通鑑卷二四六載：會昌二年九月，「以李思忠爲河西党項都將」。舊書卷一九八党項羌傳、唐會要卷九八俱云：六州党項因永安鎮將阿史那思昧(膫)賦索無厭，已于貞元中自石州逃奔河西。本書卷二二一上党項傳合。通鑑稱「河西党項」是，據補。

〔二〕衆五六萬奔西域　「西域」，各本原作「西城」。舊書卷一九九下鐵勒傳作「西域」。按唐人所謂「西城」，一般指西受降城，是時尚未築。突厥集史卷一四新唐書薛延陀傳校注謂當從舊書。今改。

〔三〕娑匐俟利發歌濫拔延　通典卷一九九作「娑匐俟利發歌藍伏延」。按本卷下文，娑匐爲葛邏祿三姓之一。

〔四〕謂歲首爲茂師哀以三哀爲一時　按寰宇記卷一九九敍黠戛斯之土俗云：「人謂歲首爲茂師，謂月爲哀，每三哀爲一時。」此處文義欠明。